Windows10・Office 2016による情報処理入門

髙橋敏夫［監修］
安積　淳・杉山靖彦・八野真弓［著］

実教出版

はじめに

今日，パーソナルコンピューター（以下パソコン）や携帯電話の使い方を改めて勉強する必要がないほど，私たちは情報通信技術（ICT：Information and Communication Technology）に支援された機器に慣れ親しんでいる。しかし，情報リテラシーが幅広く普及した一方で，その使い方や評価に大きな乖離があるのも事実である。ともすれば，かなり精通したと思われる人たちでも，誤った使い方や評価をしていることが少なくない。特にパソコンとそこに導入されているソフトウェアの使われ方に，その顕著な傾向がみられる。

パソコンとソフトウェアは，時代の要求に応じて，相乗的に変化しながらその機能を向上させてきた。私たちに求められるのは，基本的な情報リテラシーを超えた，成熟したパソコンの知的活用知識である。情報化社会を創出したICTは，汎用性の高い技術（GPT：General Purpose Technology）として位置づけられている。私たちはICTをあらゆる分野，特に人間の創造的活動に必要不可欠な機器として使いこなすことが期待される。同時に，この知的活用の原点はその主体が私たち人間であることで，ICT機器はあくまでも私たちの豊かな創造活動を支援する道具であることを忘れてはならない。

折しも，ディファクトスタンダードとして普及しているマイクロソフト社が提供するパソコンの基本ソフト（Operating System：Windows 10）とビジネスソフト（Office 2016）が，相次いで発表された。これらのソフトは，これまでの基本機能と操作性を踏襲しつつも，ネットワークと連携した情報の共有など時代の要求に応えた完成度の高いものになっている。

本書は，これらの機能を取り込み，単なる情報リテラシーの習得にとどまらず，情報化時代の知識活動を支援するために必要となる，本格的なレポートや文書作成，プレゼンテーション，データ処理等の創造性を発揮するのに必要とするスキルを習得できることを主眼に，役に立つ使い方を学べるように内容，配列を含め配慮編纂した。また，新しいソフトのコンセプトは，すべての機器がお互いにインターネットにつながっていることを前提としている。インターネットは情報化時代を推進する主役であるといっても過言でない技術であり，その使い方によっては個々個人のみならず，組織全体にも影響を及ぼすことを常に念頭に置く必要がある。したがって，上記のスキル習得と併せて，インターネットの使い方にも十分に習熟しなければならない。なぜなら，その活用は個人の裁量だけにとどまらないという認識を常に念頭に置く必要があるからである。これらのことに鑑み，情報の管理やセキュリティについても付言した。

最後に，パソコンの操作の習熟は「習うより慣れろ」といわれている。そのためにも，本書の随所に設けられている練習問題をできる限り実行していただきたい。その実行にあたってWebサイト（http://www.jikkyou.co.jp/download/）にデータや解答が提供され，ダウンロード可能なので，ぜひ活用をお薦めする。さらに，ICTの進歩はとどまるところを知らず，今後も大きく変化することが予想される。これらの動向に継続的な注意を払うと同時に，正しく理解し十分にこの文明の利器を使いこなす努力を期待したい。

2018年3月　編者　高橋敏夫

目次 CONTENTS

第1章 パソコンの概要と日本語変換

第2章 インターネットの活用とセキュリティ

第3章 ワープロを用いた文書作成の技術

第6章 ソフトウェアの統合的活用

■■本書の誌面構成・利用にあたって■■

例題…各節で，例題を解く作業を解説しながら，各アプリケーションの使用法を学んでいきます。

◉参考……本文に関係する，ちょっとした操作のコツなどを載せています。

側註………本文の補足や用語解説，ちょっとした知識なども。

❶………操作の手順を示す丸数字。

①………箇条書きなど，操作の手順以外を示す丸文字。

練習問題…各節の最後に，学習内容の定着をはかる問題を設けました。解答例は，実教出版Webに掲載。

本書の関連データ（解答例）がWebサイトからダウンロードできます。
http://www.jikkyo.co.jp/download/で「Windows 10・Office 2016による情報処理入門」を検索してください。

第1章 パソコンの概要と日本語変換

1−1 パソコンの歴史と仕組み

現代社会において，欠くことのできないスキルの1つに，パソコンを使いこなすことがあげられる。教育，ビジネスの現場，家庭において，大人にとっても子どもにとっても，いまやパソコンなしの生活は考えられないほど，深く浸透している。2015年7月には「Microsoft Windows 10」（以下，Windows 10）が，同年9月には「Microsoft Office 2016」（以下，Office 2016）が発売された。また，Microsoft OfficeはOffice 365としてクラウドサービスを進め，日本国内で広く利用されている。

ここでは，これらパソコンの操作について学習を始める前に，パソコンの歴史と仕組みについて少し学んでおきたい。

1-1-1 米国のパソコンの歴史

インターネット上のフリー（無料）百科事典として有名なウィキペディア（Wikipedia）によると，1962年にはニューヨーク・タイムズ紙において，すでにパソコン（パーソナルコンピューター，Personal Computer）という言葉が使われ始めていたことを紹介しているが，個人レベルで実際に使用することができるコンピューターが登場するのは，それから10年以上の時間を要することとなる。

1970年代に入って，ようやく卓上型のコンピューターが登場するものの，とても高価であり，個人はもちろんのこと，大企業ですら，限られた部門で使用することができるにすぎなかった。コンピューターが個人レベルで手が届く価格帯になってくるのは，1970年代中ごろに8ビットマイクロプロセッサが発売されて以降になる。

1975年にMITS社から，マイクロプロセッサの1つである8080を採用したマイクロコンピューター「Altair 8800」が発売されると，本体のみではごく限られた機能しか持ち合わせていないにもかかわらず，その拡張性の高さから，その後のパソコン発展の起爆剤となった。

アップル社の創業者であるスティーブ・ジョブズ氏は，そのような中，1976年にワンボードのマイクロコンピューター「Apple Ⅰ」（スティーブ・ウォズニアック氏設計）を発売し，続いて，翌1977年には「Apple Ⅱ」を発売した。この「Apple Ⅱ」は，ビジネス的にも大成功を収め，同社の基礎をつくるとともにパソコンの普及をうながすこととなった。

1980年前後になると，多くのメーカーがパソコン業界に参入し，互いに互換性を持たない独自仕様で競合したが，これらはいずれも1981年に参入したIBM社のパソコン「IBM Personal Computer model 5150」（通称，IBM PC）が登場すると，淘汰された。16ビット時代の幕開けである。

IBM PCは，当時としても特別に高性能なコンピューターではなかったが，ハードウェアの仕様を公開し，マイクロソフト社と協調するなどによって，ビジネス市場で大成功を収めた。

ハードウェアの仕様を公開したことにより，IBM社以外のメーカーなどもIBM PCと互換性を持ったパソコンを発売することができた。IBM PC互換機の市場を急速に拡大させた要因の1つである。

IBM社は，さらにハードディスクを内蔵した「PC/XT」を発売し，続いて，高速版のCPUを搭載した「PC/AT」を発売する。他社も互換製品を発売することで，他の仕様のパーソナルコンピューターを圧倒して，PC/AT互換機が業界標準になった。

一方，アップル社は1980年に「Apple Ⅲ」を発売するものの，Apple Ⅱとの互換性が完全ではなかったなどの理由により，失敗することとなった。

続いてアップル社は，グラフィカル・ユーザー・インターフェイス（GUI）とマルチタスクを備えた「Lisa」を1983年に発売し注目を集めるが，これも高価すぎてビジネス的には失敗に終わった。

その後，より安価なMacintoshを1984年に発売して，ようやく一定の成功を収めるものの，IBM社とは逆にハードウェアの仕様を非公開にしたため，シェアを伸ばすには至らなかった。

1980年代のパソコン業界の動きを振り返ると，ハードウェア仕様の公開による互換機登場の有無が，ビジネスの成功の成否につながっていることがわかる。そして，その流れは世界に広がり，それ以降も続くこととなる。

1990年代以降，PC/AT互換機は，その規格に準拠した部品の製造に特化したメーカーがより高性能かつ安価な部品を提供することで，シェアを伸ばすこととなる。たとえばデル社は，そのような部品を調達し，顧客の注文を受けてからパソコン本体を組み立て，安価に迅速に提供するBTO（Build to Order）のビジネスモデルを確立して成功している。

一方，アップル社は，画像や音楽の編集といったマルチメディア関連の機能を自社製パソコンMacで充実させることで注目された。さらにiPod，iPad，iPhone等の革新的なハードウェアやiTunes，iCloudのような革新的なサービスを提供し，デザイン性に優れたMacとのシームレスな連携を確立することで，一定数のユーザーを獲得している。

1-1-2 日本のパソコンの歴史

日本において，「パソコン」という言葉がはじめて使われた例として，1969年の日立製作所が開発した日本初のミニコンピューター「HITAC 10」のカタログをウィキペディアでは紹介している。

国産マイクロコンピューターの最初の製品は，1976年に日本電気社(NEC社）より発売された「TK-80」(88,500円）とされている。TK-80はボードに16進キーボードとLED表示器がついただけのものだったが，企画当初の予想を超えたベストセラーになった。

翌1977年には，ソード計算機社（現在の東芝プラットフォームソリューション社）が，本体と必要な周辺機器を一体化したオールインワン・コンピューター「M200」を，最新の3.5インチフロッピーディスクドライブを搭載しながら150万円という当時のパソコンとしては低価格で発売した。

その後，米国と同様に，多くのメーカーがパソコン業界に参入し，互いに互換性を持たない独自仕様で競合するが，その結果は米国と大きく異なることとなった。

1982年にNEC社から発売された「PC-9800」シリーズが，マイクロソフト社製のMS-DOSに漢字変換機能を付加して採用すると，他社を圧倒して独走態勢となった。これにより，事実上1社独占になった日本は，その後10年もの間パソコンの進化と低価格化の流れに，他国から取り残されることとなる。

日本のパソコンの進化と低価格化を世界と同様のレベルに引き上げたのは，1993年に発売されたMicrosoft Windows 3.1（以下，Windows 3.1）であった。

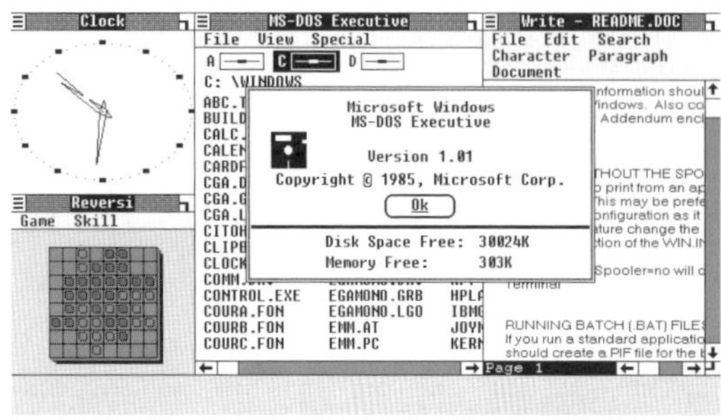

図1-1 Microsoft Windows 1.01の動作画面

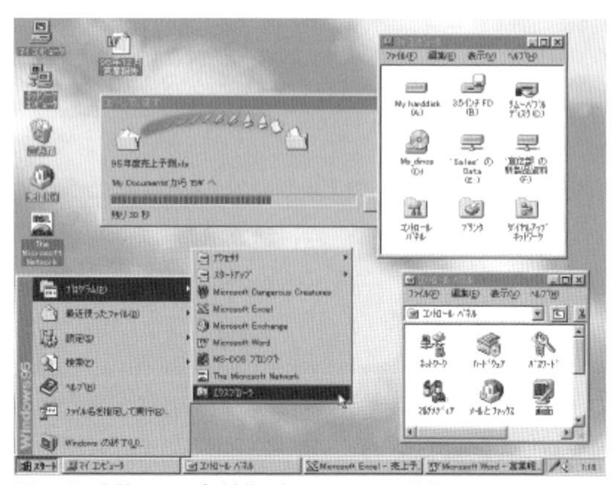

図1-2 Microsoft Windows 95の動作画面

高性能で低価格の海外メーカー製のパソコンは，日本語変換も可能な互換性の高いWindows 3.1を搭載し，一気に日本に参入してきた。NEC社も，高性能化，低価格化を進めながら，その独自仕様を守ろうとするが，1995年にMicrosoft Windows 95が発売されると，独自仕様の必要性が失われたパソコンは終焉を迎えることとなるのである。

Microsoft Windowsは，その後，Windows 98（1998年），Windows 2000（2000年），Windows XP（2001年），Windows Vista（2007年），Windows 7（2009年），Windows 8（2012年），Windows 8.1（2013年），そしてWindows 10（2015年）と主要リリースを重ねていき，オペレーティングシステム（OS）を開発するマイクロソフト社と，CPUを製造するインテル社を中心に，パソコン業界は大きく勢力図を塗り替えていくこととなる。

いつの時代でも市場から常に求められてきたことは，単純に性能や価格の問題よりも，その互換性の高さである。Windowsの登場によって，1社のメーカー独自の仕様ではなく，ソフトウェア上での他社メーカーとの互換性を高め，その結果，競争原理を働かせることになり，低価格化が実現された。

マイクロソフト社は，この流れに乗って拡大し，OSは今やマイクロソフト社独占の状況になっており，インターネットという新しい環境の上において，これまで以上に高い互換性を求める力が働いている。

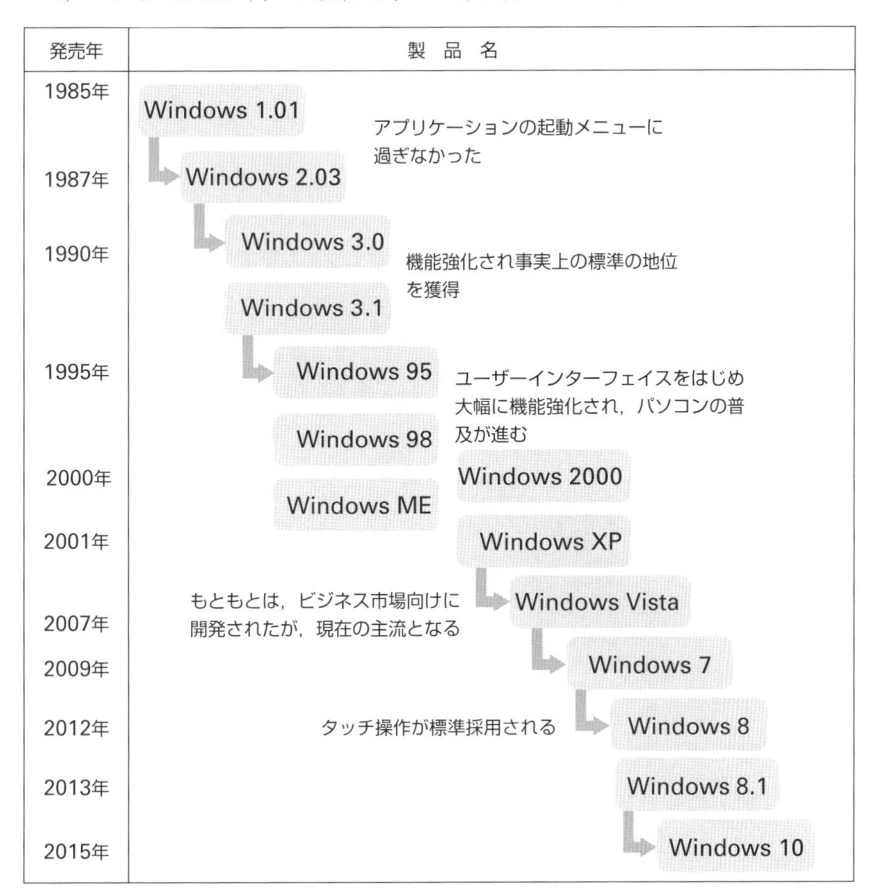

図1-3 主要なクライアント用Microsoft Windowsの歴史

1-2 パソコンのソフトウェアとハードウェア

パソコンを動作させるためには，パソコン本体であるハードウェアと，その上で動作するオペレーティングシステム（OS）とアプリケーションのソウトウェアが必要となる。パソコンの利用者は，これらのハードウェアやソフトウェアを区別して使用することはないが，それぞれの仕様やバージョンによって，その操作性や得られる結果は大きく異なる場合もある。

そこでここでは，そのハードウェアのスペック[1]（仕様）の見方と，OSとアプリケーションの役割について簡単にまとめておく。

【1】スペック
スペック（specification）とは，パソコンや周辺機器の性能の内容を表したもの。

1-2-1 パソコンのハードウェア　～パソコンの選び方～

パソコンのカタログやチラシを見ると，いろいろな専門用語と数字が並んでいる。パソコンを販売している店頭に行くと，販売員もそれらの専門用語と数字を羅列しながら，「…だから，こちらの方が性能がよくお買い得です」という説明をしてくる。ところが，初心者にとっては，これらの専門用語と数字を列挙されても，何を基準にパソコンを選択すればよいのか，そもそもその用語が何を意味しているのか，理解しにくいのではないだろうか。

一般的に，パソコンのスペックを比較検討する事項としては，「CPU」「メモリ」「ハードディスク」「光学ディスク」があげられる。

CPU

「CPU」[2]とは，プログラムを読み込んで情報処理を行う装置で，パソコン内での中心的な役割を持つ。CPUの処理速度がそのパソコンの処理速度の大部分を決定することとなるので，CPUが高性能であればあるほどそのコンピュータの処理速度は速くなり，快適に動作することとなる。

【2】CPU
CPU（Central Processing Unit）とは，本来，機械語の命令を解釈し，実行を制御する装置のことをいう。ところが，現在ではそのCPUの範囲を超えて多くの機能が1チップに集積されているので，MPU（Micro Processing Unit）ということもある。2018年現在，一般的なパソコンには，ほぼ，インテル社とAMD社の2社のCPUが搭載されている。

単純比較はできないものの，基本的には，世代が新しく，搭載されているコア数とクロック数（周波数）が大きければ大きいほど高性能である。コア数とは搭載しているエンジンの数であり，クロック数はそのエンジンの回転数であると思えばよい。新型の高回転で回るエンジンがたくさん搭載されているCPUほど高性能ということになる。

たとえば，インテル社が2017年9月時点でパソコン用として発売している最も高性能なCPUは，最大4.5GHz（ギガヘルツ）のクロックで動作し12個のコアを搭載しているものである。さらに18個ものコアを搭載しているCPUの発売も予定されている。

なおCPUは，デスクトップ型のパソコンであれば，購入後に，より高性能なものに交換することができるものも多いが，ノート型のパソコンの場合は交換することができない。また，交換できるデスクトップ型のパソコンでも，多くの知識が必要となるため，パソコンの購入時には利用目的を店員に伝え，よく検討する必要がある。

一般的なインターネットの閲覧や電子メール，レポートの文書作成などが主な利用目的であれば，その時点で発売されている新型のパソコンに搭載されているCPUならば，どれでも問題はない。もし，写真加工や動画編集を行いたい場合は，できるだけ高性能なCPUを選択した方がより快適に作業を行うことができる。

メモリ

「メモリ」[3]の性能は読み書き速度と容量で表されるが，基本的には，速くて大容量のメモリを搭載していればパソコンは快適に動作する。ただし，速度については一般的なユーザーが選択する余地はないので，容量のみを注意すればよい。

【3】メモリ
ここでいうメモリとは，主にユーザーが交換することができるようなメインメモリのことをさす。現在のパソコンには，処理速度の向上を図るために，メインメモリのほかに，CPU内にもキャッシュメモリが搭載されている。

Windows 10を快適に動作させるためには，最低2GB（ギガバイト），できれば4GB以上のメモリを搭載したい。パソコンのメモリ容量がこれに足りない場合は，追加で増設する必要がある。

表1-1　Windows 10の搭載可能メモリの容量

	Home	Professional	Enterprise
64ビット版	128GB	2TB	2TB

ハードディスク(HDD)

「ハードディスク」にも速度と容量があるが，パソコンの主な仕様の表記には，データを保存することができる容量のみを表している。通常のインターネットの閲覧や電子メール，レポートの文書作成を行う程度であれば，64GB（ギガバイト）以上あればなんとか足りるかもしれないが，音楽や動画，写真のデータを保存するのであれば，できるだけ大きな容量が欲しい[4]。特に動画のデータを保存するようになると，1TB（テラバイト，=1,000GB）以上の容量があっても，すぐに不足することとなってしまう。

【4】ハードディスク
ハードディスクは，外付け型のものを利用すれば，後からの追加も容易である。

なお近年は，ノートパソコンを中心に，固定磁気ディスクを使用したハードディスクではなく，衝撃に強く，処理速度の速いフラッシュメモリを記憶媒体として用いるSSD（ソリッドステートドライブ）を搭載しているパソコンが増えてきている。

また，マイクロソフト社の提供しているOneDriveをはじめとするクラウドストレージのサービスを利用して，データをクラウドストレージ上に保存すれば，容量補完になるだけでなく，データを複数の端末で利用できるようになったり，他の人と共有化することもできる。

光ディスク　現在主流の「光学ディスク」はCDやDVDであるが，一部，BD（ブルーレイディスク）が搭載されたもの，さらに，CD，DVDやBDのメディアを読み込むだけでなく，書き込みすることができるドライブを搭載したパソコンも見受けられる。ノート型パソコンの場合は，携帯性を重視して搭載されていないタイプもあるが，利便性を考えると，できれば搭載されたものが好ましい[5]。

【5】光学ディスク
これもハードディスクと同様に後から外付けすることもできる。

以上のポイントに加え，液晶モニターの大きさなどもパソコンを選択する際のポイントとなるが，最終的には，予算とコストパフォーマンス，さらには本体の色やデザインで決定されることとなるであろう。

1-2-2 オペレーティングシステムとアプリケーション

CPUをはじめとするパソコンを構成している部品は，日進月歩で進化を遂げていく。そして，それに対応するようにパソコン本体も，各種メーカーが次々と新たな機種を発売する。

これに対応するようにソフトウェアを開発しようとすると，それぞれの部品やメーカーや，さらには機種ごとに開発をしなければならなくなる。もちろん，ユーザーもパソコンを買い替えるたびにソフトウェアも買い直さなければならない。事実，Windowsが発売されるまでは，互換性を持った機種を買い替える以外，その通りであった。

これでは，ソフトウェアを開発する側にとっても，ユーザー側にとってもあまりにも非効率的である。

そこで，部品ごと，メーカーごとに，機種ごとの差を吸収するWindowsというOSがマイクロソフト社から発売されたのである。

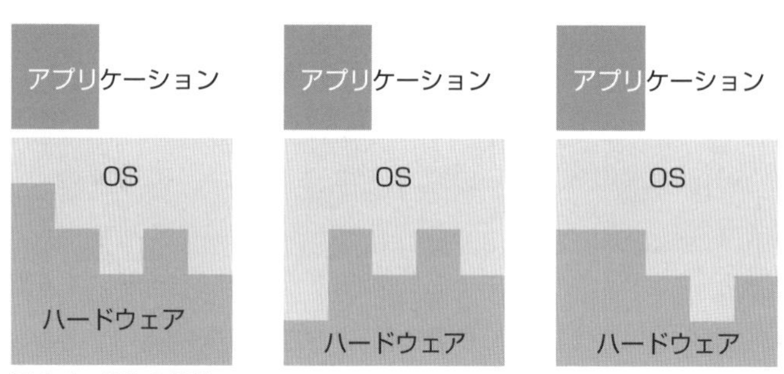

図1-4　OSの役割
ハードウェアの差をOSが吸収し，どのハードウェアでも，共通のアプリケーションが動作するための環境を提供している。

Windowsの大きな特徴の1つは，Windowsの上で動作するアプリケーションとよばれるワープロや表計算，メールソフトといったすべてのソフトウェアが，部品，メーカー，機種といったハードウェアに関係なく，どのパソコンでも同じ動作をすることである。

現在は当たり前のこの環境も，Windowsが発売される以前は当然ではなく，パソコンを買い替えるたびにソフトウェアも買い替える必要があるなど，「パソコンの買い替え」というのはとても大きな投資であった。

では，そのWindowsは，なぜバージョンアップを繰り返し，Windows 10になったのであろうか。

それは，Windowsも長年の進化にすべてついていくことはできず，だんだんとツギハギだらけになっていってしまうからである。場合によっては，まったく新しい要求や技術に対して対応できないこともある。そのため，ある一定期間ごとにそれらを包括した新しいWindowsを発売することになったのである。

最近は，アップル社のパソコンがインテル社のCPUを搭載したこともあり，Macでも Windowsが動作するようになっている。

1-3 Windows 10の特徴

Windows 10は，これまでのWindowsから何がどのように変わり，どのように進化をとげたのか？ Windows 8.1からバージョンアップした点を主として解説していくことにする。

【デスクトップ】

Windows 10は，Windows 8.1のModern UIの特徴を引き継いだフラットデザインで，マウス＆キーボード操作とタッチ操作の両方に対応している。Windows 8.1の全画面タイプのスタートメニューに代わって，Windows 7までのときと同じような「スタートボタン」を押して操作するスタートメニューが復活している。

また，「タスクビューボタン」をクリックして起動中のアプリケーションをタイル表示したり，「スナップ機能」で画面を簡単に分割表示することもできる。

図 1-5 「スタートボタン」が復活したデスクトップを中心とするユーザーインターフェイス

【タッチ操作】

Windows 10 はデスクトップを中心としたユーザーインターフェースではあるが，タッチ操作は Windows 8.1 から継承されている。基本的な操作は次の 8 つである。

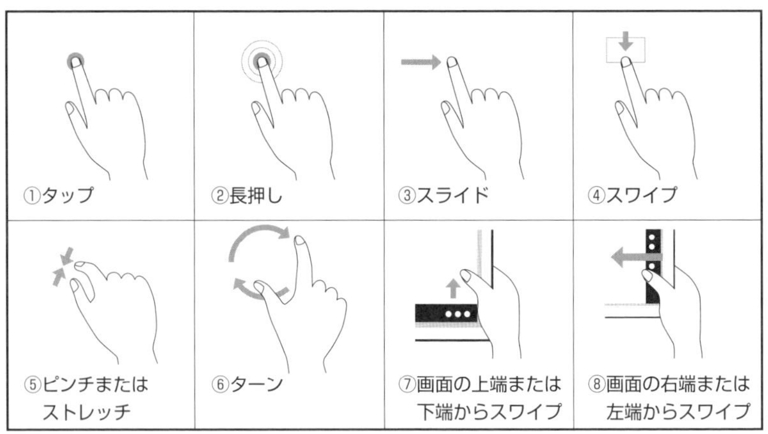

図 1-6　8 つの基本タッチ操作

- スライド

画面上をタッチし，指を離さないまま指を動かす操作。画面をスクロールさせたり，ウィンドウを移動させることなどができる。

- スワイプ

画面上をタッチし，指を離さないまま指を動かす操作。「スライド」との大きな違いは，「スライド」が画面を動作させるための比較的ゆっくりとした長い動きであるのに対して，「スワイプ」は素早く，短い動きの操作。何かを引き出したり，引っ込めたりすることができる。

- エッジスワイプ

1 本指で，画面の縁から画面内へスワイプする操作。各種メニューなどを表示することなどができる。

【音声認識アシスタント（Cortana）】

Windows 10 では，音声認識機能の標準搭載により，Cortana に音声で問い掛けることにより情報検索や操作を行ってくれる。

また，パーソナルアシスタントとして，メールやカレンダーアプリのデータから予定があることを知らせてくれたりする。

【新インターネットブラウザ（Edge)】

Windows 10 では，長年にわたって標準ブラウザとしてインストールされてきた Internet Explorer と一緒に，新しいブラウザである Edge が搭載されている。Internet Explorer は，現バージョンの 11 で開発が終了されるため，今後は Edge が Windows の標準ブラウザとなる予定である。

【アクションセンター】

Windows 10では，アクションセンターを開くと，カレンダーやメールの通知，アプリケーションのアップデート情報や接続しているデバイスなどがすぐにわかるようになっている。

また表示させる情報をカスタマイズすることができるようになっており，スマートフォンの通知のように端末の情報を得ることができるようになっている。

Windows 10は，Windows 8.1と比較して，操作性，機能性，視覚的に，他にも数多くの変更点がある。

1-4 パソコンの日本語入力とファイル管理

どのソフトウェアを使用するにあたっても，最初に一番大きなポイントになるのが，タイピングと日本語変換，そしてファイル管理である。

タイピングのスピードは，直接，パソコン操作のスピードにつながってくるので，もしタイピングに自信がなければ，最近はゲーム形式のトレーニングソフトもあるので，ぜひ練習を積んでほしい。

また，日本語変換[1]の方法には「かな入力」と「ローマ字入力」があり，それぞれ一長一短がある。これからパソコンを勉強するという初心者の場合は，覚えなければならないキーの数が少ない「ローマ字入力」を身につけた方が，一定レベルまで到達するのは早い。一方で，日本語入力の上級を目指すのであれば，タイピングの際に打つキーボードの数が少ない「かな入力」の方が有利である。

【1】MS-IMEのオン/オフ
日本語変換は，かな漢字変換プログラム（Input Method Editor：IME）によって行われる。MS-IME（マイクロソフトのIMEの名称）のオン/オフは，［半角/全角］キーを押すことによって，使用する/使用しないを切り替えることができる。

1-4-1 日本語変換

ここでは，日本語変換のコツを3段階に分けて解説する。日本語変換は，大きく分けて，「語」と「句」と「文」での変換がある。

単語変換

「語」での変換とは，単語ごとに変換を行う方法で，最も初歩的な変換方法である。細かく変換を行うため，変換効率はよくはないが，タイピングミスがあった場合にも対応が容易なため，初心者向きである。

（例）「今日僕は学校へ行きました。」

「きょう」[2] →〈「今日」に変換〉→「ぼく」→〈「僕」に変換〉→「は」→〈無変換〉→「がっこう」→〈「学校」に変換〉→「へ」→〈無変換〉→「いき」→〈「行き」に変換〉→「ました。」→〈無変換〉

【2】拗音（ようおん）
ローマ字入力で，「っ」や「ゅ」といった小さい文字を単独で入力するには，「xtu」や「ltu」，「xyu」や「lyu」というように，その文字の頭に「x」または「l」を打つ。

語句変換

「句」での変換とは，語句ごとに変換を行う方法で，最も一般的な変換方法である。

語句で変換を行うため，変換効率も比較的よく，タイピングミスがあった場合にも比較的対応が容易なため，最も多く見受けられる。

（例）「明日は，彼女とドライブに行きます。」

「あすは，」→〈「明日は，」に変換〉→「かのじょと」→〈「彼女と」に変換〉→「どらいぶに」→〈「ドライブに」に変換〉→「いきます。」→〈「行きます。」に変換〉

文章変換

「文」での変換とは，文章ごとに変換を行う方法で，最も効率的な変換方法といわれている。

文章で変換を行うため，前後の意味からの変換効率が最もよい。ただし，パソコンが変換する語句の切れ目を誤って認識した場合などは，その語句の切れ目を切り直す必要がある[3]。

(例)「昨日買ったパソコンは，高かったけど，満足できるものでした。」「きのうかったぱそこんは，たかかったけど，まんぞくできるものでした。」→〈変換〉→「「きのうかっ」までShift＋←キーで移動」→〈→キーで「きのうかった」に区切り直し〉→〈「昨日買った」に変換〉

【3】**ファンクションキーによる変換**
日本語入力は一般的に全角ひらがなの状態で入力を行うが，全角カタカナや半角カタカナを入力する際には，それぞれ F7 と F8 を押すことによって，変換することができる。
F6　全角ひらがなに変換
F7　全角カタカナに変換
F8　半角カタカナに変換
F9　全角英数字に変換
F10　半角英数字に変換

手書き入力

様々な日本語を入力していると，上記の方法では変換できない文字が出てくる場合がある。そのような場合は，マウスで書いて文字を検索するとよい。

(例)「怡萍」(いへい) という文字を入力する。

MS-IMEのアイコンをクリックすると表示されるメニューの中から，「IMEパッド」を選択する。

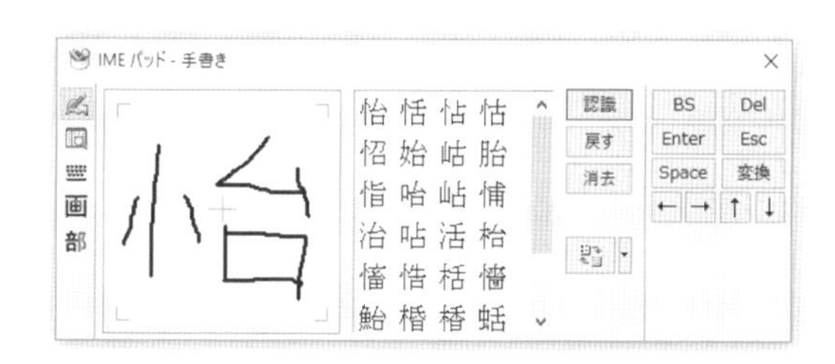

表示されたIMEパッドにマウスでドラッグしながら「怡」の文字を書くと，右側に候補が表示されるので，目的の文字をクリックして選択する。

続けて，IMEパッドに「萍」の文字を書いて，右側の候補の中から目的の文字をクリックし，Enterキーを押して確定する。

また，検索した文字を今後とも繰り返し使用する場合は，次の手順に辞書に登録しておくことをお薦めする。

(例) 辞書に「怡萍」(いへい) を登録する。

「怡萍」の文字をマウスでドラッグして選択した状態で，MS-IMEの［ツール］ボタンをクリックすると表示されるメニューの中から，［単語の登録］を選択する。

［単語の登録］ダイアログボックスの［よみ］に「いへい」と入力し，［品詞］の中から，「人名」と「名のみ」のオプションボタンをマウスでクリックした後，［登録］ボタンをクリックする。

「いへい」と入力して変換すると，「怡萍」と変換されることを確認する。

図 1-7　単語の登録

1-4-2 ファイル管理

パソコンを操作するにあたって，ぜひとも知っておきたいことに，**ファイル管理**がある。

拡張子

Windows の場合，拡張子というデータファイルの形式を表す記号がついている。ファイル名の後ろには，「.」（ピリオド）が打たれ，その後に 3 文字から 4 文字程度の文字列がついている。そして，この文字列が拡張子として認識され，アプリケーションを関連付けている。

たとえば，「パソコンの使い方.docx」というファイルがあると，「docx」の部分が拡張子であり，「docx」は Microsoft Word 2007, 2010，2013 または 2016 のファイルであることを意味している[4]。

そして，Windows は Word 2016 などこれらのアプリケーションがインストールされていると，自動的に Word で作成された文書であることを表す形で表示してくれる[5]。

拡張子を表示している場合

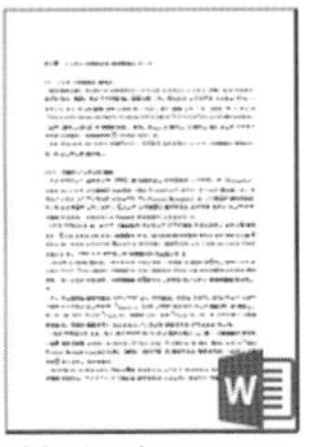

第 1 章.docx

拡張子を表示していない場合

第 1 章

図 1-8　拡張子が表示されている場合と表示されていない場合

【4】拡張子
ほかにも，たとえば「xlsx」は Microsoft Excel 2007, 2010 または 2013,「pptx」は Microsoft PowerPoint 2007, 2010 または 2013 のファイルであることを表している。

【5】Windowsで利用できる代表的な拡張子
.bmp：BMP ファイル。Windows標準の画像ファイル。
.jpg：JPEG ファイル。画像ファイル。
.zip：ZIP ファイル。世界的によく利用されている圧縮形式。
.lzh：LHA ファイル。日本産の圧縮・解凍ツール「LHA」で圧縮したファイル。
.mp3：MP3 ファイル。「MPEG-1 Audio Level 3」の略。
.wav：WAV ファイル。Windows標準の音声ファイル。
.txt：テキストファイル。メモ帳などで編集可能。
.wmv：Windows Media Player用の音声・動画ファイル。

ファイル管理　ファイルを管理する上で，拡張子とともに気をつけたいのが，ファイルそのものをどこに保存するか，保存しているかということである。

Windowsの場合，個々のファイルは**フォルダー**と呼ばれるファイルの集合体の中で管理，保存される。フォルダーの中にフォルダーを作成することもできるため，場合によっては，作成した文書ファイルが，フォルダーの中のフォルダーの中のフォルダーの中……というように，保存した場所をしっかりと把握していないと，なかなか見つからなくなってしまうこともしばしば見受けられる[6]。

そのような場合はWindowsの検索機能が有効であるが，そもそものような事態にならないように，どこに，どのような名前を付けて保存したのかわからなくならないように意識をしたファイル管理が必要である。

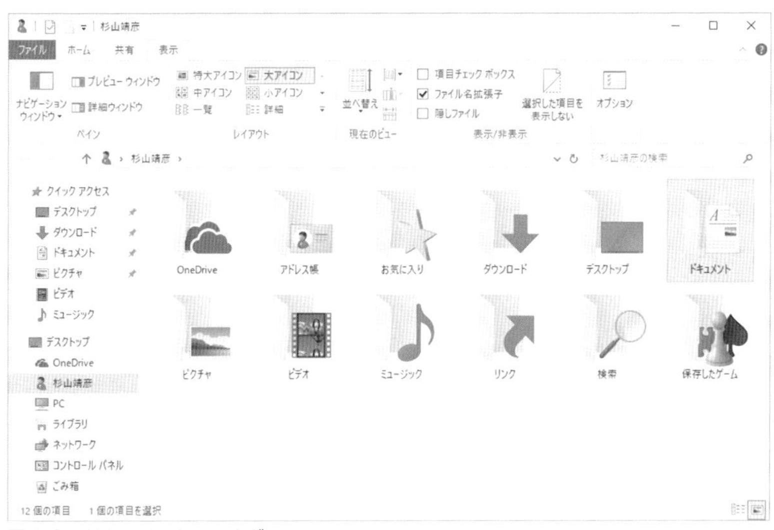

図1-9　ドキュメントフォルダー
ユーザーの「ドキュメント」フォルダーは，実際は，「ローカルディスク」の「ユーザー」フォルダーの中の「ユーザー名」フォルダーの中にある。

【6】ファイル検索
ファイルを管理するには，作成日付や作成者，作成内容によってフォルダーをつくり分類することが多い。ただし，マイクロソフト社は，分類して管理しておかなくとも，必要なときに必要な検索をかけることによって目的のファイルを探し出すという操作方法も提供している。

第2章 インターネットの活用とセキュリティ

2-1 インターネットの活用について

パソコン利用の主な目的がインターネットの利用になって久しいが，インターネットを通じた情報収集や電子メールの利用にとどまらず，音楽や映像の視聴，通信販売の利用，さらには，自らが情報発信者になったり，オークションなどで不用品を販売したりと，インターネットの利用目的はますます多岐にわたっている。

ここでは，そのインターネットの歴史と，インターネットを利用するにあたり気をつけなければならないセキュリティとマナー，著作権について学習する。

2-1-1 インターネットの歴史と仕組み

インターネットは，1966年に計画が始まったARPNETという軍用コンピューターネットワークが起源である。そして1970年代に入り，インターネットに限らず，コンピューターとコンピューター間で情報交換，通信を行う，後にTCP/IP（ティーシーピーアイピー）とよばれるパケット交換技術が開発され，インターネットの基礎が築かれる。

1980年代に入ると.comドメインが，1990年代に入るとWWW（ワールドワイドウェブ）が提案されるが，現在当たり前に利用されているこれらのサービスが始まるまでに20年程度の時間を要することとなる。なお，インターネットの主な利用目的の1つである電子メールの起源は，1対1型のメッセージ送信に限ると，1960年代のコンピューター黎明期からすでに存在していた。現在のような1対多型の世界初のメッセージ送信は1971年に行われており，意外に早くから実用化されていたことがわかる。じつは，1980年代に入るまでインターネットの主な利用目的は，この電子メールであった。

IT業界にとって1995年は，Microsoft Windows 95が発売され，大きな節目となった。この年は，これまで一部のマニアのものであったパソコンを広く一般に普及した年として，多くの人に記憶されている。しかし，じつはその裏で同時期に，インターネットの世界で現在普及しているWebブラウザ，暗号化技術のSSL，サーバーソフトウェアのApache，さらには，アニメーションソフトのFlash，RSSが次々と発表されているのである。フリーメール[1]の代表格であるHotmailも1996年に誕生している。

【1】もう1つのフリーメール：Gmail
Gmailは，Hotmailより遅れること8年，2004年に入ってようやくサービスが開始された。

インターネットの歴史は，起源にまでさかのぼるとすでに50年を超えているが，現在利用されているサービスのほとんどは，ここ5年，10年ぐらいの間に生まれたばかりのものなのである。

音楽業界も，インターネットの普及によって大きく変動した業界の1つであろう。インターネット上で最も普及している音楽フォーマットが特許を取得したのは意外に古く，1989年のことである。

音楽業界を変えたのは，MP3の出現だったのではなく，MP3ファイルをインターネットを通じて無償で大量に交換するサービスである。その先駆けは，1999年に開始したNapster（ナップスター）の出現であった。後にNapsterは，著作権保護の目的から大きくサービスを縮小することとなるが，次の主役に躍り出たのが，2003年にアップル社がオープンしたiTunes Store（アイチューンズストア）である。

そしてインターネットは，音楽にとどまらず，2005年のYouTube（ユーチューブ）の出現によって，動画の交換をも容易にしたのである。

2-1-2 インターネットにおける情報検索

インターネット上で公開されている膨大な情報の中から，必要な情報を検索するためには，ユーザーは一般的にGoogleやYahoo!といった**検索サイト**を利用している。

検索サイトは，世界中のWebサイトから情報を収集し，ユーザーの問い合わせに**検索エンジン**を用いて応えているが，この検索エンジンを使いこなせるかどうかが，得たい情報を効率的に検索できるかの重要な分かれ目となる。

検索エンジンは大きく分けると，従来Yahoo!などが採用している**ディレクトリ型（カテゴリ型）**と，Googleなどが採用している**ロボット型（全文検索型）**がある。

ディレクトリ型

ディレクトリ型は，収集したWebサイトの情報を一定のカテゴリに分類した上で，検索サイトがコメント文を付加し，手作業でデータベースに収録している。

これによって，ユーザーは，検索サイトのトップページからジャンルの階層をたどっていくことで目的のWebサイトを見つけたり，タイトルやサイトのコメント文，あるいはカテゴリ名で検索することができる。また，キーワード検索を行う際にも，キーワードと検索されたWebサイトとの相関が強いため，企業や団体などの公式Webサイトを容易に探すことができるという特徴がある。ただし，検索エンジンに掲載されている情報は人手によって収録されるため，後述するロボット型と比べると収録数は少なめとなる。

ロボット型

ロボット型は，その膨大にかかる人手の手間を削減するため，ロボットあるいはスパイダーと呼ばれるアクセスプログラムが自動的に収集したWebページの情報をそのままデータベースに収録している。ユーザーは，検索エンジンでキーワードによる全文検索をかけることによって情報を検索することができる。そのため，検索結果はWebサイト単位ではなく，Webページ単位で表示されることとなり，ディレクトリ型と比較して数多くの情報が候補として表示されるという特徴がある。

もし検索結果が膨大すぎる場合は，複数キーワードなどの検索条件を工夫することにより，適当な量まで情報を絞り込む必要がある。

検索テクニック

ディレクトリ型，ロボット型，いずれにせよ，現在のインターネットの情報は膨大になりすぎて，単純なキーワードだけでは，なかなか目的の情報にたどり着くことができない。そこで，ここでは検索テクニックの基本を紹介する。

■AND検索■　キーワードとキーワードの間に半角または全角スペースを入力することにより，複数のキーワードを同時に含む情報を検索することができる。

（例）　高尾のアルバイトを検索する。

　　　　高尾　アルバイト

■OR検索■　キーワードとキーワードの間にORを入力することにより，複数のキーワードのいずれかを含む情報を検索することができる。

特に，自分が普段使っている言葉や，耳にしている言葉が必ずしも検索のためのキーワードとして適しているとは限らない。そのため，同義語あるいは類義語をOR検索で行うと効果的である。

（例）　iPhoneXまたはiPadProを検索する。

　　　　iPhoneX OR iPadPro

■NOT検索■　キーワードとキーワードの間に「-（ハイフン）」を入力することにより，特定のキーワードを含む情報を外す検索をすることができる。

（例）　後楽園以外の遊園地を検索する

　　　　遊園地 - 後楽園

■複数の演算子の検索■　AND，OR，NOT検索を複数組み合わせて検索を行うこともできる。

（例）　高尾または茗荷谷のアパートを検索する。

　　　　（高尾 OR 茗荷谷）　アパート

■フレーズ検索■　検索エンジンでは，長い用語やスペースの入ったキーワードで検索をすると単語に分けたAND検索を行ってしまう場合があるため，" "（ダブルクォーテーション）で囲むことにより，続いた1つのキーワードとして検索することができる。

（例）「Windows10が好き」を検索する。
　　"Windows10が好き"

2-2　インターネットを利用する上での注意事項

インターネットを利用する上で，次の3点は必ず気をつけなければならない。それは，コンピューターウイルス対策をはじめとする**「セキュリティ対策」**，インターネットでの電子メールや掲示板など利用する際の**「インターネット上でのマナー」**，そして，気がつかないうちに法律違反を犯さないようにするための**「インターネット上での著作権」**についてである。ここでは，この3つのポイントについて学習する。

2-2-1　セキュリティ対策の必要性

コンピューターウイルス（以下，**ウイルス**という）という言葉を耳にしたことはあるだろう。簡単に説明すると，パソコンに被害をもたらす不正なプログラムの一種である。ウイルスによってすでに書き換えられたファイルを開いたり，プログラムを実行すると，別のファイルやプログラムの一部を書き換えて自分のコピーを追加し，その書き換えられたファイルを開いたり，プログラムを実行すると，さらに別なファイルやプログラムの一部を書き換えて自分のコピーを追加する。これを繰り返すことによって自己増殖していくというプログラムをウイルスという。このように，ウイルスによってファイルやプログラムの一部を書き換えられることを**感染**という。ウイルスには，他のファイルやプログラムを書き換えることによって寄生するのではなく，単独のファイルとして存在する**「ワーム」**や，有益なプログラムのふりをしてユーザーの知らない間に不正な行為をする**「トロイの木馬」**がある。

これらのウイルスも，ただ感染を繰り返していくだけであれば，特に使用上の問題は発生しないのであるが，感染したファイルを開いたり，プログラムを実行すると，そのパソコンに対して障害を起こさせ，重要なファイルを勝手に削除してしまったり，パソコンの動作を不安定にしてしまったり，なかには，勝手にそのパソコン内の情報をインターネットを通じて外部へ発信してしまうというものもあり，非常に危険である。

ユーザーの個人情報やアクセス履歴などを収集するプログラムを**スパ**

イウェアと呼ぶ。インターネットを通じた金融機関の利用や，通信販売の利用が一般的となりつつある現状において，スパイウェアは，単にパソコンの動作を不安定にするだけではなく，金銭的な実害を引き起こす可能性もある。さらに，他のパソコンに侵入した後，外部からの指示にしたがって不正な行為を実行する悪質なプログラムである**ボット**とよばれるウイルスもある。

ウイルス，スパイウェア，ボットなどの不正プログラムを総称して**マルウェア**[1]というが，これらマルウェアに感染する経路は様々である。インターネット経由である場合が多いが，USBメモリでのファイルのやり取りの際に感染する事例も多くなっている。

マルウェアに感染することは，単に自分のパソコンに被害が発生するだけではなく，場合によっては他の人のパソコンにも影響を与える可能性があるため，できるだけ各自で対策を講じる必要がある。

【1】マルウェア（Malicious Software）
不正動作を行わせる意図で作成された悪意のある不正ソフトウェアの総称であり，不正プログラムともよばれる。ウイルス，スパイウェア，キーロガー，WordやExcelのマクロウイルスなどがある。

2-2-2 セキュリティ対策の方法

マルウェア対策としては，大きく2つあげられる。1つは，Windows Updateを定期的に実行し，Windowsを最新の更新プログラムがインストールされている状態に維持すること。もう1つが，ウイルス対策ソフトの導入である。

Windows Updateとは，Windowsを最新の状態にするために，マイクロソフト社が提供する更新プログラムを自動的にチェック，ダウンロードして，インストールする機能のことである。こまめにこのWindows Updateを実行することでWindowsのシステムを最新の状態に保ち，マルウェアに感染する可能性を減らして，セキュリティを強化することができる。Windows Updateは，「スタート」→「設定」→「更新とセキュリティ」の中にあるので，インターネットが接続されている状態で，［更新プログラムのチェック］ボタンをクリックするだけでいい。

特に重要な更新プログラムについては，シャットダウン時に自動的にインストールすることを求めてくるので，その指示にしたがって実行すればよい。

一方，ウイルス対策ソフトは，パッケージで市販されているものを購入し，利用するのが一般的である[2]。インターネットプロバイダーによっては，追加サービスとして利用することができるところもある[3]。

基本的には，ウイルス対策ソフトを導入しておき，Windows Updateを適度に実行すれば，たいがいのマルウェアに感染する可能性は低減される。ただし，これらの対策を講じていたとしても，ユーザー自身が自ら積極的にマルウェアへ接触したのでは意味がなくなってしまう。ユー

【2】有償のウイルス対策ソフト
有償のウイルス対策ソフトとしては，トレンドマイクロ社のウイルスバスターやシマンテック社のノートン・アンチウイルスなどが有名である。

【3】無償のウイルス対策ソフト
最近は，更新料ゼロを売り物にするソフトウェアもあるが，予算がない場合は，無償のソフトウェアもあるので，必ず導入してほしい。無償のソフトウェアを入手したい場合は，検索サイトで，「無償ウイルス対策ソフト」と入力すれば検索することができる。

ザー自身がマルウェアに感染する可能性を回避するという意識が必要となる。

具体的には，次の３点である。

①不審なメールや添付ファイルを開かないこと

②不審なサイトにアクセスしないこと

③安易にダウンロードやインストールをしないこと

電子メールを利用しているユーザーには，日ごろから数多くの不審メールや迷惑メールが届いているものと思われる。これらのメールの中には，一見するととても魅力的な内容のものも含まれている。そのメールに添付されているファイルを開くと，画像や文書と思われたファイルが実はマルウェアであるという場合がある。また，魅力的なサービスを提供していると思われたサイトにアクセスすると，実はそのサイトにアクセスするだけでマルウェアに感染してしまうというサイトもある。もちろん，そのようなサイトからファイルをダウンロードして，そのファイルを開いたり，インストールするというのは，自らマルウェアに感染しようとしているに等しい行為である。

Windows 10では，標準装備のWindows Defenderもマルウェアを検出して削除してくれるが，できれば有償のウイルス対策ソフトを導入してセキュリティ機能を強化しておきたい。

2-2-3 マルウェアに感染した場合の対応策

多くのユーザーは，マルウェアに感染してしまったことをおそらくウイルス対策ソフトなどのメッセージで知ることになるであろう。その場合は，ただちにパソコンの使用を止め，ネットワークから隔離し，そのパソコンを管理している管理者がいる場合は，その管理者に報告をし，その指示を仰げばよい。ただし，自宅のパソコンなど管理者が存在しない場合は，これから先の処理をすべて自分で行うこととなる。

まずは，他への感染被害や情報流出を防ぐため，ネットワークケーブルを外すなどネットワークから物理的に遮断し，ウイルス対策ソフトで，再度，パソコン全体の検索を行う。その際，新しいウイルスは，ウイルス対策ソフトのアップデートを行っていないと発見されない場合があるので，日ごろからの注意が必要である。

発見されたマルウェアの多くは，ウイルス対策ソフトの指示にしたがい駆除することができるはずである。ただし，マルウェアを駆除したとしても，もしそれまでに破壊されたファイルがある場合は，そのファイルを元に戻すことはできない場合がある。こうなると，日ごろからのバックアップが重要となる。特に，自分で作成したファイルについては，二度と作成することができないものもあるので，1か所に保存しておくだけでなく，ファイルが破壊されたとしても，別な所から復元できるように，複数個所にバックアップとして保存しておくことが必要となる。

マルウェアの駆除が終わり，ファイルの復元が終わったら，再度，ネットワークに接続してウイルス対策ソフトのアップデートを行い，他のマルウェアにも感染していないかどうか検索を行うとよい。

ウイルス対策ソフトの本来の目的は，マルウェアの事前発見と感染予防であり，感染後の修復は本来の機能でない。

最近のマルウェアは，Windowsなどのシステムに関連した重要なファイルに感染し，書き換えなどを行うため，完全な修復は不可能な場合も多い。そのため，もしマルウェアに感染してしまった後の最も確実で安全な方法は，非常に手間はかかるが，ハードディスクを初期化して，Windowsの再インストールを行うことである。

2-2-4 インターネット上でのマナー

インターネット上におけるコミュニケーションでは，相手の顔が見えにくいため，多くのトラブルが発生しがちである。論争は日常茶飯事で，訴訟事件になったり，なかには殺人事件にまで発展してしまうことすらある。

そのため，ウェブサイトや電子メールなど，インターネット上でコミュニケーションを行う場合，一般的なマナーに加え，必要とされているルールが存在する。ネットワークとエチケットを組み合わせた造語で**ネチケット**ともよばれるが，これらのルールを守りながら，トラブルに巻き込まれないように，インターネットを利用する必要がある。

インターネット上でのマナーはどれも，一般的なマナーと同様に，基本的には他の人に対する配慮を求めるものばかりである。

具体的にいくつかあげると，まずは，インターネットにアクセスする端末は，Windowsのパソコンにはじまり，Mac，AndroidやiPhoneなどのスマートホンやタブレット，さらには，日本語環境だけでなく，様々な言語における情報交換が行われている。そのため，環境や機種に依存する文字を極力使用しないように心掛ける必要がある。まったく読むことができない，俗に文字化けした電子メールを受け取ったことがある人も少なくないと思うが，このような現象が発生するのは，このようなことが原因であるといわれている。

日本語環境においては，「半角カタカナ」や，「①，②といった機種依存文字」の使用は避けるべきである。特に半角カタカナは最悪の場合，ファイルに欠落が起きたり，経由したサーバーを破壊することすらある。いわゆるギャル文字やネットスラングなど，一部の人たちの間で利用されているような表現も，理解できない人には不快感を与えるので，使用する相手を限定するという配慮が必要である。

これらすべて，相手が読みやすい文章で表現するという配慮である。電子メールや掲示板で一行に長く書きすぎないことも配慮の1つであろう。20～25文字程度で改行すると，読みやすい文章になる。

電子メールといえば，複数人に同時にメールを送信する場合，個人情報の漏洩につながるため，宛先をTo：やCc：(Carbon Copy) にアドレスを記述されることを嫌う人もいる。そのため，お互いの電子メールを知らない人が入った同報メールを送信する場合は，To：には自分自身のアドレスを入れ，Bcc：(Blind Carbon Copy) に送信先のアドレスを入れるとよい。

掲示板やSNS（ソーシャルネットワークサービス）に書き込みを行う場合は，場の雰囲気を読み，特定の個人を誹謗中傷したり，個人情報を流したりすることはしないようにすべきである。内容によっては，名誉棄損や民事訴訟で訴えられる場合も出てくる可能性もある。

コンピューターを介していたとしても，人と人のコミュニケーションに違いないので，相手の立場に立って配慮を心掛けることが，トラブルに巻き込まれないために必要である。

2-2-5 インターネットに関連する法律

インターネットを利用する上で関連する法律には，大きく分けて2つのものがある。意図的なコンピューターやデータの破壊や改ざん，詐欺行為を処罰するための法律[4] と，意図的か否かを問わず著作権を守るための法律である。

前者は，最初から他人の財産を害することを目的としているので，これらの法律に違反するような行為を行った場合は，処罰されて当たり前なのである。ただ時として，ちょっとしたいたずらだと思って行った行為が，大きな事件に発展する場合がある。この点さえ気をつけていれば，まず違反行為を行うことはない。

問題は，後者の著作権を守るための法律に抵触してしまう場合である。インターネット上に存在する情報は，そのサイトのデザインから文字情報，写真，音楽，動画からすべて，当り前であるが誰かが作成した制作物である。このように，誰かが作成した制作物の多くは，著作権法によって多くの制限がかけられている。著作権は，著作人格権と著作財産権に分けられる[5]。

たとえば，CDの音楽やDVDの動画をコピーして，インターネット上において無断で配布することが，著作権違反に当たることを知っている人は多いであろう。他の人がそのような音楽や動画をインターネット上でダウンロードできるようにしているものを取得した場合も，著作権

【4】コンピューターやデータの破壊や改ざん，詐欺行為に対する刑事罰
電子計算機損壊等業務妨害罪：コンピューターや電子的データを破壊することによる業務妨害行為。
電磁記録不正作出および供用罪：事務処理を誤らせる目的で，電子的データを不正に作成する行為。
電子計算機使用詐欺罪：コンピューターに虚偽の情報や不正指令を入力するなどにより不正に利益を得る詐欺行為。

【5】著作権
著作者人格権＝公表権，氏名表示権，同一性保持権。
著作財産権＝複製権，上演権，公衆送信権，口述権，展示権，貸与権，翻訳権，翻案権，譲渡権など。

違反に当たる。動画交換サービスにおいて，そのような音楽や動画をアップロードすることや，改編をしてアップロードすること。さらには，音楽をバックグラウンドで流しながら撮影した動画をアップロードすることや，自らが演奏またはコンピューターに演奏させた音源や動画をアップロードすることも著作権違反に当たるので注意が必要である。

ただし，これらはすべて日本の法律の中でのことであり，著作権に対する法律が異なる世界中がつながっているインターネット上においては，その境界が非常に曖昧なのである。とはいうものの，日本国内でこれら著作権違反に当たる行為が行われた場合は処罰をされる可能性もあるため，特に無意識にこれらの行為を行わないように気をつける必要がある。

制作者でない人が許諾なしに無償で動画や音楽，写真などをインターネット上で公開している場合は，そのような動画や音楽，写真などを閲覧したり取得してはいけない。また，インターネット上で公開されている文字情報をコピーして公開しないことである。これだけで，まず多くの著作権違反を回避できるはずである。

また，著作権フリーと称して動画や音楽，写真などをインターネット上で公開している場合もあるが，本来であれば法定の著作権の保護期間（著作者の死後50年）が満了したものでなければ，著作権フリーにはならない。実際は一定条件を満たした上での使用を許諾しているにすぎない場合がほとんどなので，使用許諾条件に違反しないように注意して使用をすべきである。

以上，意図的か否かにかかわらず，インターネット上で法律違反に当たるような行為をしないように気をつけながら利用しなければならない。

第3章 ワープロを用いた文書作成の技術

3－1 Word 2016 の基本操作

3-1-1 アプリケーションの起動と終了

アプリケーションを起動・終了するには以下の手順で行う。この手順は，すべてのアプリケーションに共通である。

スタート画面

起動操作

❶デスクトップ画面左下のスタートボタンをクリックする。

❷アプリケーションの一覧が画面に表示されるので，スクロールバーを動かして目的のアプリケーションを探し，クリックする。アプリケーションはアルファベット順，および五十音順に表示される。

◉参考

頻繁に使用するアプリケーションについてはデスクトップ画面のタスクバーに固定しておくとよい。固定するにはアプリケーションを起動し，タスクバー上に表示されたアプリケーションのアイコンを右クリックする。メニューが開くので［タスクバーにピン留めする］をクリックする。この操作により，以降はデスクトップ画面で，タスクバーに表示されたアプリケーションをクリックすることで起動できる。

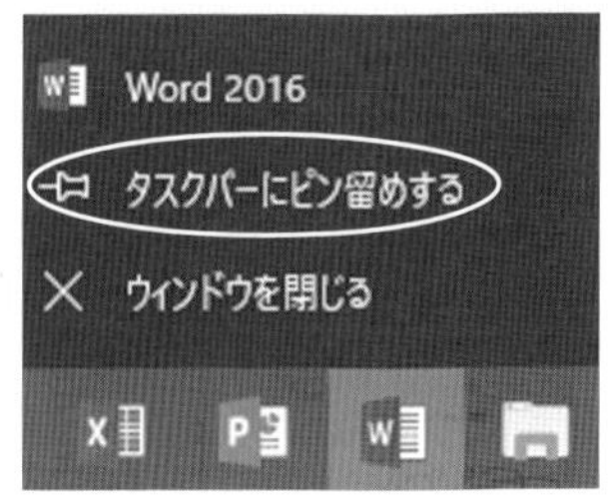

タスクバーにピン留め

終了操作

タイトルバーの右端の［×］（閉じる）をクリックする。

3-1-2 画面構成

Microsoft Word 2016（以下，Wordと記述する）を起動すると，最初にWordのスタート画面が表示される。この画面では，左側に「最近使ったファイル」，右側に「テンプレート」が表示されている。どのような文書を作成したいかによって適当なテンプレートを選択する。白紙の状態から始めたいときは「白紙の文書」をクリックする[1]。

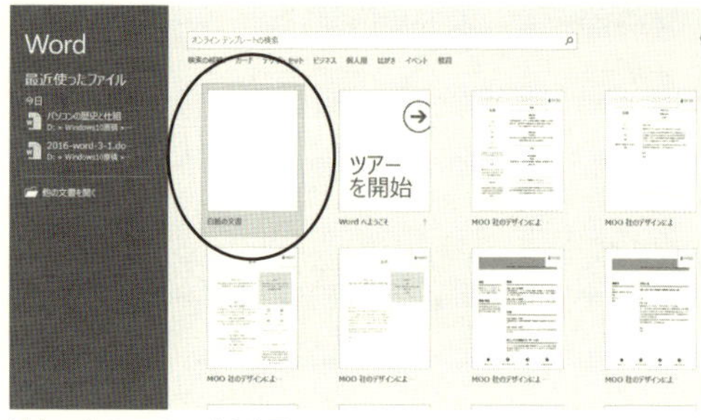

Wordのスタート画面

図3-1 画面構成

①［ファイル］タブ

新規作成・保存・印刷など，ファイルに関するコマンドがまとめられている[2]。

②リボン

コマンドボタンが配置されたタブがおおむね作業の順番にしたがって左から並べられている。タブをクリックして切り替え，コマンドを使用する。

③クイックアクセスツールバー

頻繁に使うコマンドやボタンが設定されている。

④画面表示モード[3] ボタン

画面表示方法を切り替えるボタン。

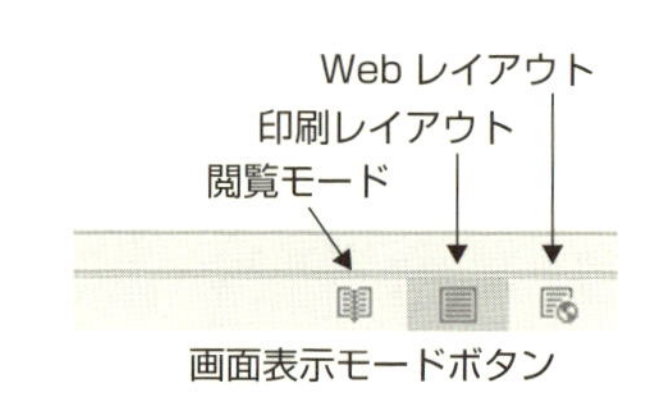

画面表示モードボタン

【1】
Escキーを押すことでも「白紙の文書」を開くことができる。

【2】
［ファイル］タブをクリックして開く画面を［バックステージビュー］という。ファイル全体に関するコマンドが設定されている。

【3】画面表示モード
閲覧モード：閲覧に必要なもの以外は非表示になる。2ページ表示や，左右にページ送りの矢印ボタンがあり，本を読むのに適している。
印刷レイアウト：印刷のイメージ表示。
Webレイアウト：Web上での文書表示のイメージ。
アウトライン：文書の階層構造を示す表示。
下書き：図表を除いた本文だけの表示。

3-1-3 画面の基本操作

リボンの操作

作業に必要なコマンドはその機能によって分類され，リボンに配置されている。リボン内では，コマンドが文書作成やレイアウトなど，操作の種類によってグループに分けてまとめられている。各グループの右下にある［ダイアログボックス起動ツール］ボタンをクリックすると，ダイアログボックスが開き，さらに詳細な機能を利用することができる（図 3-2）。

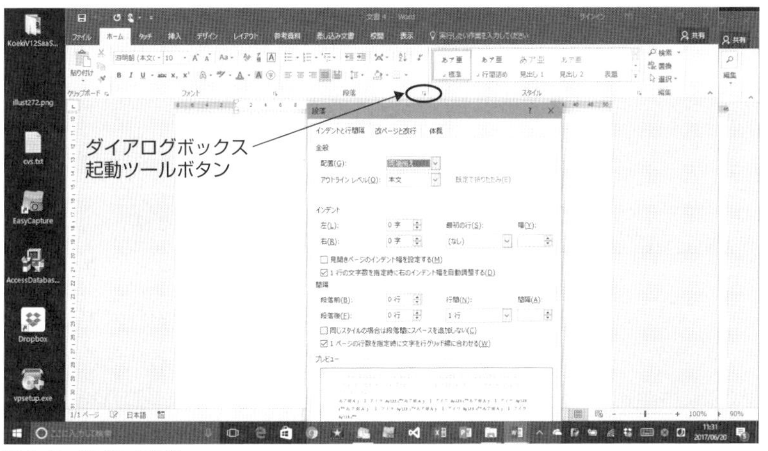

図 3-2　リボンの操作

ミニツールバーの操作

文字列を選択すると，書式設定に便利な機能が配置されたミニツールバーが表示される。右クリックしたときも表示される。

ミニツールバー

クイックアクセスツールバーの操作

クイックアクセスツールバーは，頻繁に使うコマンドやボタンが配置されたツールバーで，リボンのタブを開くことなく操作できる。初期設定では［上書き保存］［元に戻す］［やり直し］および［タッチ / マウスモード切り替え[4]］のボタンが設定されている。

［クイックアクセスツールバーのカスタマイズ］ボタンをクリックすると，コマンドの一覧メニューが開く。追加したいコマンドをチェックすると，クイックアクセスツールバーにメニューボタンが追加される。

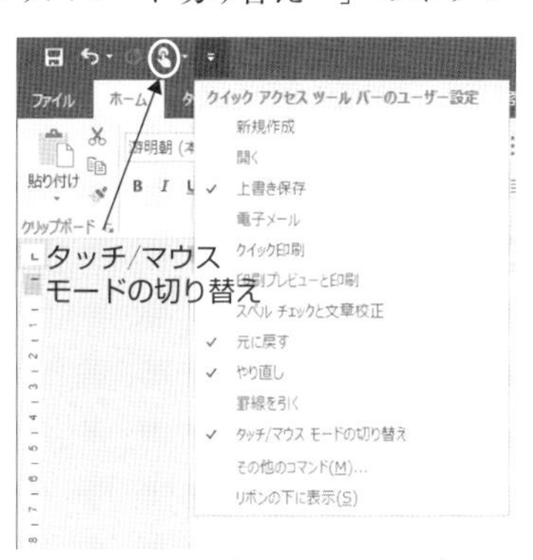

クイックアクセスバーのカスタマイズ

【4】
タッチモードに切り替えると，指での操作がしやすいようにコマンド間の間隔が広くなる。

◉参考

［タッチ］タブにある［手がき］コマンドを使用すると，画面上のタッチ操作で自由に描画できる[5]。

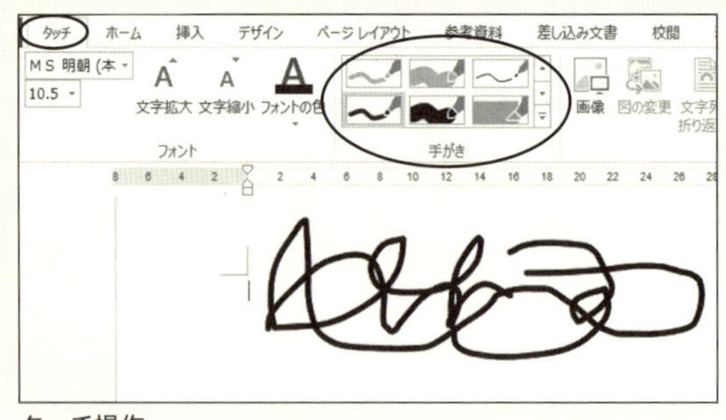

タッチ操作

【5】
画面がタッチパネル対応でない場合はマウスのドロー操作で行うことができる。ただし，機種によっては［タッチ］タブが表示されないものがある。

3-1-4 文書作成の基本操作

新しい文書の作成

［ファイル］タブをクリックしてバックステージビューを開き，［新規］をクリックすると，テンプレートの一覧が表示される。文書のあらかじめ設定されたデザインのサムネイル[6]が表示されるので，適当なデザインを選んで利用する。［白紙の文書］を選択するとデザインのない白紙状態の新規文書が表示される。

【6】サムネイル
画像の縮小版。

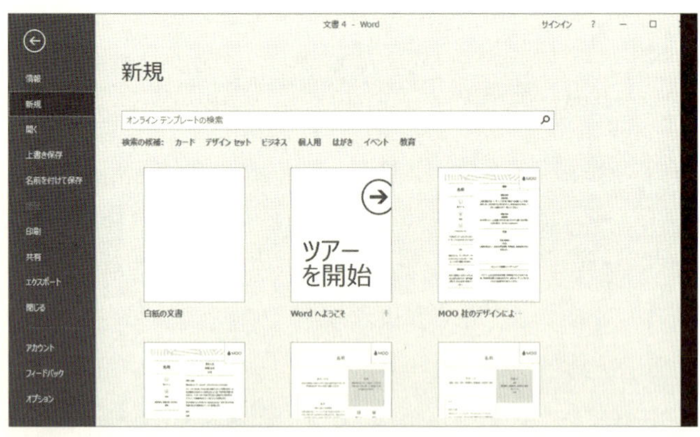

新規作成

ページ設定

ページ設定の機能は［レイアウト］リボンの［ページ設定］グループに集約されている。必要に応じて該当ボタンをクリックし，設定を行う。

詳細なページ設定をまとめて行う場合には，［ページ設定］グループの右下にある「ダイアログボックス起動ツール」ボタンをクリックして，［ページ設定］ダイアログボックスを開き，以下の手順で設定する。

■用紙サイズ■　［用紙］タブをクリックし，用紙サイズを選択する。

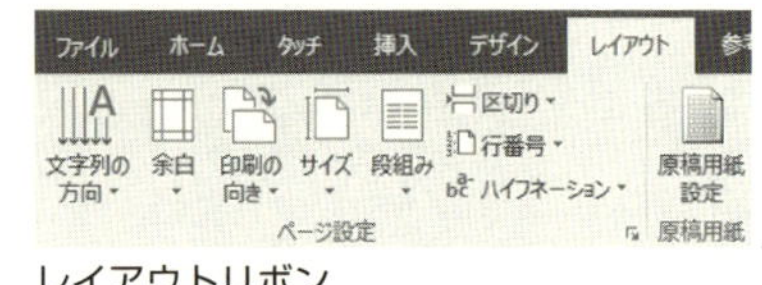

レイアウトリボン

ページ設定

■余白と印刷の向き■　［余白］タブをクリックし，上下左右の余白を入力し，印刷の向きで用紙の縦横の使用を指定する。

■文字数と行数■　［文字数と行数］タブをクリックし，1行あたりの文字数と1ページあたりの行数を指定する。

■フォントの設定■　［文字数と行数］上の［フォントの設定(F)］をクリックすると［フォント］ダイアログボックスが開き，日本語用，英数字用個別のフォントを設定することができる。

以上の機能はバックステージビューの［印刷］表示画面にも配置され，印刷イメージを確認しながら余白や印刷の向きを変更することができる。

文書の保存

文書をはじめて保存する場合には，保存場所とファイル名を付けて保存する必要がある。［ファイル］タブ→［名前を付けて保存］を選択し，［参照］をクリックすると，ダイアログボックスが表示されるので，保存先のフォルダーを指定し，ファイルの名前を入力して［保存(S)］をクリックする[7]。［新しいフォルダー］ボタンをクリックすると，新しいフォルダーを作成して保存することができる。

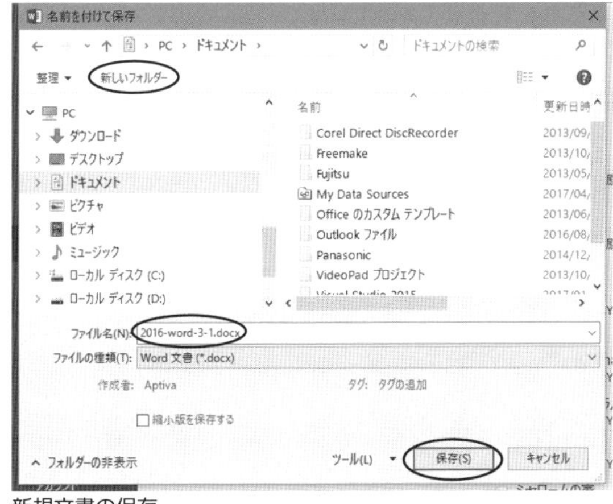

新規文書の保存

【7】ファイル名に使用できない半角文字

疑問符　?
引用符　"
スラッシュ　/
円記号　¥
より小　<
より大　>
アスタリスク　*
パイプ　|
コロン　:

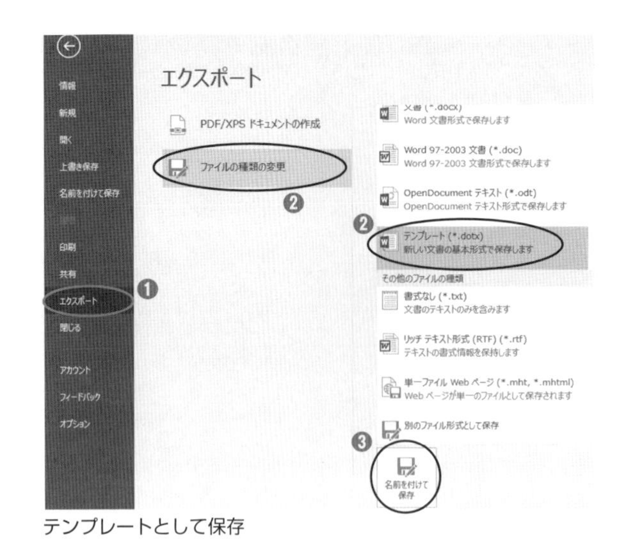

テンプレートとして保存

文書を他の文書のベースとして流用できるようにするには，次の手順でテンプレートが保存されている場所に文書を保存する。

❶［ファイル］タブ→［エクスポート］→を選択する。

❷［ファイルの種類の変更］を選択し，［テンプレート（*.dotx)］を選択する。

❸［名前を付けて保存］ボタンをクリックすると［名前を付けて保存］ダイアログボックスが開くので，設定している個人用テンプレートの場所を指定し，ファイル名を入力して，［保存(S)］をクリックする。

テンプレートの保存場所は［ファイル］タブ→［オプション］→［保存］を選択し，「個人用テンプレートの既定の場所」で指定しておく。

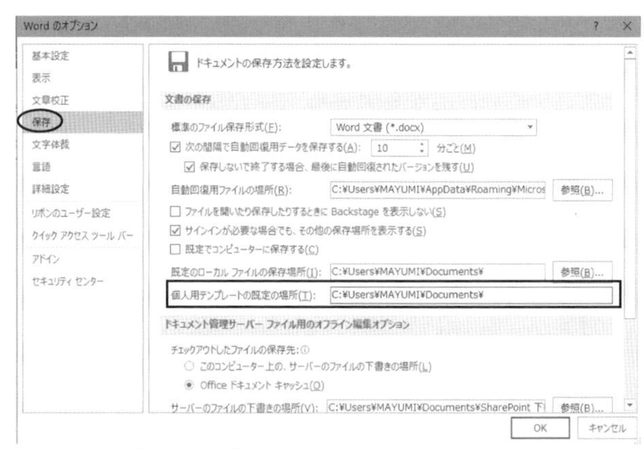

テンプレート保存場所の指定

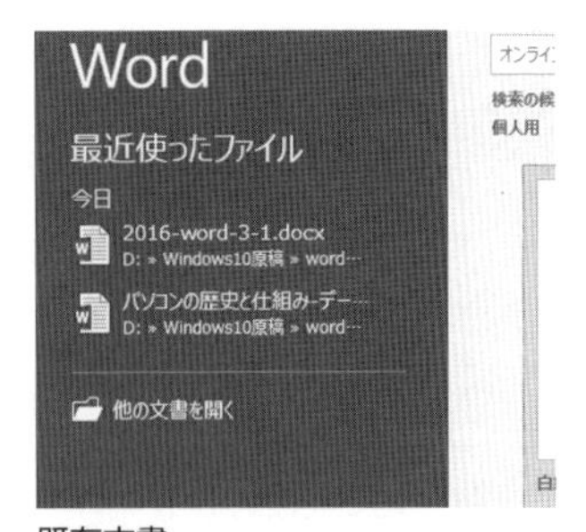

既存文書

【8】ショートカット キーの使用
Ctrl + Oキーを押す操作で❷に行くことができる。

既存文書を開く

❶ Word を起動するたびに，左側の列に最近使用した文書の一覧が表示される。

探している文書がない場合，［その他の文書を開く］をクリックする。すでに Word を起動している場合には，［ファイル］タブをクリックしてバックステージビューを表示し，［開く］をクリックする[8]。

❷［参照］をクリックして［ファイルを開く］ダイアログボックスを表示する。

❸ダイアログボックスの［ファイルの場所］で目的のファイルが格納されているフォルダー，ドライブ，またはインターネット上の

場所をクリックする。目的のファイルを選択し，［開く(O)］ボタンをクリックする。

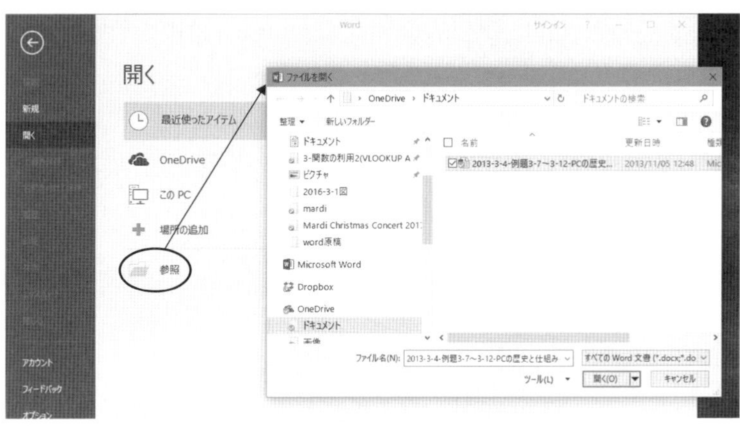

既存文書を開く

3-1-5 文書の印刷

印刷プレビュー

［ファイル］タブをクリックし，［印刷］を選択すると画面上の左側に印刷メニュー，右側に印刷プレビューが表示される。各ページを表示するには，プレビューの下部にある矢印をクリックする。文字が小さすぎて読めない場合は，ズームスライダーで拡大表示する。

印刷の基本操作

プリンター，印刷範囲，部数[9]を指定して［OK］ボタンをクリックする。

【9】印刷部数
［部単位で印刷］のチェックをオンにすると1部ずつ印刷され，オフにするとページごとに指定枚数が印刷される。

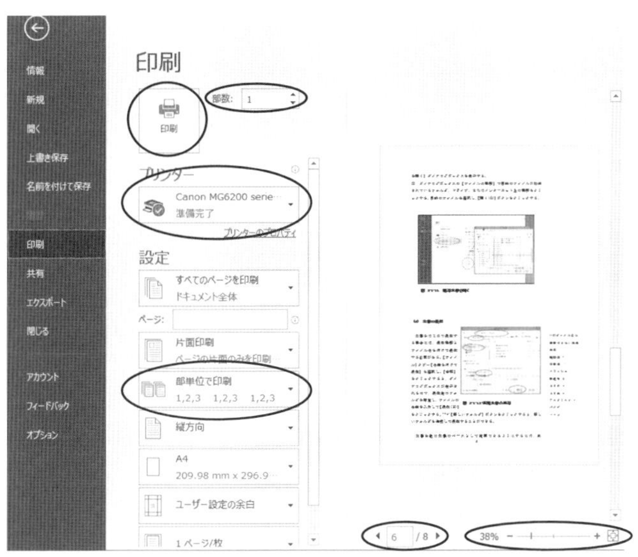

印刷

3-2 文書の作成

例題 3-1

文書設定について学習し，下記の文書を作成する。

〈作成条件〉 用紙はA4サイズ，余白は「右25mm」「左25mm」「上40mm」「下30mm」，1ページあたり30行とする。フォントは日本語「HG丸ゴシックM-PRO」10.5ポイント，英数字［Century］を使用する。文書中のタイトルとテーマはMSPゴシック，太字18ポイント，横幅1.5倍の書式にする。

平成29年6月22日

横浜市民の皆様

市民大学講座

□□大学 横浜事務室 総務課

大学では、横浜市の生涯学習推進の一環として、市民の方を対象に、毎年市民講座を開催しています。本年度も下記のように企画いたしましたので、多数ご応募ください。

テ ー マ：『ビジネス数学の基礎』

期　　間： 10月4日(土)～11月1日(土) 全5回 13：30 - 17：00

募集対象： 横浜市在住の成人

定　　員： 110名

会　　場： 大学環境情報学部A館

受 講 料： 5,000円

申込方法：

① 住所

② 氏名

③ 年齢

④ 電話番号

を明記の上、お申し込みください。お申込み方法によって締切日が異なります。

郵送　　8月30日（土）：消印有効

メール　9月7日（日）

✧ 電話でのお申込は出来ません。

✧ 応募多数の場合は抽選となります。

宛先： 〒123-0045 神奈川県横浜市港北区一番町4-11-7

E-mail marumarudai@simin.ac.jp

□□大学 横浜事務室 総務課

図3-3 例題3-1の仕上がり

3-2-1 書式の設定

文書を作成するには，まず装飾のない平文で入力し，後で各種設定を施す。

入力を始める前に，標準として指定された書式にページ設定する。［レイアウト］リボンの［ページ設定］グループの「ダイアログボックス起動ツール」ボタンをクリックし，［ページ設定］ダイアログボックスを表示する。

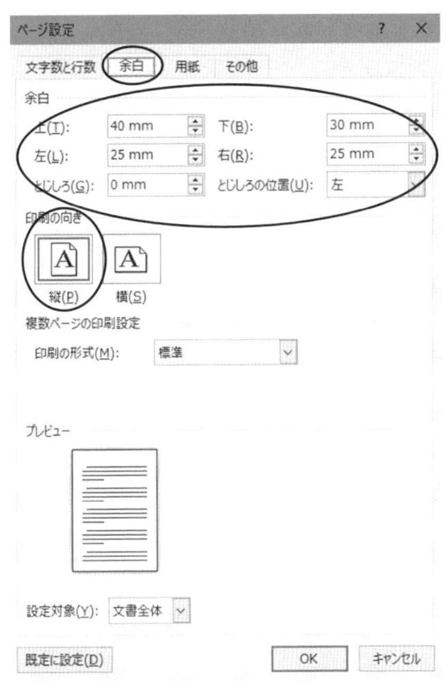

余白の設定

用紙の設定

標準はA4サイズが設定されているので，その他のサイズで作成する場合には［用紙］タブをクリックして設定する。

余白の設定

［余白］タブをクリックし，［余白］の欄にそれぞれ「右25mm」「左25mm」「上40mm」「下30mm」を入力する。

行数とフォントの設定

［文字数と行数］タブをクリックして表示し，文字数と行数の指定欄で［行数だけを指定する］をチェックすると，行数入力が可能になるので，「30」を入力する。

［フォントの設定］ボタンをクリックすると，［フォント］ダイアログボックスが開くので，［フォント］タブにある［日本語のフォント(T)］の▼をクリックしてメニューを表示し，［HG丸ゴシックM-PRO］，フォントサイズ［10.5］を選択する[1]。続いて［英数字用のフォント(F)］の▼をクリックしてメニューを表示し，［Century］を選択する。

行数とフォントの設定

以上の書式設定をした後，次の文章を入力する。

【1】
日本語と英数字のフォントを同じにする場合は，［英数字の用のフォント］の欄で（日本語と同じフォント）を選択する。

横浜市民の皆様

市民大学講座

大学 横浜事務室 総務課

大学では、横浜市の生涯学習推進の一環として、市民の方を対象に、毎年市民講座を開催しています。本年度も下記のように企画いたしましたので、多数ご応募ください。

テーマ：　『ビジネス数学の基礎』

期間：　10 月 4 日(土)～11 月 1 日(土)　全 5 回　13：30 - 17：00

募集対象：　横浜市在住の成人

定員：　110 名

会場：　大学環境情報学部 A 館

受講料：　5,000 円

申込方法：

住所

氏名

年齢

電話番号

を明記の上、お申し込みください。お申込み方法によって締切日が異なります。

郵送　　　8 月 30 日（土）：消印有効

メール　　9 月 7 日（日）

電話でのお申込は出来ません。

応募多数の場合は抽選となります。

宛先：　〒123-0045　神奈川県横浜市港北区一番町 4-11-7

E-mail　marumarudai@simin.ac.jp

図 3-4　例題 3-1 の入力文書

3-2-2 文字の装飾とスタイル

文字の装飾

■タイトル行の装飾■

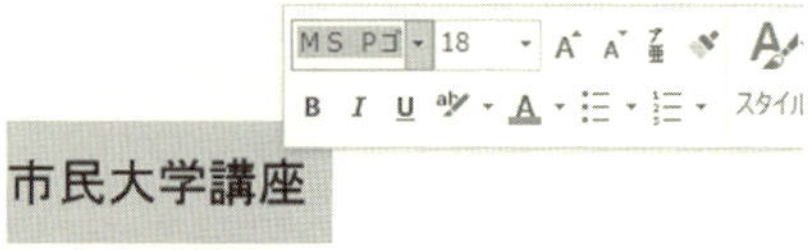

①フォントの変更

市民大学講座

フォントの変更

入力文書中の文字列「市民大学講座」をドラッグして選択するとミニツールバーが表示されるので，フォントとサイズを［MSP ゴシック］［18］ポイントと設定する。

②**文字の拡大**

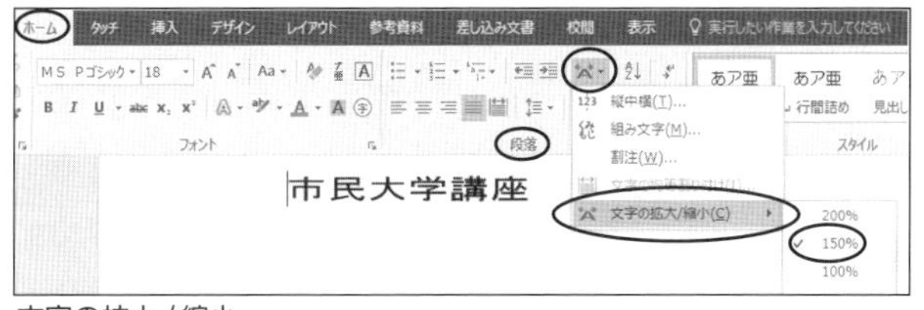

文字の拡大 / 縮小

［ホーム］リボンの［段落］グループにある拡張書式ボタンをクリックし，文字の拡大 / 縮小を選択すると，文字の縦に対する横幅の拡大 / 縮小の比率が表示される。［150%］を選択すると，横幅が縦の 1.5 倍に拡大される。

◉参考

さらに詳細設定するには，［ホーム］リボンの［フォント］グループの［ダイアログボックス起動ツール］ボタンをクリックして［フォント］ダイアログボックスを利用する。

特殊文字や日付の挿入

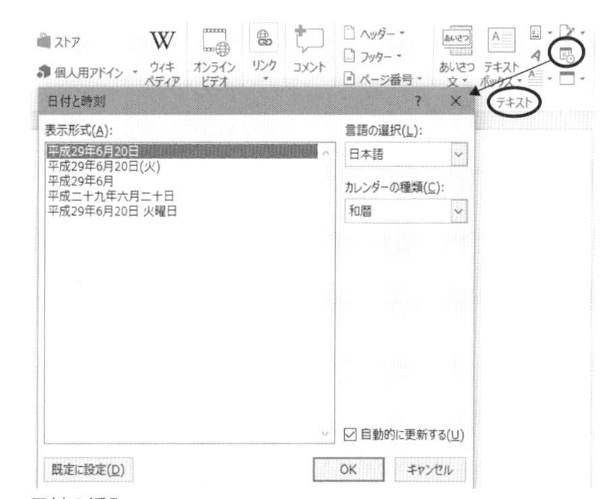

日付の挿入

キーボードでの入力ができない特殊文字や記号，また挨拶文や日付などの定型句を入力するには［挿入］リボンの機能を利用する。

■文書の先頭に日付を挿入する■

❶入力文書の先頭位置にカーソルを置き，［テキスト］グループの［日付と時刻］ボタンをクリックする。

❷［カレンダーの種類(C)］のプルダウンメニューを開き，「和暦」を選択する。

❸［表示形式(A)］に和暦の表示形式の一覧が表示されるので，適当な形式をクリックして選択する。

❹［OK］ボタンをクリックすると，カーソルの位置に今日の日付が挿入される[2]。

【2】日付の自動更新
［自動的に更新する(U)］をチェックオンにしておくと，日付が自動更新され，常にファイルを開いた日付が表示される。

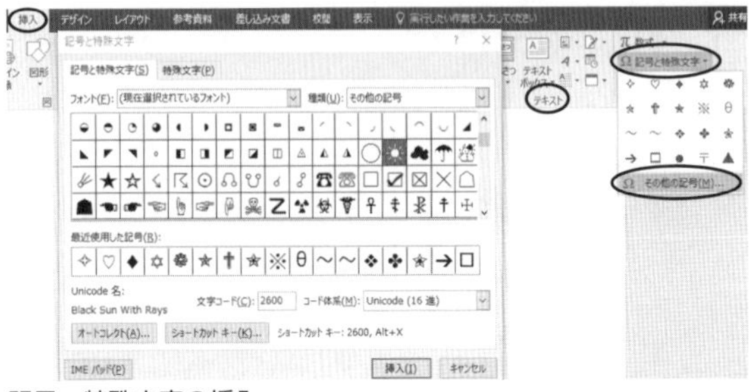
記号・特殊文字の挿入

■特殊文字「□□」を挿入する■　「□□大学」と入力するには，入力位置にカーソルを置き，［挿入］リボンの［記号と特殊文字］グループにある［Ω記号と特殊文字］ボタンをクリックする。［その他の記号(M)］をクリックすると，記号と特殊文字一覧のダイアログボックスが表示されるので，「□」をポイントし，ダブルクリックするかまたは［挿入(I)］ボタンをクリックするとカーソル位置に挿入される。

【3】ショートカットメニューの使用
コピーはCtrl＋Cキー
切り取りはCtrl＋Xキー
貼り付けはCtrl＋Vキー
書式のコピーは
Ctrl＋Shift＋Cキー
書式の貼り付けは
Ctrl＋Shift＋Vキー

文字列のコピーと移動[3]

■文書中4行目の「□□大学横浜事務室総務課」を最終行にコピーする■　コピー，移動の機能は［ホーム］リボンの［クリップボード］グループに配置されている。4行目の文字列「□□大学横浜事務室総務課」をドラッグして選択し，［コピー］ボタンをクリックし，貼り付け先にカーソルを移動して［貼り付け］ボタンをクリックする。

文字列のコピー/貼り付け

◉参考　スマートタグを利用した貼り付け

貼り付け操作をすると，［貼り付けのオプション］のアイコンが表示され，クリックするとメニューが開く。［テキストのみ保持(T)］を選択すると文字列に貼り付け先の書式が適用され，［元の書式を保持(K)］を選択するとコピー元の書式が適用される。［書式を結合(M)］を選択した場合はコピー元と貼り付け先の書式を照合し，貼り付け先にない書式があった場合は，コピー元の書式が反映される。

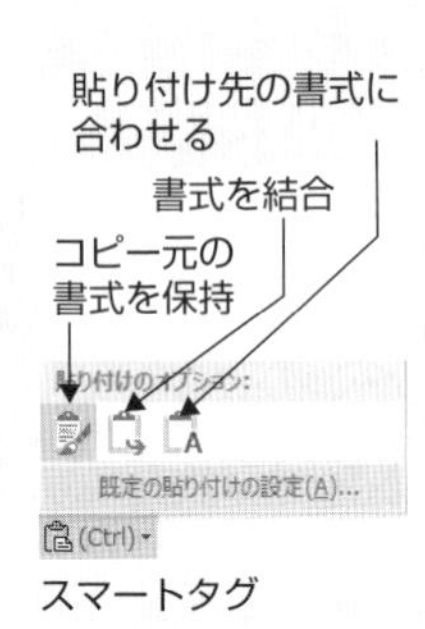

スマートタグ

書式のコピーとクリア

■タイトル行の書式をテーマにコピーする■

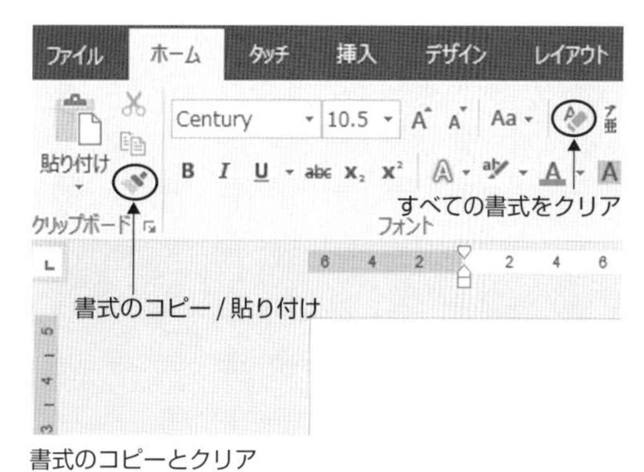

書式のコピーとクリア

書式だけのコピー機能を使用すると，文字列の書式を別の文字列に適用することができる。

❶コピー元となる文字列，タイトルの「市民大学講座」をドラッグし，［ホーム］リボンの［クリップボード］グループにある［書式のコピー / 貼り付け］ボタンをクリックする。

❷カーソルがペイントブラシの形になるので，テーマの文字列「情報化社会に生きる」をドラッグする。
コピー元であるタイトル行の書式が適用され，カーソルはもとの形に戻る。

◉参考

連続ペースト

コピーした書式を別の場所に連続して適用したい場合には，上記手順❶で［書式のコピー / 貼り付け］ボタンをダブルクリックする。この場合には，Escキーを押すまで書式の貼り付け機能が継続される。

書式のクリア

書式のみクリアして文字列を標準書式に戻すには，文字列をドラッグして選択し，［ホーム］リボンの［フォント］グループにある［すべての書式をクリア］ボタンをクリックする。

3-2-3 文書の体裁

文字列の配置

■段落[4] 単位で適用される機能：入力文書１行～4行の文字列を，例題文書のように配置する■

行中での文字列の配置を指定するには［ホーム］リボンの［段落］グループにある［段落の配置］ボタンを使用する。この配置機能は段落全体に適用されるので，カーソルは段落内のどこかに置けばよい。

①中央揃え

タイトル「市民大学講座」の行にカーソルを置き，中央揃えボタン［≡］をクリックすると，タイトルが行の中央に配置される。同様に最後の３行も中央揃えにする。

②右揃え

１行目，日付の行にカーソルを置き，右揃えボタン［≡］をクリックすると，日付の文字列末尾が行の右端に揃うように配置される。同様に４行目「□□大学横浜事務室総務課」も右揃えにする。

【4】
段落とは，段落記号（または文頭）から次の段落記号までの文字列。改行しても段落を変えたくない場合にはShiftキーを押下しながらEnterキーを押すと↓の記号で改行することができる。

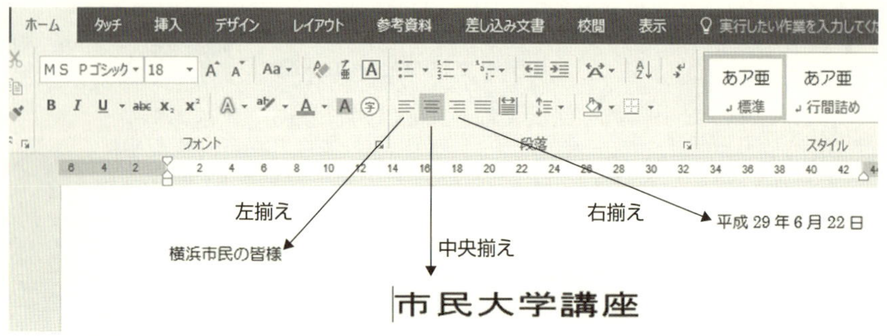

文字列の配置

◉参考　両端揃え

左揃えにした場合，複数行にわたる長文では行末が不揃いになることがある。［両端揃え］にしておくと文頭，文末ともにきれいに揃えることができる。

■文字列単位で適用される機能　［均等割り付け］：入力データ文書中の文字列を，指定した幅の中に均等に割り付けて下図のように配置する■

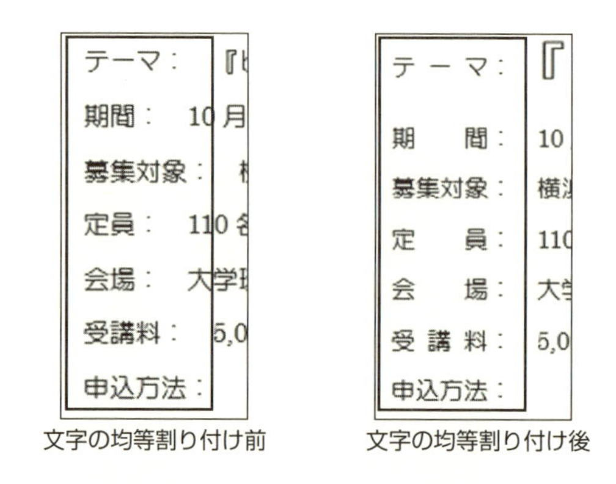

文字の均等割り付け前　　文字の均等割り付け後

以下の手順で文字数の異なる文字列を同じ幅の中に配置できる。

❶文字列「テーマ」をドラッグして選択し，［均等割り付け］ボタンをクリックする。

❷［文字の均等割り付け］ダイアログボックスが表示されるので，［新しい文字列の幅(T)］に文字数「4」を入れて［OK］ボタンをクリックする。

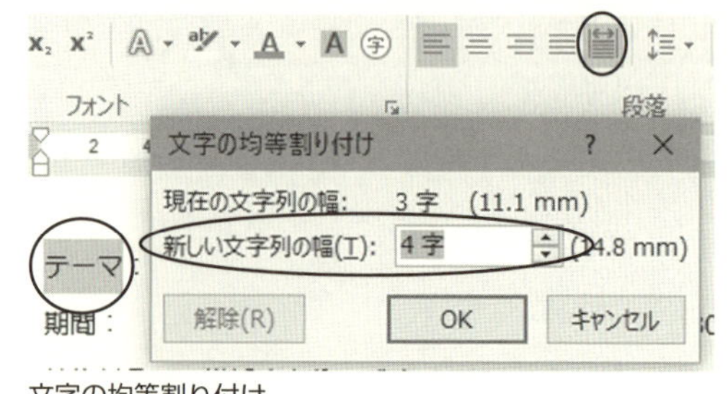

文字の均等割り付け

❸指定した文字数の幅の中に選択した文字列が均等に配置される。

❹「期間」から「申込方法」まで，同様に操作すると，均等の幅で文字列を揃えることができる。

箇条書き

■入力文書中の「住所」から「電話番号」までを段落番号を付けた箇条書きにする■　段落を入力した後，箇条書きにするには，以下の手順で行う。

❶箇条書きにしたい段落「住所」から「電話番号」までをドラッグして選択する。

❷［ホーム］リボンの［段落］グループにある［段落番号］の▼をクリックする。

❸番号ライブラリが表示されるので，「①②③」の書式をクリックして選択する[5]。

■入力文書中の「電話でのお申込みは」から「抽選となります」までを行頭文字を付けた箇条書きにする■　同様に「電話でのお申込みは」から「抽選となります」までの段落をドラッグして選択し，［箇条書き］の▼をクリックすると行頭文字ライブラリが表示されるので，✧を選択する[6]。

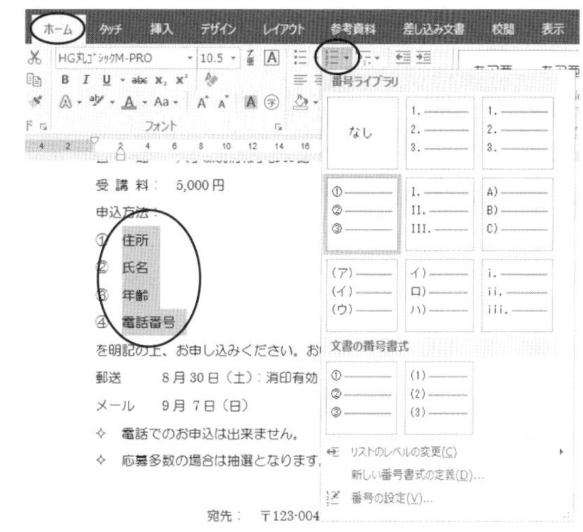

段落番号

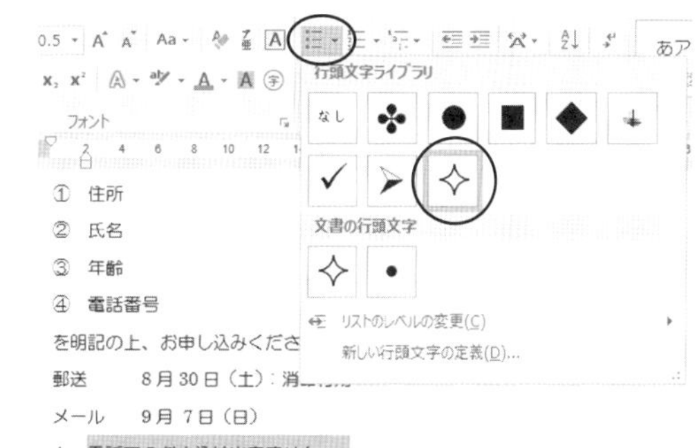

行頭文字

【5】
［リストレベルを変更(C)］をチェックオンにすると，箇条書きのレベルの調整ができる。レベルが深くなるごとに，字下げが深くなる。

【6】
［新しい行頭文字の定義(D)］→［記号］をクリックすると記号一覧が表示されるので，クリックして選択する。選択された記号は記号ライブラリに追加される。

◉参考　入力オートフォーマットの利用

入力オートフォーマットを利用すると，段落の先頭に「＊」または番号「1.」を入力すると，箇条書きの始まりと認識され，入力時に自動的に箇条書きを作成することができる[7]。

❶行頭文字を付ける場合は「＊」（アスタリスク），段落番号を付ける場合は「1.」と入力し，Spaceキーまたは Tabキーを押す。

❷文字列を入力する。

❸Enterキーを押すと，次の行頭文字または段落番号が自動的に挿入される。

❹箇条書きを終了するには，BackSpaceキーを押して，挿入された箇行頭文字または番号を削除する。

❺文字列を箇条書きにしたくない場合は，表示される（オートコレクトのオプション）をクリックし，［箇条書きを自動的に作成しない(S)］を選択する。

【7】
この機能を利用するにはあらかじめ次の設定をする。［ファイル］→［オプション］→［文章校正］→［オートコレクトのオプション（A)］をクリックする。［入力オートフォーマット］タブをクリックし，［箇条書き（行頭文字)］，［箇条書き（段落番号)］をチェックオンにする。

インデントとタブ

例題 3-2

タブ，インデントの機能を利用して下記の文書を完成させる。タイトルはMSPゴシック18ポイント，横幅1.5倍のフォントとする。

市民大学講座受講の皆様

市民大学講座

□□大学 横浜事務室 総務課

□□大学市民講座にご応募頂き、ありがとうございます。講座実施要領の詳細について、下記の通りお知らせいたします。

第1回	10月 5日	関数の基礎	山本次郎	A-1
第2回	10月12日	微分	山本次郎	A-1
第3回	10月19日	回帰分析	山本次郎	A-1
第4回	10月26日	応用Ⅰ線形計画法	渡辺花子	A-3
第5回	11月3日	応用Ⅱ在庫管理法	渡辺花子	A-3

A-1　　A館 5F 第1講義室

A-3　　A館 8F 第3講義室

図3-5　例題3-2の仕上がり

まず，次のように文書を入力する。

市民大学講座受講の皆様
市民大学講座
□□大学 横浜事務室 総務課

□□大学市民講座にご応募頂き、ありがとうございます。講座実施要領の詳細について、下記の通りお知らせいたします。
第1回　10月5日　関数の基礎　山本次郎　A-1
第2回　10月12日　微分　山本次郎　A-1
第3回　10月19日　回帰分析　山本次郎　A-1
第4回　10月26日　応用Ⅰ線形計画法　渡辺花子　A-3
第5回　11月3日　応用Ⅱ在庫管理法　渡辺花子　A-3

A-1　A館 5F　　第1講義室
A-3　A館 8F　　第3講義室

図3-6　例題3-2入力文書

■「□□大学市民講座にご応募頂き～」の段落にインデントを適用する■

インデントとは段落単位で字下げができる機能で，部分的に使うことによって強調し，見やすい文書を作成することができる。水平ルーラー[8]上に設定されているインデントマーカーを使用する。

【8】ルーラーの表示
［表示］リボンの［表示］グループにある［ルーラー］をチェックオンにする。

水平ルーラー

インデントマーカーはそれぞれ以下のような機能がある。

①１行目インデントマーカー

ポイントしてルーラー上をドラッグすると，段落の１行目だけが字下げされる。

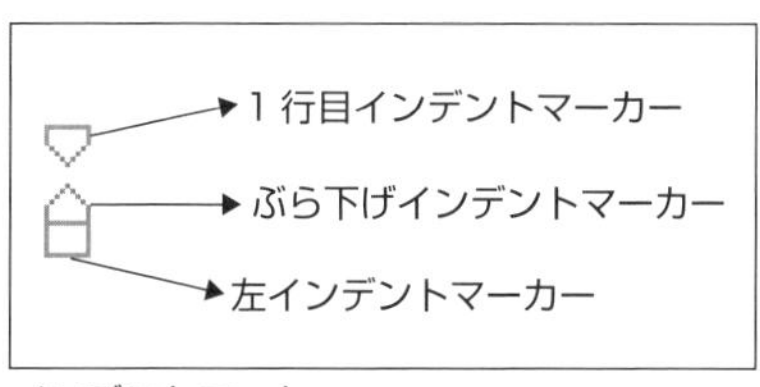

インデントマーカー

②ぶら下げインデントマーカー

ポイントしてドラッグすると，段落の2行目以降が字下げされる。

③左インデントマーカー

ポイントしてドラッグすると，段落全体が字下げされる。

入力文書中の「□□大学市民講座に～」の段落中のどこかにカーソルを置き，左インデントマーカーをポイントして水平ルーラー上を右方向にドラッグすると，段落全体がマーカーの位置まで字下げされる。

ルーラーの右端にある右インデントマーカーを水平ルーラー上の左方向にドラッグすると，マーカーの位置まで段落全体の行末が移動される。

2 4 6 8 10 12 14 16 18 20 22 24 26 28 30 32 34 36 38 40 42

□□大学市民講座にご応募頂き、ありがとうございます。講座実施
要領の詳細について、下記の通りお知らせいたします。

インデント

■例題文書の日程の段落にタブを設定する■　複数の段落で，文字列の入力位置を揃え，美しい文書を作成するためには「**タブ**」の機能を利用する[9]。

ルーラーの任意の場所をクリックすると，タブマーカーが表示され，タブが設定される。Tabキーを押すことによってカーソルが次のタブ位置に移動し，文字の入力位置を揃えることができる。

【9】タブ設置の範囲
新規の行にタブを設定すると，それ以降すべての行にタブが設定される。段落をドラッグしてタブを設定すると，指定した段落内のみ設定される。

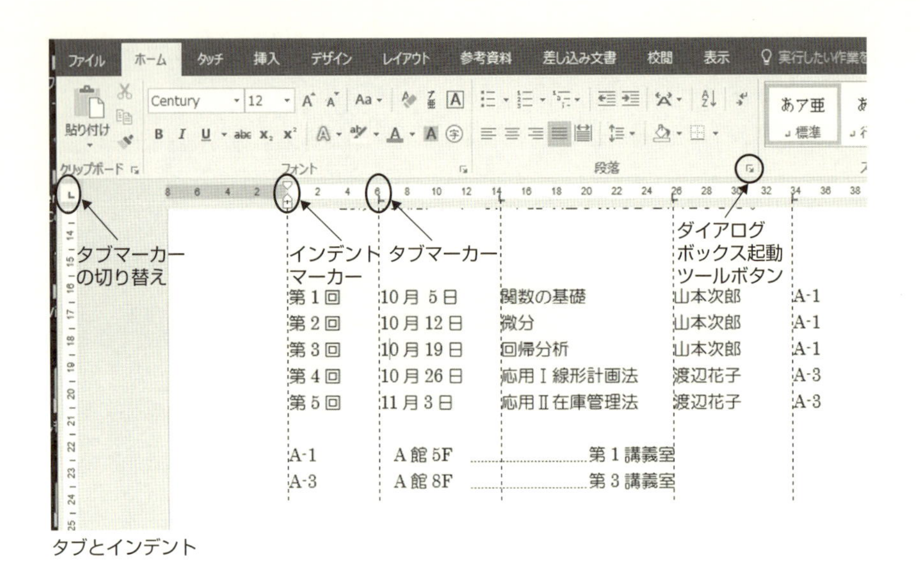

タブとインデント

■タブマーカーの種類■　タブマーカーには次のような種類がある。ルーラーの左端にある切り替えボタンをクリックすると，タブマーカーの表示が切り替わる。ここに表示されている種類のタブがルーラー上に設定される。

- **左揃え**：文字列の左端を揃える。
- **右揃え**：文字列の右端を揃える。
- **中央揃え**：文字列の中心を揃える。
- **小数点揃え**：小数点の位置を揃える。
- **縦線タブ**：文字位置は揃えず，タブ位置に｜を挿入する。

例題文書の日程の段落「第1回～渡辺花子 A-3」にタブを設定するには以下の手順で行う。

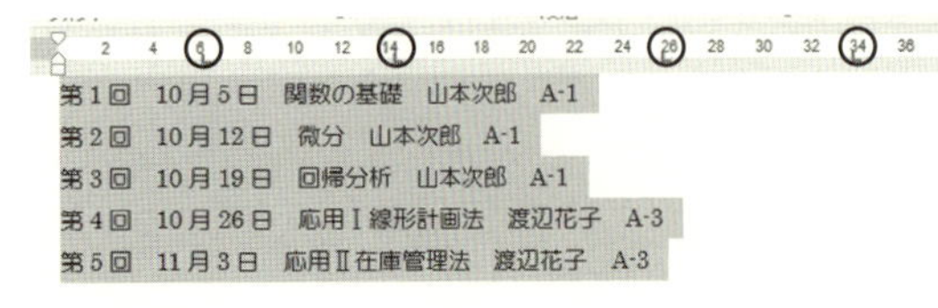

タブの設定

❶切り替えボタンをクリックし，左揃えのタブを設定する。
❷「第1回」以降の5行をドラッグして選択する。
❸水平ルーラー上の「6，14，26，34」の位置をクリックすると，その位置に左揃えのタブが設定される。
❹「10月5日」の先頭にカーソルを置き，Tabキーを押すと，先頭位置がルーラー上の「6」の位置に移動する。

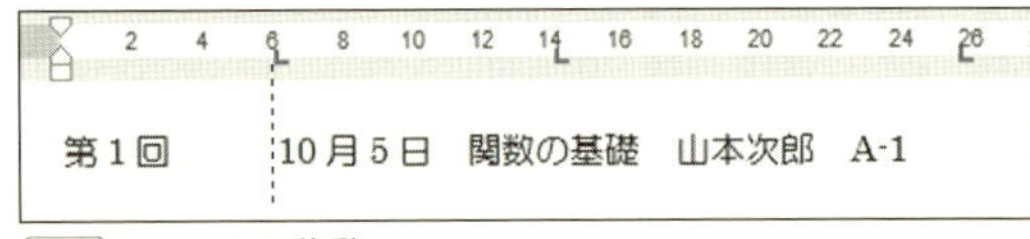

Tabキーによる移動

❺同様の手順でTab位置に合わせたい文字列の前にカーソルを置いてTabキーを押す。

■例題文書の最終２行，「A-1 〜第３講議室」の段落に例題文書のようにタブリーダーを設定する■　タブの前に引く線をリーダーという。リーダーを設定するには次の手順で行う。

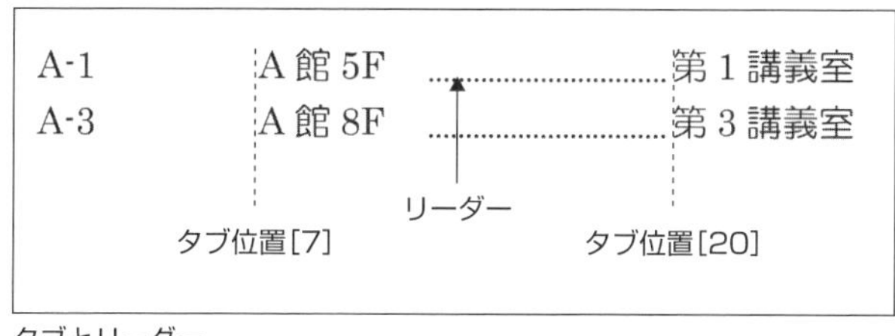

タブとリーダー

❶文書中の「A-1」から「第３講義室」までの段落をドラッグして選択する。

❷［ホーム］リボンの［段落］グループの「ダイアログボックス起動ツール」ボタンをクリックし，［段落］ダイアログボックスを表示する。

❸左下の［タブ設定(T)］ボタンをクリックし，［タブとリーダー］ダイアログボックスを開く。

❹［タブ位置(T)］にタブ位置の数字「7」，リーダーは「なし」を選択して［設定(S)］をクリックすると，最初のタブが設定される。

❺続けてタブ位置「20」を入力し，リーダーの種類を選択する（例題文書では（5））。［設定(S)］をクリックすると設定される。これによりTabキーを押して「20」の位置に移動するときにラインが引かれる。すべてのタブの設定が終わったら最後に［OK］ボタンをクリックする。

［段落］ダイアログボックス

［タブとリーダー］ダイアログボックス

◉参考　タブの削除

タブを削除するには，ルーラー上で，削除するタブマーカーをルーラーの右または左の外までドラッグする。すべての設定タブを削除する場合は，［タブとリーダー］ダイアログボックスを開き，［すべてクリア(S)］をクリックする。

行間隔

■例題文書の「□□大学市民講座に」から「お知らせいたします。」までの段落内行間隔と，段落前の間隔を設定する■　文書を見やすくするには，行と行との間隔を調整したり，段落前後に間隔をあけたりすると，効果的である。

■行間隔の変更■

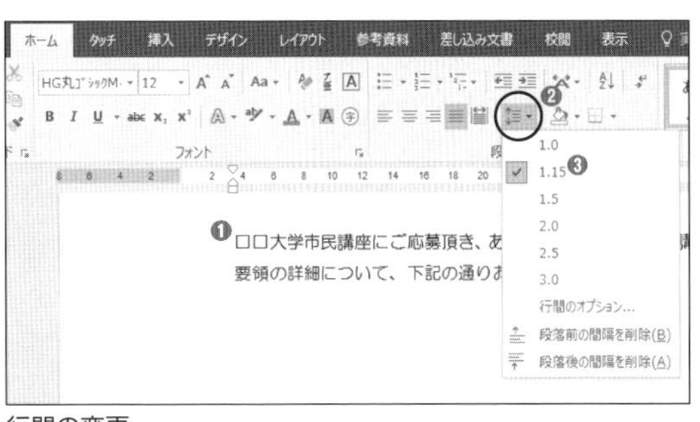

行間の変更

❶段落のどこかにカーソルを置く。

❷［ホーム］リボンの［段落］グループにある［行間］ボタンをクリックしてメニューを開く。

❸メニュー上の数字は行数を示している。ここでは「1.15」をクリックして選択する。

❹段落内の行間隔が1.15倍（1.15行分）になる。

◉参考

さらに詳細な設定をする場合には，メニューの［行間のオプション］をクリックして［段落］ダイアログボックスを開き，［行間］に必要事項を指定する。

［最小値］　一番大きいフォントや図が収まる最小の間隔。

［固定値］　このオプションは，行間を固定し，自動調整しない。

［倍　数］　指定した割合で行間を変更する[10]。

【10】
たとえば1.2に設定すると，行間が20％広がる。

■段落間隔の変更■

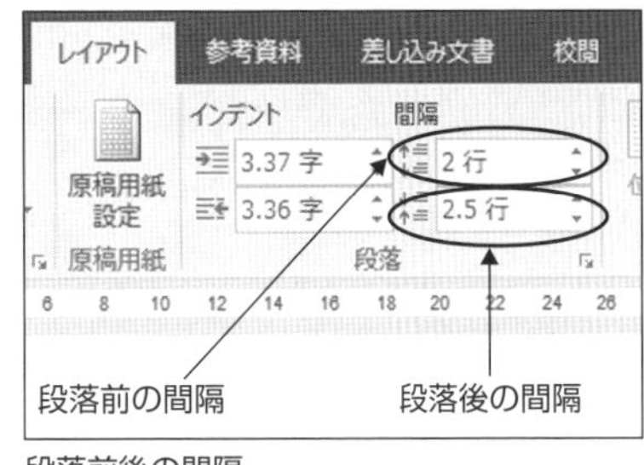

段落前後の間隔

❶段落の前 / 後の間隔を変更したい段落のどこかにカーソルを置く。

❷［レイアウト］リボンの［段落］グループにある［間隔］の［前］［後］に適当な行数を指定する。段落の前，または後に指定した行数分だけ間隔があけられる。

3-2 練習問題

問題 1 ——— 次の平文を入力し，後述の編集を行い，文書を作成しなさい。

A4 用紙　上余白 30mm　下余白 25mm　左余白 25mm　右余白 25mm

40 字× 30 行　フォント：HG 丸ゴシック M-PRO　フォントサイズ：10.5pt

```
2017年12月1日
学生のみなさん
健康相談室
インフルエンザについて
インフルエンザが流行しつつあります。今回のインフルエンザにかかると、特に若い人
が重症化する恐れがあるようです。インフルエンザ拡大を防ぐためにも、ぜひ以下のよう
な対応をしてください。

♪インフルエンザウイルスの侵入を防ぐマスクを着用しましょう。
♪うがい、手洗いを徹底しましょう。
♪熱や体のだるさを感じたら、インフルエンザの検査をしましょう。

　なお、以下の日程で、インフルエンザの予防接種を行います。
日時：12月15日 10：00～17：00
場所：健康相談室
持参物：問診表(事前に記入のこと)
注意事項：接種当日、必ず体温を測ってきてください

質問等は健康相談室(内線1165)まで連絡してください
```

（編集内容）

① 1 行目の日付を右揃えにする。

② 3 行目「健康相談室」を右揃えにする。

③ 4 行目「インフルエンザ」の前に「新型」の文字列を挿入する。

④ 4 行目「新型インフルエンザについて」の文字列を以下のように設定する。
フォント：游ゴシック　太字　フォントサイズ：24pt　中央揃え

⑤ 4 行目「新型」の文字列を，5，6，9，11，13 行目の「インフルエンザ」の前にコピーする（テキストのみ）。

⑥ 9 行目「マスクを着用しましょう」の文字列に太字，下線を設定する。

⑦ 9 行目「マスクを着用しましょう」の文字列の書式を，10 行目「うがい、手洗いを徹底しましょう」および 11 行目「新型インフルエンザの検査をしましょう」にコピーする。

⑧ 9 ～ 11 行目のフォントサイズを 12pt に設定する。

⑨ 14 ～ 17 行目にインデントを 5 文字分設定する。

⑩ 14 ～ 17 行目「日時」「場所」「持参物」「注意事項」について，文字の均等割り付け（4 文字）を設定する。

問題2———次の平文を入力し，後述の編集を行い，文書を作成しなさい。

A4用紙　上余白35mm　下余白30mm　左余白30mm　右余白30mm

35字×30行　フォントサイズ：10.5pt

企画会議　議事録
日時：2017年9月1日
場所：第4会議室
出席者：石橋、武山、武藤、白石、遠藤、皆川、山本

新サービスのターゲット顧客
　次期新サービスのターゲット顧客は、10代、20代～30代前半の女性、30代男性という候補が挙げられ、絞り込むこととなった。

市場調査
　新サービスの内容を検討するために、市場調査を実施することとなった。調査内容・方法は、昨年度市場調査を参考にすすめる予定である。

技術面の確認
　新サービスに利用できるネットワーク関連技術は、AJAX、Silverlight以外にもあるかどうか、確認することとなった。加えて、クラウド化が進む現状では、他社サービスを利用するという代替案もあることから、併せて検討することとなった。

担当者・スケジュール
　以降の担当者は以下のとおり決定した。いずれも次回会議で報告することとなった。
　ターゲット顧客絞り込み　石橋、武藤、白石
　市場調査　遠藤、皆川
　技術面確認　武山、山本
以上

（編集内容）

① 1行目のタイトルの文字列を以下のように設定する。
　フォント：游ゴシック　フォントサイズ：14pt　中央揃え

② 2～4行目「日時」「場所」「出席者」について，文字の均等割り付け（3文字分）を設定し，インデントにより中央に近づける。

③ 6行目，10行目，14行目，20行目に段落番号（1～4）を設定する。

④ 5行目「10代」「20代～30代前半の女性」「30代男性」に，それぞれ下線を設定する。

⑤ 23行目～25行目について，以下のようにタブを設定する。
　行の先頭：5字，左揃え，リーダーなし
　担当者の先頭：21字，左揃え，リーダー（5）

3-3 グラフィックの利用

3-3-1 画像ファイルの挿入

文章中にグラフィックやほかのソフトで作成されたグラフなどを利用することで，より視覚的な文書を作成することができる。Webで検索した画像を挿入する方法を記述する。

例題 3-3

図3-7の文書を入力し，グラフィックや表を利用して図3-8のように作成する。タイトルはワードアートを使用，図はオンライン画像を挿入する。

ビジネス数学講座第１回

学習内容

高校までに学習した基本的な関数や統計値について復習し、経営学，経済学，あるいは実生活にどのように応用されるのか，例題を通して説明する。

基礎的な関数
- ✧ 一次関数
- ✧ 指数関数
- ✧ 対数関数

基礎的な統計値
- ✧ 平均値
- ✧ 標準偏差

時間割

図3-7　例題3-3入力文書

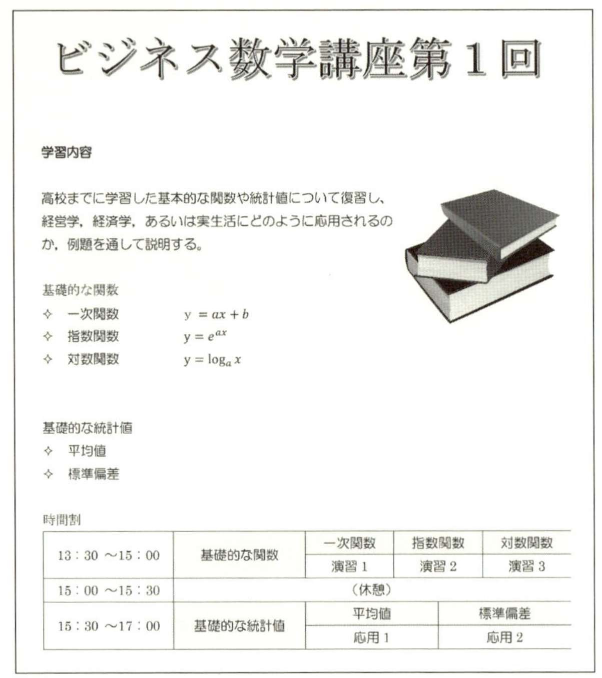

ビジネス数学講座第１回

学習内容

高校までに学習した基本的な関数や統計値について復習し、経営学，経済学，あるいは実生活にどのように応用されるのか，例題を通して説明する。

基礎的な関数

✧ 一次関数　　$y = ax + b$

✧ 指数関数　　$y = e^{ax}$

✧ 対数関数　　$y = \log_a x$

基礎的な統計値

✧ 平均値

✧ 標準偏差

時間割

13：30 ～15：00	基礎的な関数	一次関数	指数関数	対数関数
		演習 1	演習 2	演習 3
15：00 ～15：30	（休憩）			
15：30 ～17：00	基礎的な統計値	平均値	標準偏差	
		応用 1	応用 2	

図 3-8　例題 3-3 の仕上がり

文書中のタイトルをワードアートで作成する

ワードアートは，テキストを装飾効果のあるオブジェクトに作成するためのテキストスタイルのギャラリーで，タイトルやロゴを作成するのに便利な機能である。

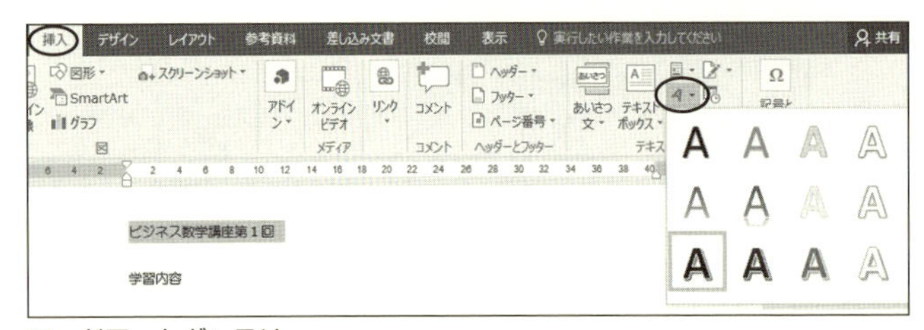

ワードアートギャラリー

　タイトル「ビジネス数学講座第１回」をドラッグして選択し[1]，［挿入］リボンの［テキスト］グループにある［ワードアート］をクリックする。ワードアートギャラリーが表示されるので，適当なスタイルをクリックするとワードアートの書式が適用される。

【1】
文字列を選択しないで，ワードアートギャラリーをクリックするとテキストボックスが表示される。「ここに文字を入力」の位置に文字列を入力してもよい。

◉参考　ワードアートの変更

　作成されたワードアートをクリックすると，［描画ツール］が表示される。［書式］リボンの［ワードアートのスタイル］グループにある機能を利用してデザインに変更を加えることができる。

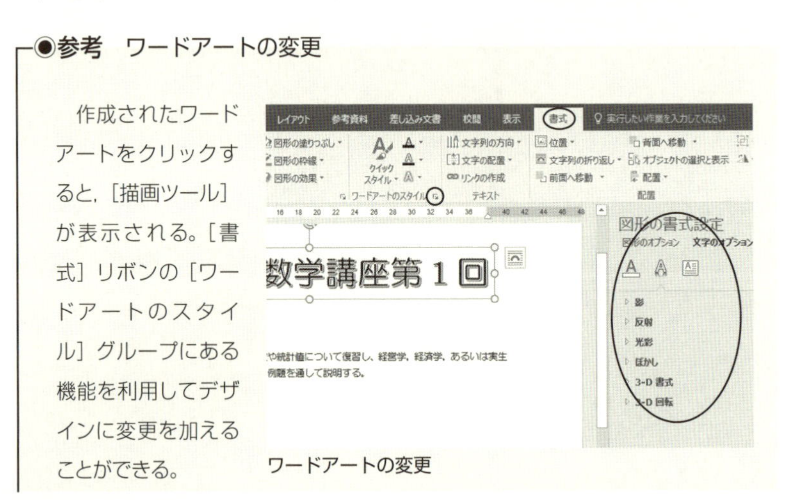

ワードアートの変更

オンライン画像

■文書中に適切な絵を Web 検索して挿入する■

❶［挿入］リボンの［図］グループにある［オンライン画像］をクリックし，［画像の挿入］ダイアログボックスを開く[2]。

❷検索ボックスにキーワードとしてたとえば「学習」と入力し，Enterキーを押下する。

❸検索結果の画像が表示されるので，必要なオンライン画像をクリックして選択する。

❹［挿入］ボタンをクリックすると選択したオンライン画像が文書中に挿入される[3]。

【2】
インターネットに接続していなければ機能は利用できない。

【3】
複数のオンライン画像を選択することが可能。［挿入］ボタンをクリックすると，選択したすべての画像が文書中に挿入される。

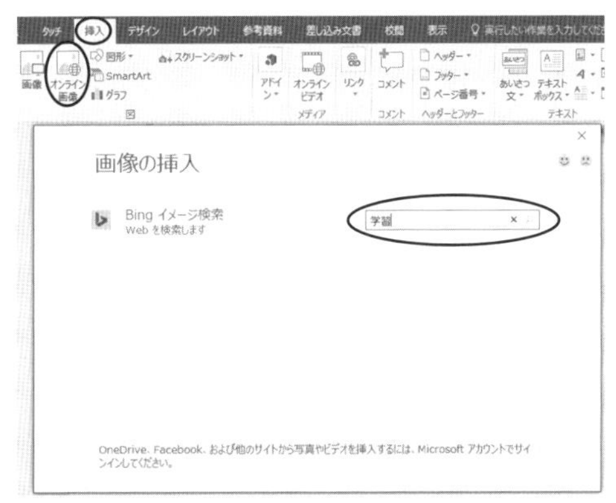

オンライン画像

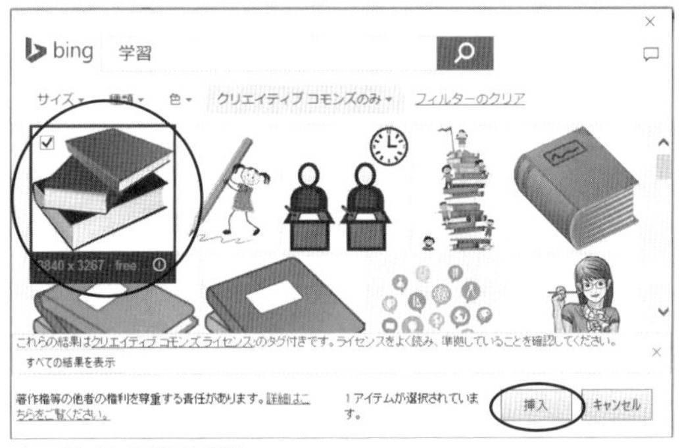

オンライン画像の挿入

◉参考　その他の画像ファイルの挿入

〈外部ファイルの挿入〉

❶図を挿入する位置にカーソルを置く。

❷［挿入］リボンの［図］グループにある［画像］をクリックする。

❸［図の挿入］ダイアログボックスが開くので，図が格納されているフォルダーをダブルクリックして開き，該当する図をダブルクリックするか，またはクリックして選択し，［挿入(S)］をクリックする。

〈スマートアートの挿入〉

スマートアートは，組織図や手順，リストなど，資料作成の際によく使う図形約80種類のテンプレートが用意され，簡単な操作で複雑な図形を作成することのできる機能である。スマートアートの挿入は［挿入］リボンの［図］グループで，［SmartArt］をクリックする。詳細は第4章PowerPointで記述する。

〈図形描画〉

自分で図形を自由に描くために，四角や円など基本の図形が用意されている。［挿入］リボンの［図］グループで，［図形］をクリックすると図形の一覧が表示されるので，適当な図形を選択して利用する。描画方法の詳細は第4章PowerPointで記述する。

3-3-2 図の書式設定

例題文書のように入力した図の大きさを変更し，横に文字列が回り込むように配置する。

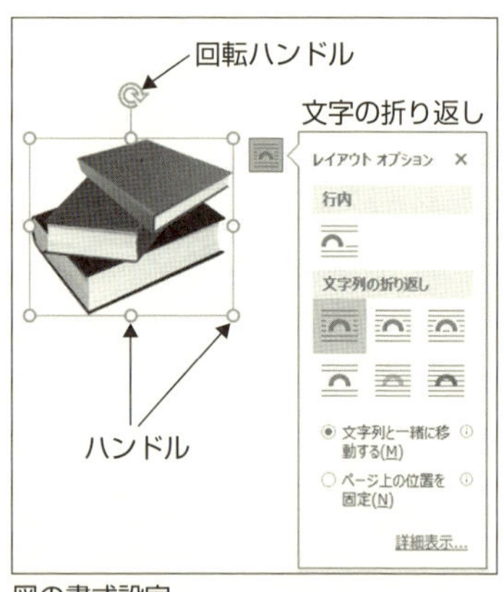

図の書式設定

図のサイズ変更　図やワードアートをクリックして選択すると，周囲にハンドルが表示される。ハンドルをポイントしてドラッグすることによって図の拡大・縮小ができる。図の縮尺比率を変えずに大きさを変更するには，四隅のハンドルのうちの1つをポイントし，斜め方向にドラッグする。

図の配置　Wordではオブジェクト[4]は文書の1行分として認識されるので，そのままでは行内のみの移動しかできない。文書中で自由に配置するためには，次の手順で図の配置の設定を行う。

❶挿入した図をクリックして選択すると，付近に［文字列の折り返し］ボタン[5]が表示される。

❷ボタンをクリックすると，文字列のレイアウトオプションが開く。

【4】
外部ファイル，オンライン画像，ワードアートおよびスマートアートなどの図や画像，テキストなどの総称。

【5】
図を選択し，表示された［図ツール］リボンの［配置］グループにも配置されている。

❸[四角形] または[狭く] をクリックする。

［四角形］では画像のフレームに沿って四角い形状に文字が回り込み，［狭く］では図形の形状に沿って文字が回り込むようになる。

◉参考　その他の配置

上下：オブジェクトが１行と認識されるので，横に文字列が回り込むことができない。

背面：オブジェクトが文字列の背面に配置される。文字列は折り返されない。

前面：オブジェクトが文字列の前面に配置される。文字列は折り返されない。

〈オブジェクトの移動と複写〉

オブジェクトの配置を［上下］に設定している場合には，文字列と同様に［左揃え］［中央揃え］［右揃え］のボタンを利用して行内でのみ移動することができる。［上下］以外の配置に設定した場合には，オブジェクトの枠をポイントし，ドラッグして移動することができる。オブジェクトを複写する場合にはオブジェクトをポイントして，Ctrlキーを押しながらドラッグする。マウスのボタンを離した位置に複写される。

〈オブジェクトの選択とグループ化〉

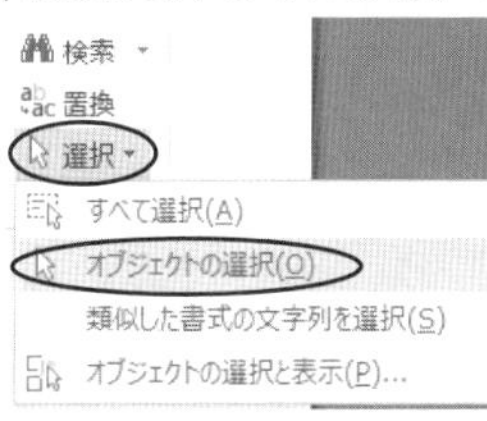

オブジェクトの選択

❶［ホーム］リボンの［編集］グループにある［選択］→［オブジェクトの選択］をクリックするとマウスポインタが表示される。オブジェクトを囲むようにドラッグすると，文書上に配置された複数のオブジェクトを一括して選択することができる。

❷選択された複数のオブジェクトをグループ化すると，一括して拡大，縮小，移動を行うことができる。グループ化するには複数のオブジェクトを選択し，［書式］リボンの［配置］グループにある［グループ化］ボタンをクリックし，［グループ化］を選択する。解除するには同様に［グループ解除］を選択する。

3-3-3 数式の入力

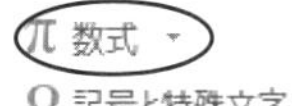

数式

よく使う数式が「組み込み」として用意されているほか，特殊な書式設定などをすることなく，独自の数式を作ることもできる。

「組み込み」の数式を利用する

数式を入力したい位置にカーソルを置き，以下の手順で数式を挿入する。

❶［挿入］リボンの［記号と特殊文字］グループにある［数式］ボタンの▼をクリックする。

❷組み込みの数式一覧が表示されるので，目的の数式をクリックする[6]。

【6】
「組み込み」数式の一覧にない場合は，一覧の下側にある「Office.com のその他の数式」コマンドを選択しギャラリーの中から探す。

新しい数式を入力する

数式を新規で作成する場合には，以下の手順で入力する。

❶［挿入］リボンの［記号と特殊文字］グループにある［数式］ボタンをクリックすると，文書中に数式の入力枠が挿入され，［数式ツール］リボンが表示される[7]。

❷［数式ツール］の［デザイン］タブをクリックし，数式の基本構造と記号や特殊文字のコマンドを利用して数式を作成する。

【7】
［数式］ボタンの▼をクリックし，［新しい数式の挿入(I)］をクリックしてもよい。

数式の挿入

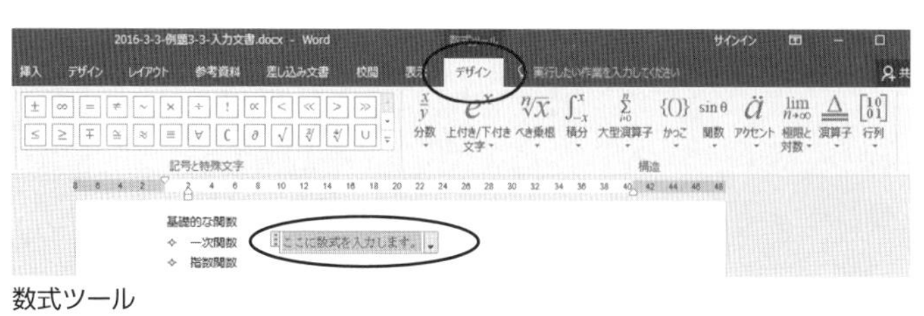

数式ツール

入力例　$y=e^x$

❶数式の挿入枠内にカーソルを置き，キーボードと［記号と特殊文字］グループのコマンドを使って「y=」と入力する。

❷［構造］グループから［上付き / 下付き文字］の▼をクリックし，一覧の中から［上付き文字］をクリックして選択する。

❸文字の挿入位置が点線枠で示されているので，カーソルを合わせて文字を入力する。

❹数式入力枠の右下端にある▼をクリックし，数式の配置を指定する。

- ［**文中数式に変更 (H)**］…数式は文書中の行内の一部となるように大きさを変えて行の中に配置される。
- ［**独立数式に変更 (H)**］…数式だけで1行を成し，行幅は数式の大きさに合わせて変更される。

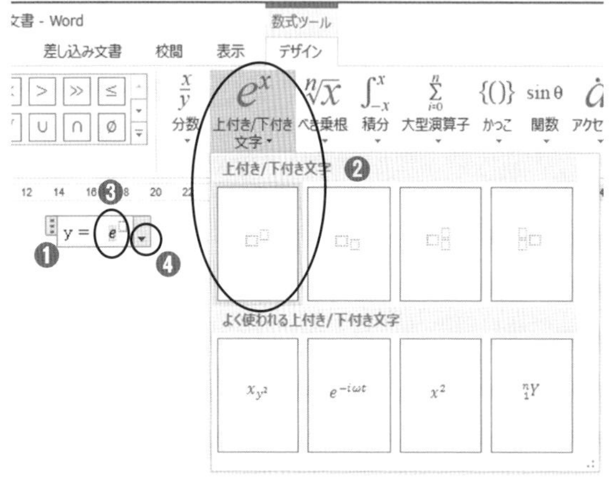

数式の入力

3-3-4 表の作成 ～例題の文書中の時間割表を作成する～

文書の中で，内容を簡潔にわかりやすく表現するために，表は頻繁に利用される機能である。

表の挿入

文書中に表を挿入するには表を作成したい位置にカーソルを置いて，［挿入］リボンの［表］グループにある［表］ボタンをクリックしてメニューを開く。表を作成するには以下の3つの方法がある。

①メニューに表示されているマス目を，3行4列のセルの数だけドラッグし，クリックする。

②メニューの［表の挿入(I)］をクリックすると，［表の挿入］ダイアログボックスが表示される。表のサイズの［列数(C)］に「4」，［行数(R)］に「3」と入力し，［OK］ボタンをクリックする。

③メニューの［罫線を引く(D)］をクリックすると，カーソルの形状がペンの形に変わる。罫線を引きたい場所でドラッグし，マウスボタンから指を離すと罫線が引かれる。横罫線は横方向に，縦罫線は縦方向に，四角形を描くには斜め方向にドラッグする。

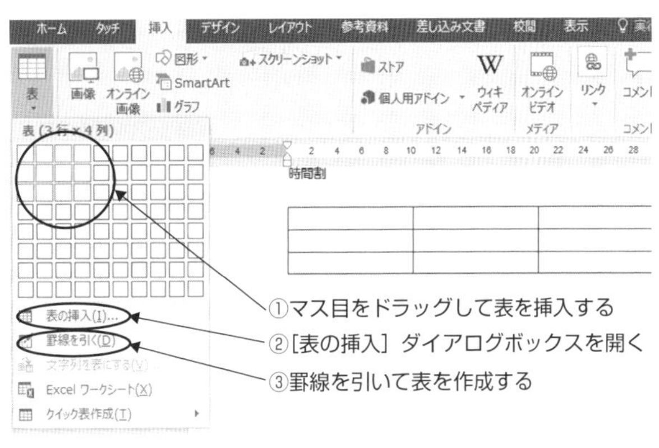

表の挿入

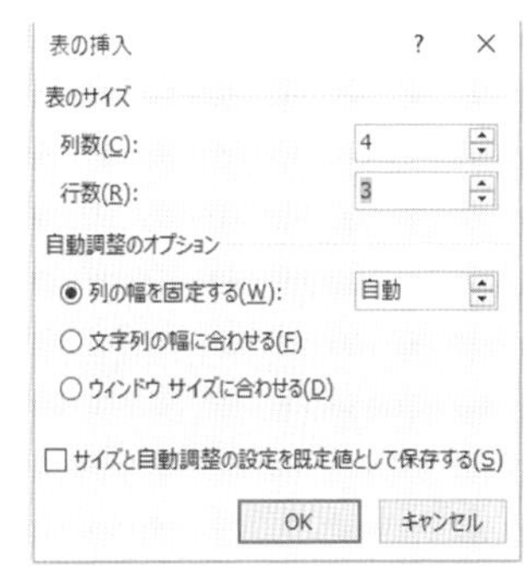

［表の挿入］ダイアログボックス

セルの分割と結合

表中のマス目を**セル**という。セルの結合と分割によって複雑な表を作成することができる。表をクリックするとリボンが［表ツール］の仕様になるので，［レイアウト］リボンの［結合］グループのボタンを使用する。

■結合■ 例題文書中に作成した3行4列の表の2行2列目から2行4列目までのセルをドラッグして選択し，［セルの結合］ボタンをクリックすると，3つのセルが結合して1つのセルになる。

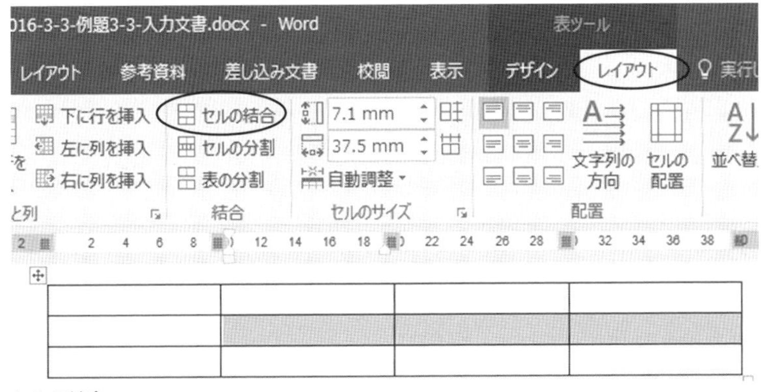

セルの結合

■分割■　同様に1行3列目のセルと1行4列目のセルを選択し，［セルの分割］ボタンをクリックすると，［セルの分割］ダイアログボックスが表示される。［列数(C)］に「3」，［行数(R)］に「2」を指定して，［OK］ボタンをクリックすると，2つのセルが3列2行に分割される。

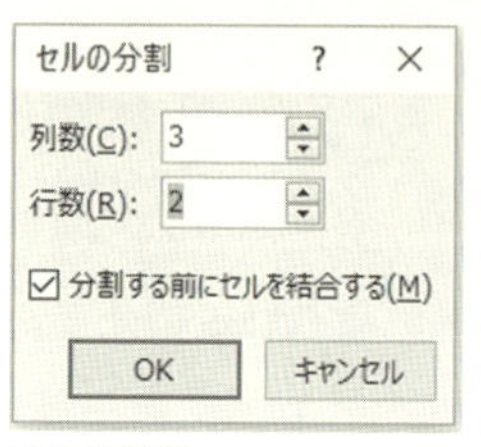

セルの分割

◉参考　セルの挿入と削除

表中にセル単位で追加・削除をする場合には，セルの割り込みなどによって表の形状が変わってくる。行方向への追加・削除と列方向への追加・削除では表の変化のしかたが異なる。

〈挿入〉

❶セルを挿入したい位置の左，または上のセルをクリックして選択する。

❷表ツールの［レイアウト］リボンの［行と列］グループの「ダイアログボックス起動ツール」ボタンをクリックすると，［表の行/列/セルの挿入］ダイアログボックスが表示される。

❸［セルを挿入後、右に伸ばす(I)］を指定して［OK］をクリックすると，選択したセルの右側にセルが1個追加され，同じ行内にあるすべてのセルが右方向へ移動する[8]。この場合には列が追加されるわけではないので，その行だけがほかの行より列数が多くなる。

【8】セルの挿入
［セルを挿入後、下に伸ばす(D)］を指定すると，選択したセルの上側にセルが1個追加され，同じ列内のセルがすべて下に移動する。この場合にはすべての列の行数が同じになるよう，ほかの列の最下部にセルが追加される。

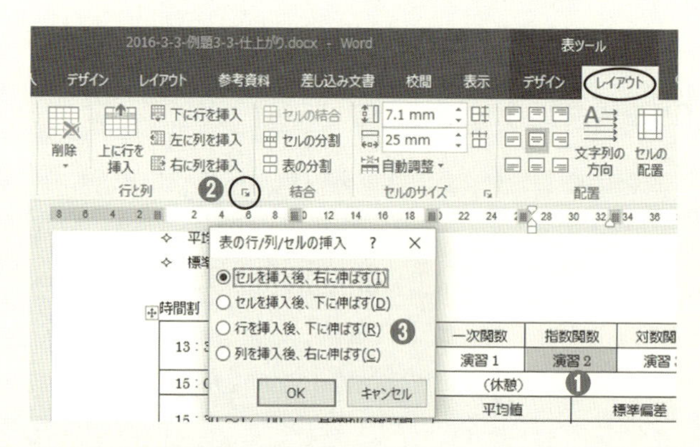

［表の行/列/セルの挿入］ダイアログボックス

一次関数	指数関数	対数関数	
演習 1		演習 2	演習 3
（休憩）			
平均値	標準偏差		
応用 1	応用 2		

セルが挿入され
ほかの行より列が
増えた

セルの挿入後

〈削除〉

❶削除したいセルをクリックして選択する。

❷表ツールの［レイアウト］リボンの［行と列］グループにある［削除］ボタンをクリックしてメニューを開き，［セルの削除(D)］をクリックする。

❸［表の行 / 列 / セルの削除］ダイアログボックスが表示されるので，削除の方法を指定する。

❹［セルを削除後、左に詰める(L)］を指定して［OK］をクリックすると，選択したセルが削除され，同じ行内にあるすべてのセルが左方向へ移動する[9]。

❺［セルを削除後、上に詰める(U)］を指定すると，セルが削除され，同じ列内のセルがすべて上に移動する[10]。

〈行 / 列の挿入〉

挿入したい位置のセルをクリックして選択し，表ツールの［レイアウト］リボンの［行と列］グループの行の挿入，または列の挿入の各ボタンをクリックする。

〈行 / 列，表の削除〉

削除したい行 / 列の中のセルをクリックして選択し，表ツールの［レイアウト］リボンの［行と列］グループの削除ボタンをクリックしてメニューを開き，［行の削除(R)］/［列の削除(C)］，表全体を削除する場合には［表の削除(T)］をクリックする。

【9】
列が削除されるわけではないので，その行だけがほかの行より列数が少なくなる。

【10】
この場合にはすべての列の行数が同じになるよう，削除されたセルの列の最下部に空白のセルが追加される。

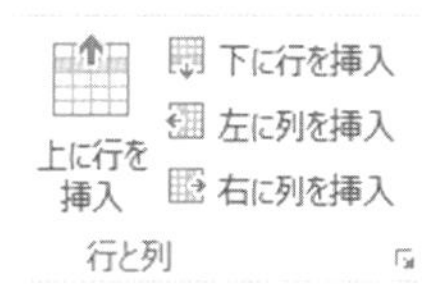

行・列の挿入

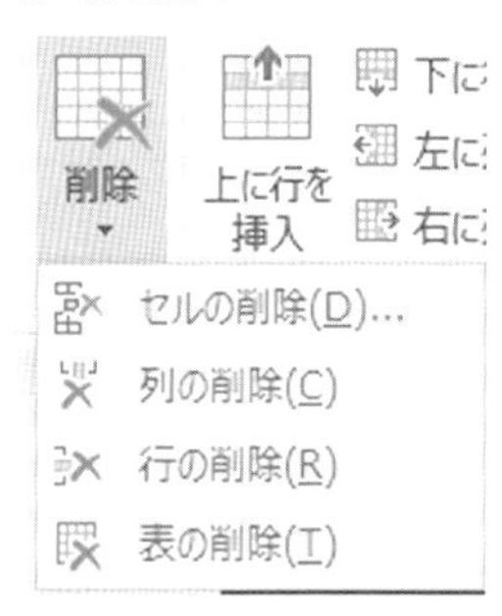

削除

表の書式設定

書式は文字列単位，セル単位，表単位で設定することができる。表全体を選択した場合には表単位で，セル内にカーソルを置くか複数のセルをドラッグして選択した場合には指定されたセル内で，セルの中の一部の文字列をドラッグして選択した場合にはその文字列に対して書式の設定を行うことができる。

■セル内での文字配置：例題で作成した表中の文字配置をセル内の中央に配置する■

❶表中にカーソルを置くと表の左上に表の選択ボタン［✥］が表示されるので，この記号をクリックし，表全体を選択する。

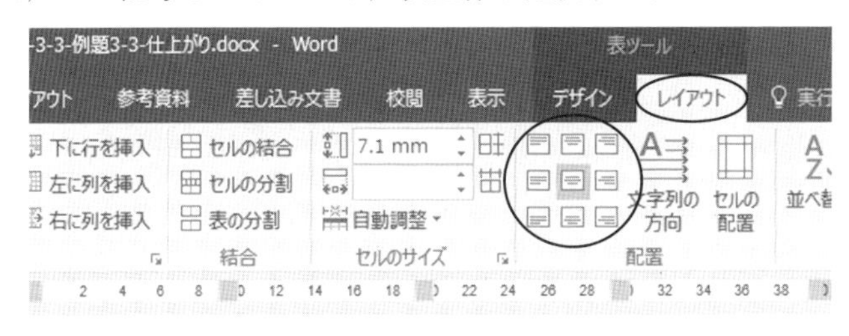

文字の配置

❷表ツールの［レイアウト］リボンの［配置］グループにある［配置］ボタンの中の［中央揃え］ボタンをクリックする。
❸文字がセル内の中心部に配置される。

■セルの背景色：例題文書中の入試日程表の１列目のセルを色付けする■

１列目のセルをドラッグして選択し，表ツールの［デザイン］リボンの［表のスタイル］グループの［塗りつぶし］ボタンをクリックし，適当な色をクリックする。

◉参考

〈表のスタイル〉

あらかじめ用意されている表全体のデザインを利用して美しく仕上げることができる。表のデザインは表ツールの［デザイン］リボンの［表のスタイル］グループに表示されているスタイルから選ぶとよい。横の▼をクリックして一覧を開くとすべてのスタイルを表示することができる。スタイルをポイントすると表にプレビューされ，仕上がりのイメージを確認することができ，クリックすると適用される。

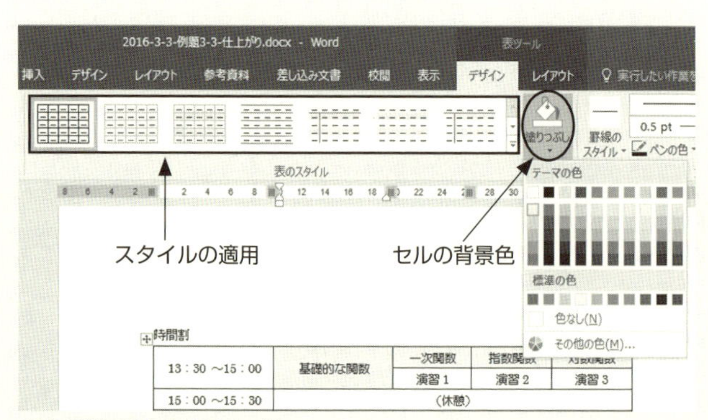

セルの背景色と表のスタイル

〈表の解除〉

文字が入力されている表の罫線だけを削除して，文字列をそのまま残すことができる。

❶解除したい表中にカーソルを置く。

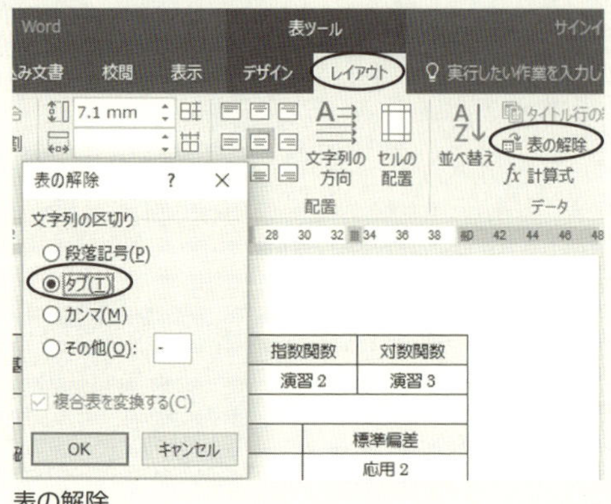

表の解除

❷リボンが表ツール表示になるので，［レイアウト］リボンの［データ］グループにある［表の解除］ボタンをクリックする。
❸［表の解除］ダイアログボックスが表示されるので，［タブ］をチェックし，［OK］をクリックする。
❹表が解除されて罫線が消え，文字列だけが残る。

13：30 ～15：00	基礎的な関数	一次関数	指数関数	対数関数
		演習 1	演習 2	演習 3
15：00 ～15：30	（休憩）			
15：30 ～17：00	基礎的な統計値	平均値	標準偏差	
		応用 1	応用 2	

表解除後の文字列

〈表の分割〉

以下の手順で 1 つの表を任意の位置で分割することができる。
❶分割したい位置の下のセル内にカーソルを置く。
❷表ツールの［レイアウト］リボンの［結合］グループにある［表の分割］ボタンをクリックする。

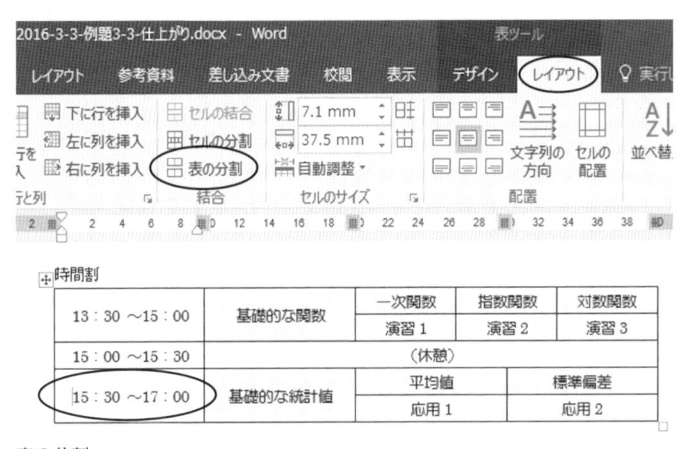

表の分割

❸カーソルを置いたセルの上で表が分割される。

13：30 ～15：00	基礎的な関数	一次関数	指数関数	対数関数
		演習 1	演習 2	演習 3
15：00 ～15：30	（休憩）			

15：30 ～17：00	基礎的な統計値	平均値	標準偏差
		応用 1	応用 2

表の分割後

3-3 練習問題

問題 1 ———次の文書を作成しなさい。

A4 用紙　上余白 25mm　下余白 25mm　左余白 20mm　右余白 20mm

45 字× 35 行　フォントサイズ：10.5pt

1 行目　フォント：游ゴシック　フォントサイズ：12pt

表　フォント：游ゴシック

経営用語：経済的発注量（Economic Order Quantity）

商品の販売や製造のために在庫を確保することは重要ですが、他方で、当然ながら在庫には費用がかかります。過剰な在庫を抱えることは、在庫の費用を余計にかけることとなり、収益に影響を及ぼす可能性もあります。在庫に関する総費用は、以下のような在庫維持費用と発注費用の総和と考えることができます。

在庫維持費用	在庫を保管するための倉庫の土地代や空調等の電力料、人件費等、在庫を維持するためにかかる費用です。在庫量を少なくすることで、在庫維持費用を削減することができます。
発注費用	商品や原材料を発注する毎にかかる費用です。在庫量を多くすることができれば、発注回数を削減することができ、発注費用も削減することができます。

在庫量を少なくすることで在庫維持費用を削減することができますが、他方で、発注回数が多くなり発注費用は増加することとなります。逆に、在庫量を多くすることで発注回数を少なくし発注費用を削減することができますが、他方で、在庫維持費用が増加することとなります。この両費用を調整し、在庫総費用を最小にするための発注量が、経済的発注量（EOQ）です。EOQ は以下のような公式で算出することができます。

EOQ 公式

$$EOQ = \sqrt{\frac{2 \times \text{一定期間の需要量} \times 1\text{回あたりの発注費用}}{1\text{個あたりの在庫維持費用}}}$$

例：一定期間の需要量が 1000 個、1 回あたり発注費用が 50 円、1 個あたりの在庫維持費用が 10 円の場合の経済的発注量

$$EOQ = \sqrt{\frac{2 \times 1000 \times 50}{10}} = 100$$

以上

問題２———次の文書を作成しなさい。

A4 用紙　上余白 30mm　下余白 30mm　左余白 25mm　右余白 25mm

35 字× 35 行

フォント：HG 丸ゴシック M-PRO　フォントサイズ：12pt

1 行目「夏季テニス合宿のご案内」：ワードアート

図：オンライン画像，文字列の折り返し：四角

夏季テニス合宿のご案内

毎年恒例の夏季テニス合宿の時期がやってきました。今年は卒業生の参加も多いとのことです。1年生は初めての合宿で、びっくりするかもしれませんね。また4年生にとっては学生時代最後の合宿です。悔いのないようにはじけてください。1泊2日の弾丸合宿ですが、今年も気合を入れて内容の濃い合宿にしましょう！

スケジュール

時間	イベント	備考
1日目		
9：00	正門前集合、出発	時間厳守！！
11：30	到着	荷物の積み下ろし
12：00	昼食	カレーライス
13：00～ 17：00	練習	
18：00	チェックイン、夕食	
20：00～ 22：00	ミーティング	今日の反省や今後の活動内容について話します
23：00	就寝	明日に備えて早く寝ましょう
2日目		
6：00	起床、連絡、体操	時間厳守！！
7：30	朝食	
9：00～ 11：00	チェックアウト、練習	荷物はフロントに預けます
12：00～ 14：00	昼食	バーベキュー！！
14：00	出発	
16：30	到着、解散	お疲れさまでした！！

3-4 論文やレポートの作成

Wordの機能を駆使することによって，論文やレポート，長文を，より容易に美しく仕上げることができる。前節までに記述した基本的な技術に加え，次の点を目的とし応用技術を記述する。

①文書の種類に応じた体裁で作成する（縦書きや段組みなど）。
②考えを論理的に整理して書く（アウトラインの作成）。
③視覚的な効果，客観的なデータを取り入れる（図表の管理）。
④段落の整備を正しく行う。
⑤目次，索引，引用，図表番号，脚注などを作成する。

3-4-1 文書作成のための応用技術

パーソナルコンピュータの知的活用

コンピュータの誕生から70年が経過した。今日，パソコンや携帯電話の使い方を改めて勉強する必要がない程，ＩＴ機器の使用ノウハウは，一般・大衆化してきた。いわゆる，情報リテラシーの普及の向上である。一方で，革命的とも云われるこれらＩＴ機器の使い方や評価に大きな乖離があるのも事実である。ともすれば，医者の無養生や紺屋の白袴の例えに似て，かなり精通した人が誤った使い方や評価をしている。特にパーソナルコンピュータとそこに導入されているソフトウェアの使われ方に，その顕著な傾向が見られる。

短い歴史の中に普及したＩＴ機器，特にパーソナルコンピュータとソフトウェアは，時代の要求に相乗的変化を伴いながら，劇的にその機能を向上させてきたので，その使われ方においても，変化が伴うのも当然である。今，求められるのは，基本的な情報リテラシーを越え，成熟したパーソナルコンピュータの知的活用である。

情報化社会を創出したＩＴは，汎用性の高い技術として位置付けられ，あらゆる分野，特に人間の創造的活動に必要欠くべからざる機器として，使いこなす必要がある。この知的活用の原点は，その主体が私たち人間であり，ＩＴ機器が，私たちの豊かな創造活動を支援することにあることを忘れてはならない。

図3-9　例題文書

■横書き文書を縦書きに変更する■

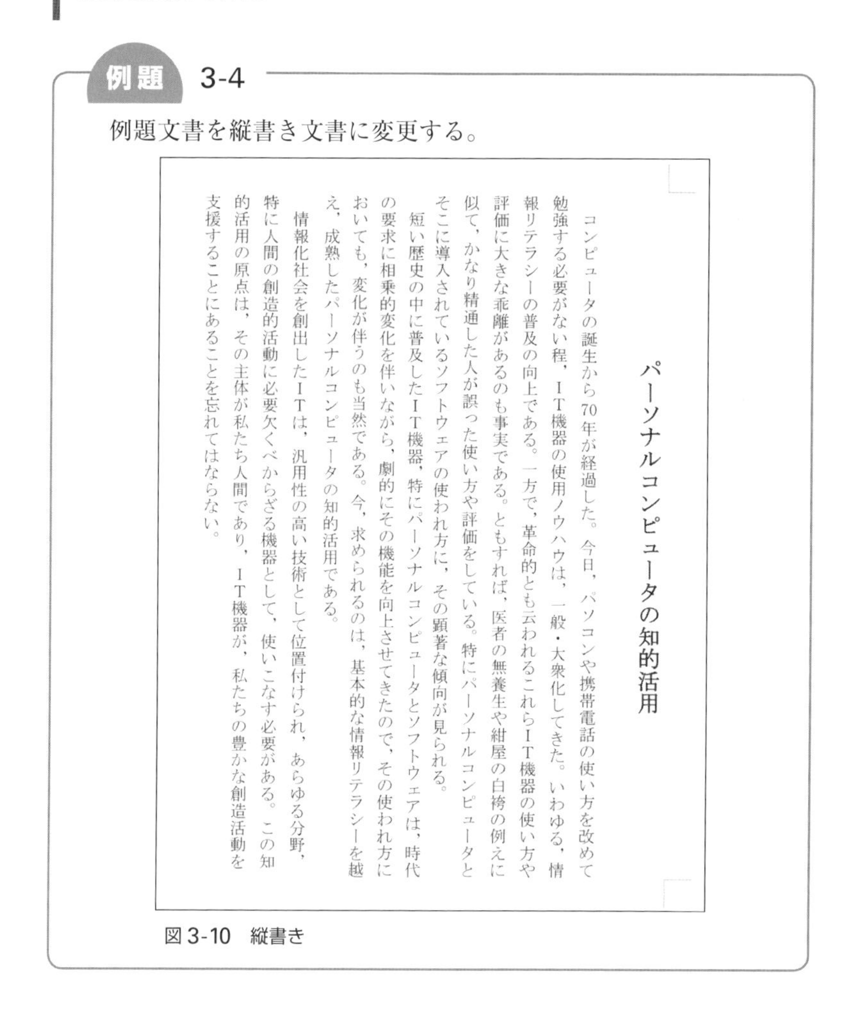

例題 3-4

例題文書を縦書き文書に変更する。

パーソナルコンピュータの知的活用

コンピュータの誕生から70年が経過した。今日，パソコンや携帯電話の使い方を改めて勉強する必要がない程，ＩＴ機器の使用ノウハウは，一般・大衆化してきた。いわゆる，情報リテラシーの普及の向上である。一方で，革命的とも云われるこれらＩＴ機器の使い方や評価に大きな乖離があるのも事実である。ともすれば，医者の無養生や紺屋の白袴の例えに似て，かなり精通した人が誤った使い方や評価をしている。特にパーソナルコンピュータとそこに導入されているソフトウェアの使われ方に，その顕著な傾向が見られる。

短い歴史の中に普及したＩＴ機器，特にパーソナルコンピュータとソフトウェアは，時代の要求に相乗的変化を伴いながら，劇的にその機能を向上させてきたので，その使われ方においても，変化が伴うのも当然である。今，求められるのは，基本的な情報リテラシーを越え，成熟したパーソナルコンピュータの知的活用である。

情報化社会を創出したＩＴは，汎用性の高い技術として位置付けられ，あらゆる分野，特に人間の創造的活動に必要欠くべからざる機器として，使いこなす必要がある。この知的活用の原点は，その主体が私たち人間であり，ＩＴ機器が，私たちの豊かな創造活動を支援することにあることを忘れてはならない。

図 3-10　縦書き

横書きで作成された文書を縦書きに変更するには，［レイアウト］リボンの［ページ設定］グループにある［文字列の方向］ボタンをクリックしてメニューを開き，［縦書き］を選択する。文書全体が縦書きに変更される。用紙が横置きに変更になるので，さらに［印刷の向き］ボタンをクリックしてメニューを開き，用紙の向きを指定する。

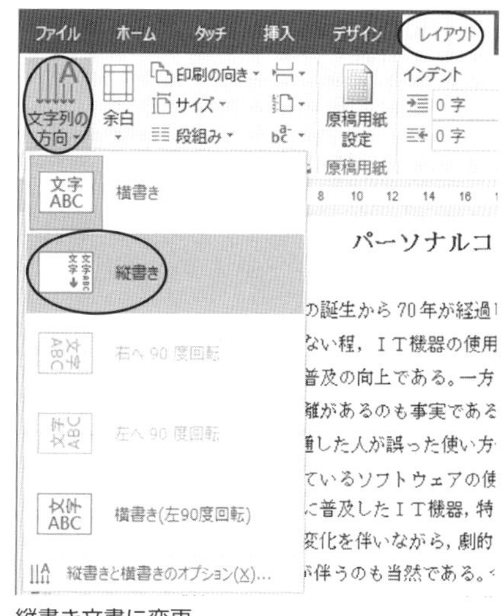

縦書き文書に変更

■例題文書中の英数字を縦書きにする■　全角の英数字は上記の操作で文字と同様に縦書きに変更される。

半角で入力された英数字は縦書き文書内では「70」のように右 90°に倒れて表示されるので，以下の手順で縦書きに変更する。

❶文書中の「70」の文字をドラッグして選択する。

❷［ホーム］リボンの［段落］グループにある［拡張書式］ボタンをクリックしてメニューを開き，［縦中横］をクリックする。

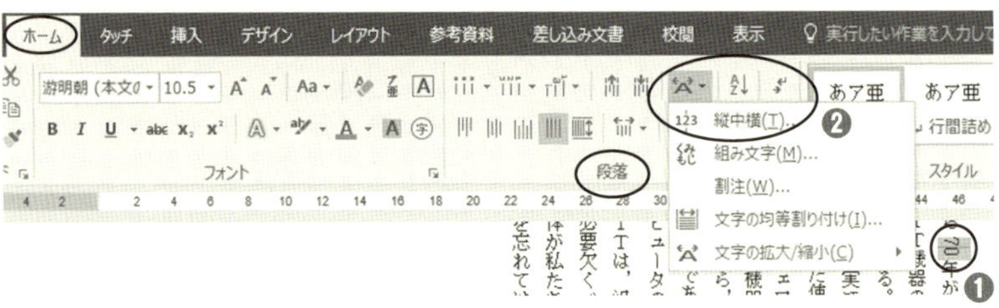

英数字の縦書き

❸［行の幅に合わせる (F)］をチェックし，［OK］ボタンをクリックする[1]。

【1】
［すべて適用 (A)］ボタンをクリックした場合には変更確認のメッセージが表示されるので，［すべて変更 (A)］ボタンをクリックすると，文書中の同じ文字がすべて変更される。

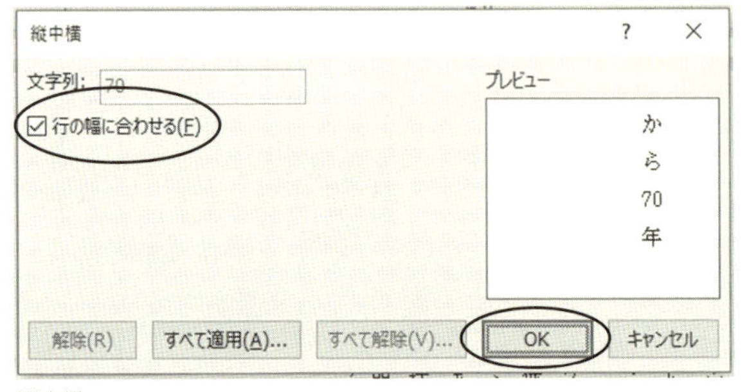

縦中横

■文書内の一部の文字列を縦書きにする■

例題 3-5

例題文書の中の一部分の文字列を縦書きにする。

パーソナルコンピュータの知的活用

コンピュータの誕生から70年が経過した。今日，パソコンや携帯電話の使い方を改めて勉強する必要がない程，ＩＴ機器の使用ノウハウは，一般・大衆化してきた。いわゆる，情報リテラシーの普及の向上である。一方で，革命的とも云われるこれらＩＴ機器の使い方や評価に大きな乖離があるのも事実である。ともすれば，医者の無養生や紺屋の白袴の例えに似て，かなり精通した人が誤った使い方や評価をしている。特にパーソナルコンピュータとそこに導入されているソフトウェアの使われ方に，その顕著な傾向が見られる。

短い歴史の中に普及したＩＴ機器，特にパーソナルコンピュータとソフトウェアは，時代の要求に相乗的変化を伴いながら，劇的にその機能を向上させてきたので，その使われ方においても，変化が伴うのも当然である。今，求められるのは，基本的な情報リテラシーを越え，成熟したパーソナルコンピュータの知的活用である。

情報化社会を創出したＩＴは，汎用性の高い技術として位置付けられ，あらゆる分野，特に人間の創造的活動に必要欠くべからざる機器として，使いこなす必要がある。この知的活用の原点は，その主体が私たち人間であり，ＩＴ機器が，私たちの豊かな創造活動を支援することにあることを忘れてはならない。

図 3-11　例題 3-5 一部だけ縦書き

横書き文書の中の一部の文字列だけを縦書きにするには，縦書きテキストボックスを利用する。

❶例題文書の「コンピュータの誕生から」から最後の行までをドラッグして選択し，［挿入］リボンの［テキスト］グループにある［テキストボックス］ボタンをクリックする。

❷テキストボックスのスタイルの一覧が表示される。下方にある［縦書きテキストボックスの描画(V)］をクリックすると，選択した文字列に縦書きテキストボックスが適用され，縦書きになる[2]。

【2】
テキストボックスは入力されている文字列に適用することも，またテキストボックスを用意してからその中に入力することも可能である。

❸テキストボックスの中をクリックすると，ハンドルが表示される。ハンドルをポイントしてドラッグすることでテキストボックスの大きさを変更することができ，連動してテキストボックス内の文字列が折り返される。

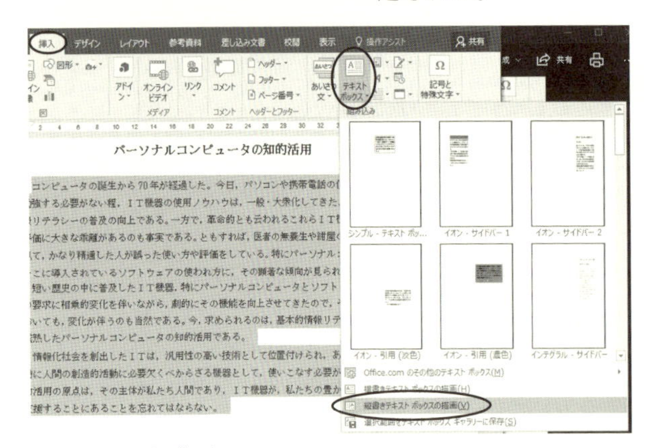

縦書きテキストボックス

縦書きテキストボックス
ハンドル
文字列の縦書き

テキストボックスの枠線を非表示にするには以下の手順で行う。

❶テキストボックスの中をクリックして選択する。

❷描画ツール表示となるので，［書式］リボンの［図形のスタイル］グループにある［図形の枠線］をクリックする。

❸メニューが表示されるので，［枠線なし(N)］をクリックする。

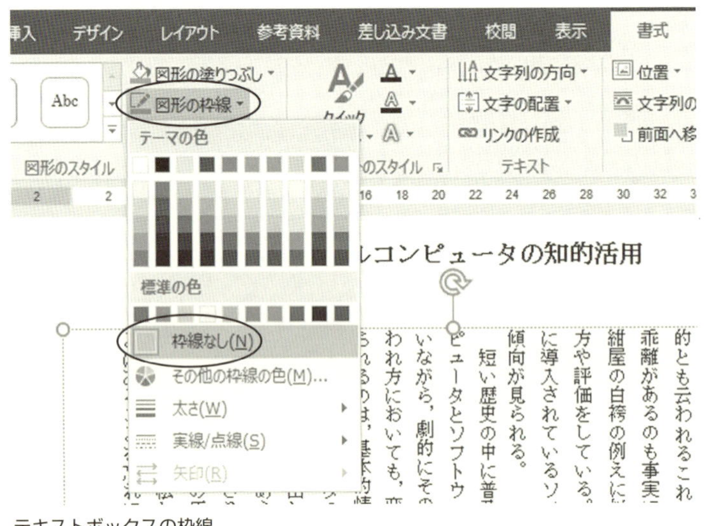

テキストボックスの枠線

◉参考　縦書きページと横書きページを混在させる

文字列を選択して［レイアウト］リボンの［ページ設定］グループにある［文字列の方向］ボタンをクリックしてメニューを開き，［縦書きと横書きのオプション(X)］をクリックすると，［縦書きと横書き - メイン文書］ダイアログボックスが開く。文字列の方向を指定して［OK］ボタンをクリックすると，選択した文字列に適用され，文書は縦書きページと横書きページが混在して作成される。

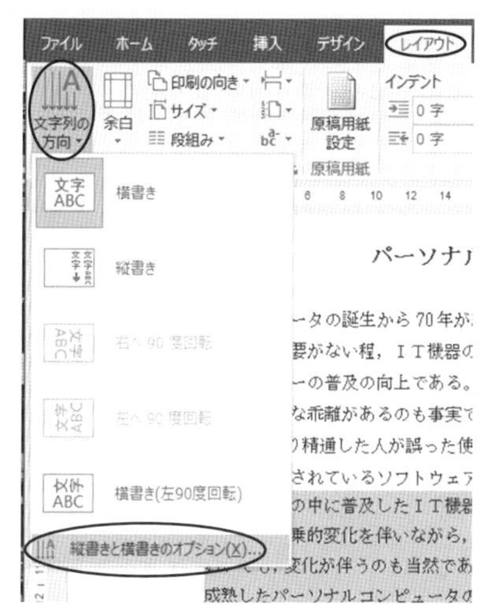

縦書きと横書きのオプション

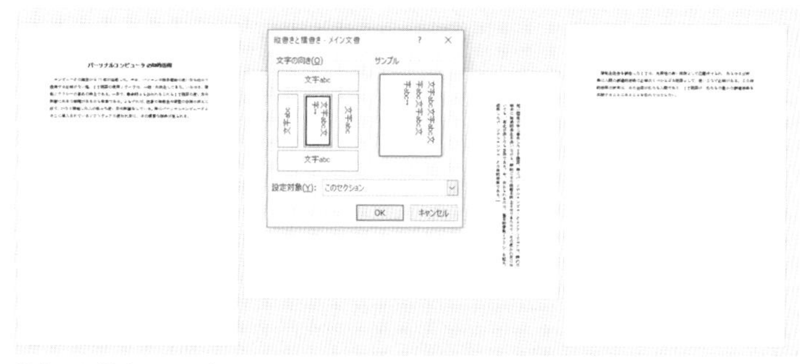

縦書きと横書きの混在

段組み

例題 3-6

例題文書を2段組みにし，ルビを振る。ヘッダーに作成日付を，フッターにページ番号を表示する。

2018年4月1日

パーソナルコンピュータの知的活用

コンピュータの誕生から70年が経過した。今日，パソコンや携帯電話の使い方を改めて勉強する必要がない程，ＩＴ機器の使用ノウハウは，一般・大衆化してきた。いわゆる，情報リテラシーの普及の向上である。一方で，革命的とも云われるこれらＩＴ機器の使い方や評価に大きな乖離があるのも事実である。ともすれば，医者の無養生や紺屋の白袴の例えに似て，かなり精通した人が誤った使い方や評価をしている。特にパーソナルコンピュータとそこに導入されているソフトウェアの使われ方に，その顕著な傾向が見られる。

短い歴史の中に普及したＩＴ機器，特にパーソナルコンピュータとソフトウェアは，時代の要求に相乗的変化を伴いながら，劇的にその機能を向上させてきたので，その使われ方においても，変化が伴うのも当然である。今，求められるのは，基本的な情報リテラシーを越え，成熟したパーソナルコンピュータの知的活用である。

情報化社会を創出したＩＴは，汎用性の高い技術として位置付けられ，あらゆる分野，特に人間の創造的活動に必要欠くべからざる機器として，使いこなす必要がある。この知的活用の原点は，その主体が私たち人間であり，ＩＴ機器が，私たちの豊かな創造活動を支援することにあることを忘れてはならない。

図 3-12　例題 3-6

■例題文書を2段組みにする■

文書を読みやすくする構成の1つとして「段組み」を利用すると効果的である。Wordでは段の数を指定でき，また左右の段の幅を変えたり，間に境界線を表示したりする機能も用意されている。段組みは以下の手順で行う。

❶ 例題文書「コンピュータの誕生から」から最後の行までをドラッグして選択する[3]。

❷［レイアウト］リボンの［ページ設定］グループにある［段組み］ボタ

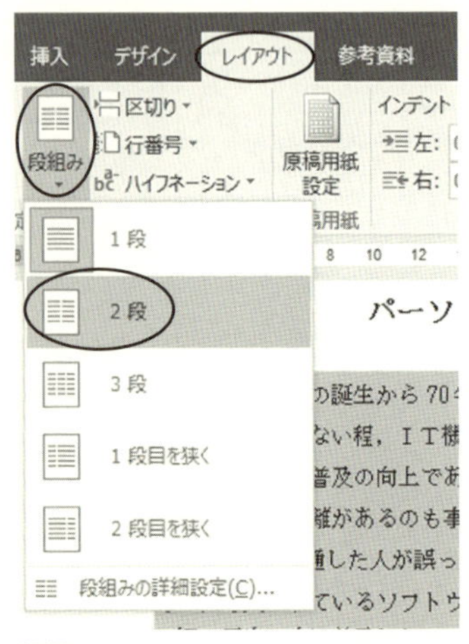

段組み

【3】
最後の改行記号は選択しないようにする。

ンをクリックするとメニューが開くので，「2段」をクリックして指定する。

◉参考

さらに詳細な設定をしたい場合にはメニューの［段組みの詳細設定(C)］をクリックして［段組み］ダイアログボックスを開く。

4段以上の段数の設定や，詳細な段幅の設定が可能である。また［境界線を引く(B)］をチェックすると，段の境界に縦線が引かれる。

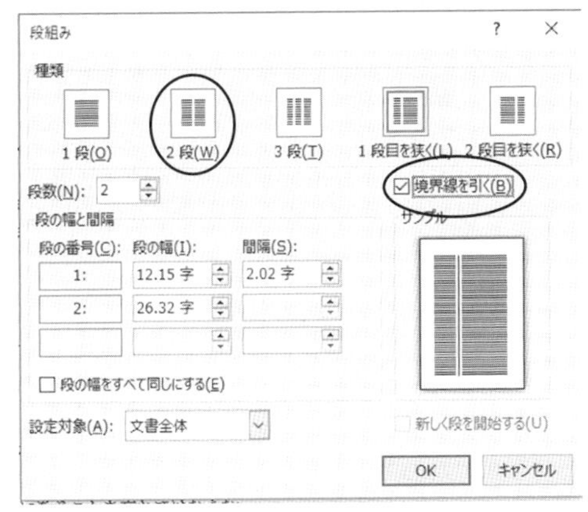

段組みの詳細設定

例題文書にルビを振る

文字列にルビを振るには以下の手順で行う。

❶ルビを振る文字列をドラッグして選択する。

❷［ホーム］リボンの［フォント］グループにある［ルビ］ボタンをクリックすると，［ルビ］ダイアログボックスが開く。

❸選択した文字列のルビが自動的に表示されているので，確認し，必要に応じて修正入力する[4]。

❹文字とルビの間の間隔を広げるには［オフセット(O)］の数字を大きく設定する。

❺親文字に対するルビの配置は［配置（L)］で指定する。

❻［OK］をクリックすると，選択した文字列にルビが振られる。

ルビを振る

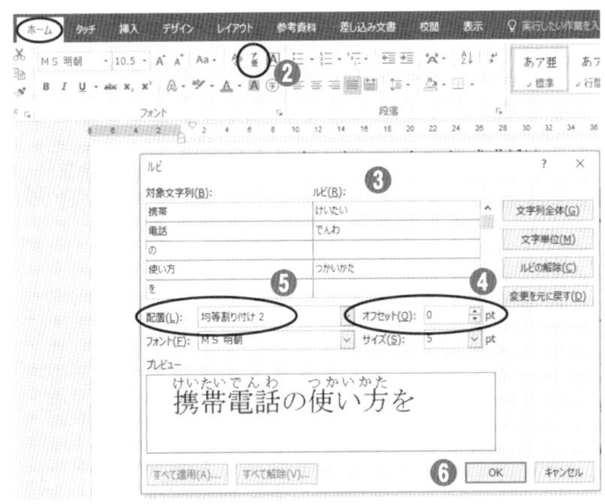

［ルビ］ダイアログボックス

【4】
送り仮名にルビを振らないようにするためには［文字単位］をクリックする。1文字ごとにルビが振られるので，不要なルビを削除する。

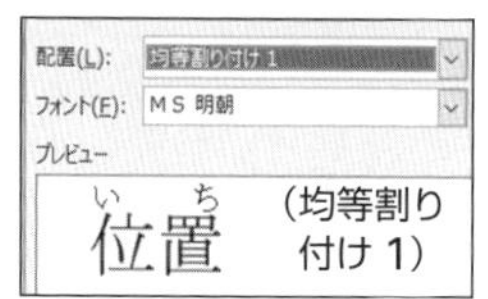

均等割り付け１ルビ

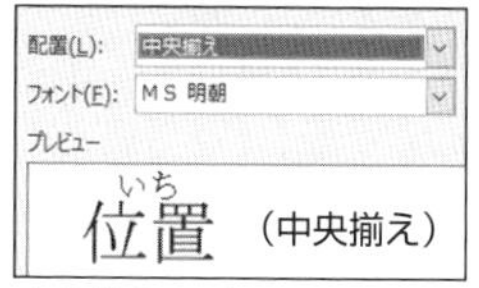

中央揃えルビ

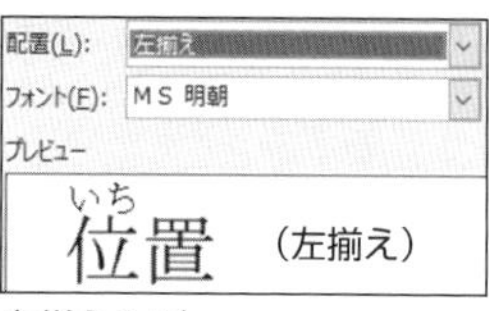

左揃えルビ

◉参考　変更オプション

文書中の同じ文字列すべてを一括してルビを振ることができる。この場合には単語単位で操作をする必要がある。ルビダイアログボックスの［OK］ボタンの代わりに［すべて適用(A)］をクリックすると，［変更確認］ダイアログボックスが表示される。［すべて変更(A)］をクリックすると，以降の文書中にある同じ文字列すべてにルビが振られる。確認しながらルビを振る場合には，［次を検索(N)］をクリックすると，次の同じ文字列が検索されるので［変更(C)］をクリックしてルビを振り，この操作を繰り返す。

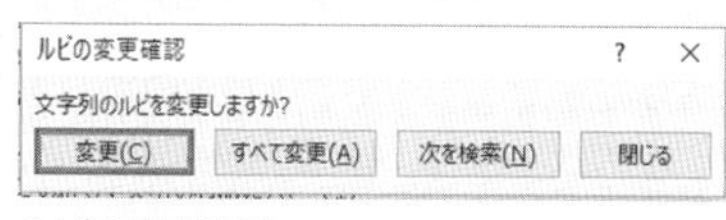

ルビの変更確認

ヘッダーとフッター

ヘッダー / フッターは，文書の上 / 下にある余白部分で，文字列や図を挿入することができる。

■ヘッダー / フッターの挿入■

❶ヘッダー / フッター領域の上でダブルクリックすると，画面表示が切り替わってヘッダー / フッターへの入力が可能になり，［ヘッダー / フッターツール］のリボンが表示される。

❷［挿入］リボンの［ヘッダーとフッター］グループの［ヘッダー］/［フッター］をクリックするとヘッダー / フッターのデザインギャラリーが開くので，適当なデザインをクリックして利用することができる。

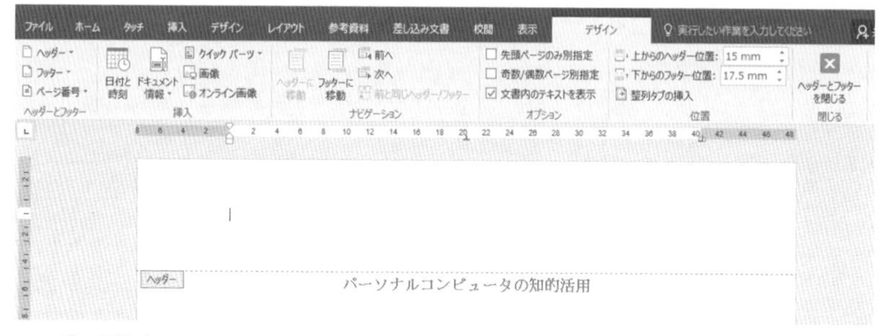

ヘッダーの入力

❸文書の編集に戻るには，文書の領域の上でダブルクリックするか，または［ヘッダー / フッターツール］の［デザイン］リボンにある［ヘッダーとフッターを閉じる］をクリックする。

■例題文書のヘッダーに作成日時を挿入する■

❶ヘッダー領域の上でダブルクリックしてヘッダーを入力状態にし，日付を入力したい位置にカーソルを置く。

❷ヘッダー／フッターツールの［デザイン］リボンの［挿入］グループにある［日付と時刻］ボタンをクリックする。

❸［日付と時刻］ダイアログボックスが表示されるので，日時の表示形式をクリックして選択する。指定した表示形式で日付と時刻が挿入される[5]。

【5】
日付の入力については3-2-2「特殊文字や日付の挿入」を参照。

■フッターにページ番号を挿入する■

❶ヘッダーまたはフッター領域の上でダブルクリックしてフッターを入力状態にする。

❷ヘッダー／フッターツールの［デザイン］リボンの［ヘッダーとフッター］グループにある［ページ番号］をクリックする。メニューが開くので，［ページの下部(B)］を選択する。

❸ページ番号を挿入する位置とデザインが表示されるので，適当なデザインを選択する。

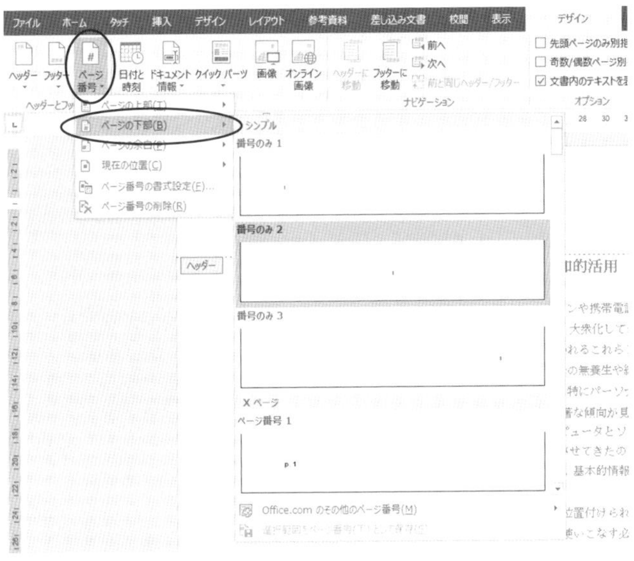

ページ番号

3-4-2 文書の全体構成

目次，脚注，図表番号の挿入，索引，図表目次のある下記の構成で文書を例題に沿って作成する。

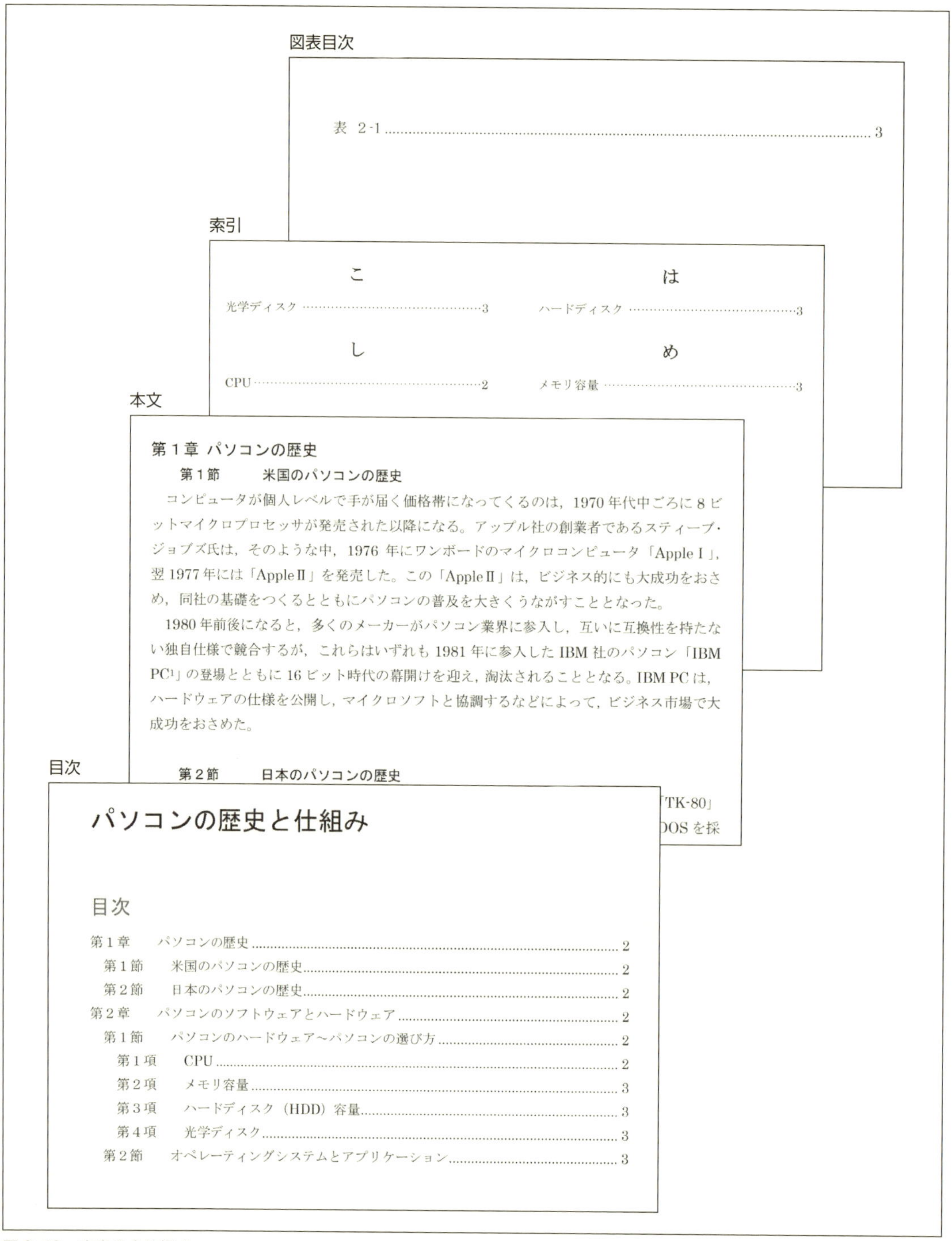

図 3-13 文書の全体構成

（1ページ目）

第1章　パソコンの歴史

第1節　　米国のパソコンの歴史

コンピュータが個人レベルで手が届く価格帯になってくるのは，1970年代中ごろに8ビットマイクロプロセッサが発売された以降になる。アップル社の創業者であるスティーブ・ジョブズ氏は，そのような中，1976年にワンボードのマイクロコンピュータ「Apple I」，翌1977年には「Apple II」を発売した。この「Apple II」は，ビジネス的にも大成功をおさめ，同社の基礎をつくるとともにパソコンの普及を大きくうながすこととなった。

1980年前後になると，多くのメーカーがパソコン業界に参入し，互いに互換性を持たない独自仕様で競合するが，これらはいずれも1981年に参入したIBM社のパソコン「IBM PC[1]」の登場とともに16ビット時代の幕開けを迎え，淘汰されることとなる。IBM PCは，ハードウェアの仕様を公開し，マイクロソフトと協調するなどによって，ビジネス市場で大成功をおさめた。

第2節　　日本のパソコンの歴史

国産のマイクロコンピュータ最初の製品は，1976年にNEC社より発売された「TK-80」とされている。1982年にNEC社から発売された「PC-9800」シリーズが，MS-DOSを採用すると，他社を圧倒して独走態勢となった。しかし，高性能で低価格の海外メーカー製のパソコンは，Windows 3.1を搭載し，一気に日本に参入してきた。NEC社も，高性能化，低価格化を進めながら，その独自仕様を守ろうとするが，1995年にMicrosoft Windows 95が発売されると，独自仕様のパソコンは終焉を迎えることとなった。

第2章　パソコンのソフトウェアとハードウェア

第1節　　パソコンのハードウェア～パソコンの選び方

一般的に，パソコンのスペックを比較検討する事項としては，「CPU」，「メモリ容量」，「ハードディスク容量」，「光学ディスク」があげられる。

第1項　CPU

「CPU」とは，プログラムを読み込んで情報処理を行う装置で，パソコン内での中心的な役割りを持ち，CPUが高性能であればあるほどそのコンピュータの処理速度は速くなり，快適に動作することとなる。そして，単純比較はできないものの基本的には，世代が新しく，搭載されているコア数とクロック数（周波数）が大きければ大きいほど高性能である。一般的なインターネットの閲覧や電子メール，レポートの文書作成などが主な利用目的であれば，その時点で発売されている新品のパソコンに搭載されているCPUならば，どれでも問題はない。もし，写真加工や動画編集を行いたい場合は，できるだけ高性能なCPUを選択した方がよい。

---

1 「IBM Personal Computer model 5150」（通称，IBM PC）

図3-14　本文1ページ目

（2ページ目）

第２項　メモリ容量

続いて「メモリ容量」であるが，メモリの容量は，多ければ多いほどパソコンは快適に動作する。Windows 10 を快適に動作させるためには，最低 2GB（ギガバイト）。できれば 4GB 以上のメモリを搭載したい。パソコンのメモリ容量がこれに足りない場合は，追加で増設する必要がある。Windows 10 の搭載可能メモリの容量を下記に示す。

表 2-1

	Home	Professional	Enterprise
64 ビット版	128GB	2TB	2TB

第３項　ハードディスク（HDD）容量

「ハードディスク容量」は，データを保存することができる容量を表している。通常のインターネットの閲覧や電子メール，レポートの文書作成を行う程度であれば，64GB（ギガバイト）以上あれば足りるかもしれないが，音楽や動画，写真のデータを保存するのであれば，できるだけ大きな容量が欲しい。特に動画のデータを保存するようになると，1TB（テラバイト，＝1,000GB）以上の容量があっても，直ぐに不足することとなってしまう。

第４項　光学ディスク

現在主流の光学ディスクは CD や DVD であるが，一部，BD（ブルーレイディスク）が搭載されたもの，さらに，CD ，DVD や BD のメディアを読み込むだけでなく，書き込みすることができるドライブを搭載したパソコンも数多く見受けられる。ノート型パソコンの場合は，携帯性を重視して搭載されていないタイプもあるが，利便性を考えると搭載されたものの方が好ましい。

第２節　　オペレーティングシステムとアプリケーション

CPU をはじめとするパソコンを構成している部品は，日進月歩で進化を遂げ，それに対応するようにパソコン本体も，各種メーカーが次々と新たな機種を発売することとなる。そこで，部品ごと，メーカーごとに，機種ごとの差を吸収する Microsoft Windows というオペレーティングシステムが，マイクロソフト社から発売されたのである。

Microsoft Windows の大きな特徴に，Microsoft Windows の上で動作するアプリケーションとよばれるワープロや表計算，メールソフトといったすべてのソフトウェアが，部品，メーカー，機種といったハードウェアに関係なく，どのパソコンでも同じ動作する，ということがある。

図 3-15　本文 2 ページ目

例題 3-7

下記内容のアウトラインを作成する。

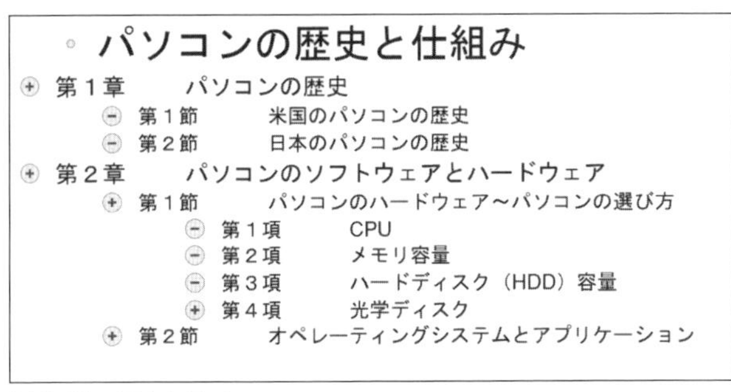

図 3-16　アウトライン

小論文やレポートを作成するには，まず記述する内容を整理し，全体の構造を決めることが必要とされる。Word の「**アウトライン**」は論文の大構造，小構造を十分に意識して，文章を組み立てやすくするために便利な機能である。アウトラインとは，項目を階層的に配置し，文書の構造が一目でわかるようにした表記である。まず，記述したい内容の基本となる部分だけを考えて羅列し，アウトラインモードで項目の順序を入れ替えたりレベルを変更したりしながら論文の構成を決めていくとよい。

アウトラインの作成

アウトライン表示では見出しとなる項目にレベルを設定することによって，全体の階層構造を作成することができる。また，見出し項目の順序を変更して全体の流れを決め，文書の全体構成を容易に作成することができる。アウトラインは以下の手順で作成する。

❶新規文書で［表示］リボンの［表示］グループにある［アウトライン］ボタンをクリックして，文書をアウトライン表示に変更し，見出しとなる項目をすべて入力する。

○ パソコンの歴史と仕組み
○ パソコンの歴史
○ 米国のパソコンの歴史
○ 日本のパソコンの歴史
○ パソコンのソフトウェアとハードウェア
○ パソコンのハードウェア～パソコンの選び方
○ CPU
○ メモリ容量
○ ハードディスク（HDD）容量
○ 光学ディスク
○ オペレーティングシステムとアプリケーション

アウトライン表示

❷見出し項目にカーソルを置き，［アウトライン］リボンの［アウトラインツール］グループにある，［レベル上げ］ボタンまたは［レベル下げ］ボタンをクリックして，見出し項目を階層構造にし，内容を整理する。

❸見出し項目の順序を変更するには，変更する見出しにカーソルを置き，［アウトライン］ツールバーの上移動ボタン▲または下移動ボタン▼をクリックして，目的の位置まで移動する。

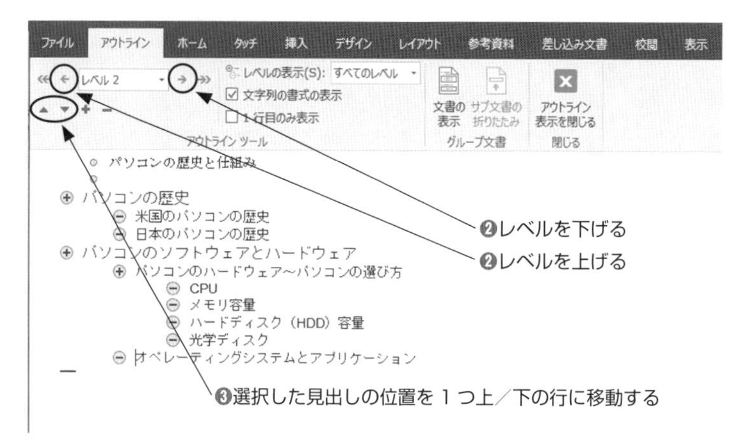

アウトラインの作成

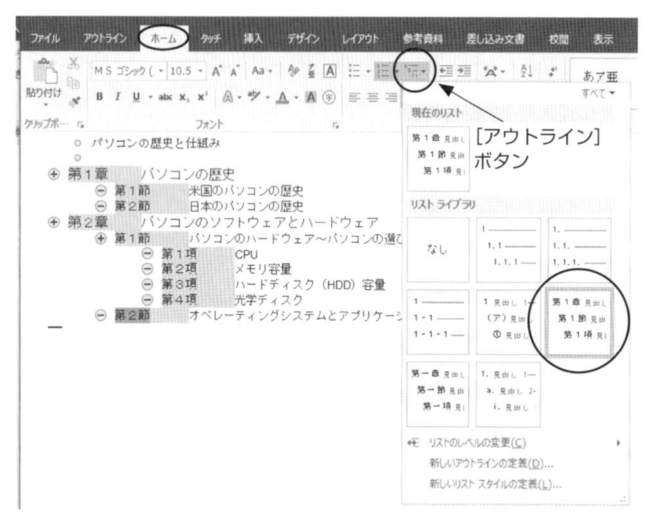

見出しスタイルの適用

本文の入力

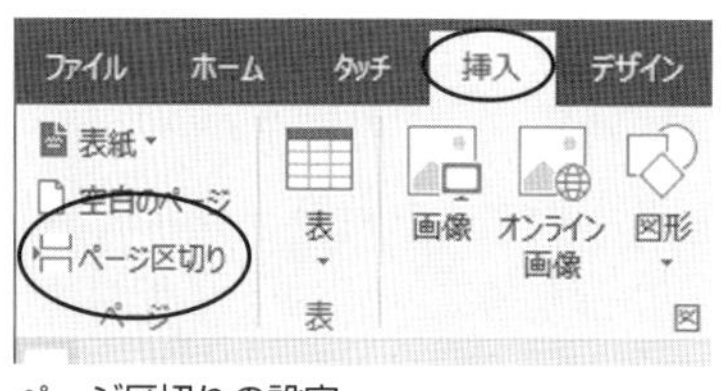
ページ区切りの設定

見出しスタイルの適用

アウトラインの作成が終了したら，見出しスタイルを適用する。［ホーム］リボンの［段落］グループにある［アウトライン］ボタンをクリックする。

見出しスタイル一覧が表示されるので，適当なスタイルをクリックして選択すると，見出しに適用される。

本文の入力

文書全体の構成を組み立てたら，印刷レイアウトに切り替える。見出し項目の後で改行して，文書の詳細な本文および図などを追加していく（ここでは例題文書の本文部分を入力して完成させる）。

改ページ

文書内の任意の場所にページ区切りを挿入したり，自動改ページの位置を指定することによって，強制的に次ページ先頭から開始することができる。本文の文頭にページ区切りを設定しておくと，先頭に目次を挿入した場合にも，自動的に本文を次頁の先頭から開始することができる。

■ページ区切りの設定■

❶改ページ位置，本文の文頭にカーソルを置く。

❷［挿入リボン］の［ページ］グループにある［ページ区切り］をクリックする。

❸カーソル位置にページ区切りが設定され，本文の文頭が次ページの先頭に移動する。

■改ページの解除■　ページ区切りを設定した本文の文頭に再度カーソルを置き，BackSpaceキーを押す。

3-4-3 図表番号の管理

例題 3-8

例題本文中の表に図表番号を付ける。番号は『表 1-1』のように章番号を含む番号付けをし，表の上に挿入する。

図表番号とは，「図 1」のように表，図，数式などの項目に付けられる番号である。この機能を使って付加すると，番号は，図表を追加，削除，移動した場合に自動的に振り直される。

図表番号の挿入

図表番号は以下の手順で挿入する。

❶例題文書中の表内にカーソルを置く。

❷［参考資料］リボンの［図表］グループにある［図表番号の挿入］をクリックする。

❸［図表番号］ダイアログボックスが表示されるので［ラベル(L)］のメニューを開き，ラベルに「表」を指定する。

❹［位置(P)］のメニューを開いて図表番号を表示する位置を「選択した項目の上」と指定する。

	Home	Professional	Enterprise
64 ビット版	128GB	2TB	2TB

図表番号の挿入

❺図表番号に章番号を含めるには，上記手順に加えて［番号付け(U)］をクリックすると，［図表番号の書式］ダイアログボックスが開くので，［章番号を含める(C)］チェックボックスをオンにする。［章タイトルのスタイル(P)］に章見出しに適用されている見出しスタイルを選択して，「OK」をクリックする。

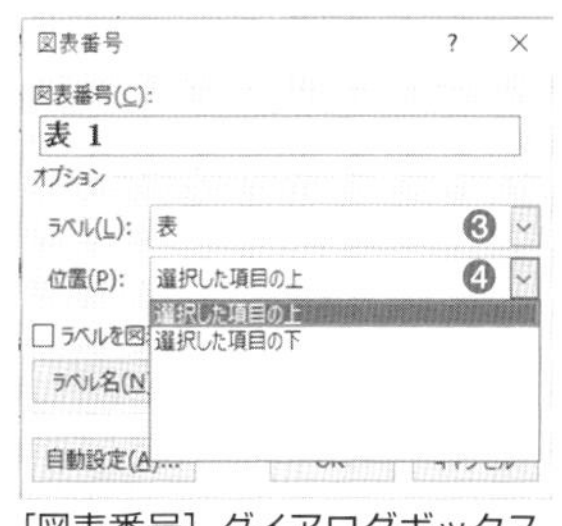

［図表番号］ダイアログボックス

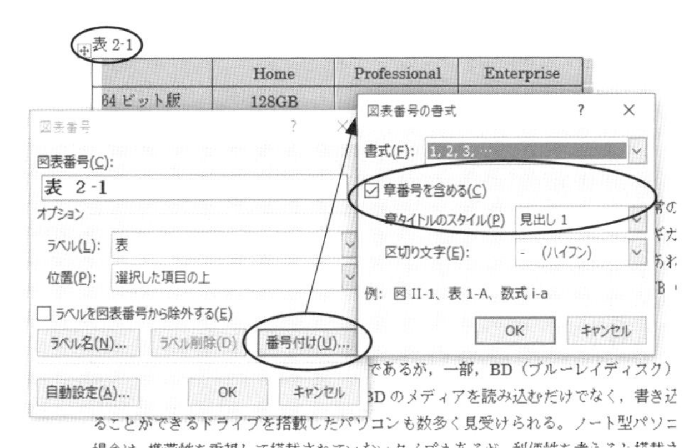

図表番号に章番号を含める

◉参考　ラベルの変更

「図」,「表」などの図表番号のラベルをクリックすると入力可能な状態になるので，個々に変更することができる。文書中の同じラベルをすべて同様に変更するには，次のように行う。

❶変更するラベルが付いた図表番号を選択する。（すべての“図”を変更する場合は，［図 1］という図表番号の［1］を選択する）

❷［参考資料］リボンの［図表］グループにある［図表番号の挿入］をクリックする。

❸［ラベル（L)］のメニューを開き，適したラベルを選択する。

図表番号の更新

図の追加に伴って図表番号を新しく追加した場合には，それまで表示されていた文書中の図表番号は連番になるように自動的に更新される。文書中の図表を削除したり，図の位置を移動した場合には，以下のようにして手動で更新する必要がある。

図表番号の更新

❶特定の図表番号を更新するには，更新対象の図表番号を選択し，右クリックしてショートカットメニューを表示し，［フィールド更新(U)］をクリックする。

❷文書中のすべての図表番号を更新するには，いくつかの方法がある。

文字列の折り返しが「行内」で図表番号が段落内に挿入されている場合は，Ctrlキーを押しながらAを押して全文書を選択し，右クリックしてショートカットメニューを表示し，［フィールド更新(U)］をクリックする。

または，［ファイル］→［オプション］→［詳細設定］の［印刷］グループにある［印刷するときに変更履歴を含むフィールドを更新する(T)］をチェックオンにしておくと，印刷プレビューを表示したときに図表番号が更新される。

図表番号の削除

削除したい図表番号を選択し，Deleteキーで削除する。

3-4-4 目次・索引

目次の登録と編集

前節で記述したアウトラインを使用して文書の目次を自動的に作成することができる。まず，3-4-2の手順にしたがって文書中の見出し項目にアウトラインのレベルを設定しておく。

例題 3-9

例題文書の目次をタイトルの下に作成する。

パソコンの歴史と仕組み

目次

第1章　パソコンの歴史 2
第1節　米国のパソコンの歴史 2
第2節　日本のパソコンの歴史 2
第2章　パソコンのソフトウェアとハードウェア 2
第1節　パソコンのハードウェア～パソコンの選び方 2
第1項　CPU 2
第2項　メモリ容量 3
第3項　ハードディスク（HDD）容量 3
第4項　光学ディスク 3
第2節　オペレーティングシステムとアプリケーション 3

図3-17　文書の全体構成-目次

■目次の挿入■

❶目次を挿入する位置，タイトル行の次の行先頭にカーソルを置く。

❷［参考資料］リボンの［目次］グループにある［目次］ボタンをクリックすると，目次の組み込みスタイルの一覧が表示されるので，適当なスタイルをクリックする[6]。カーソルの位置に目次が作成される。

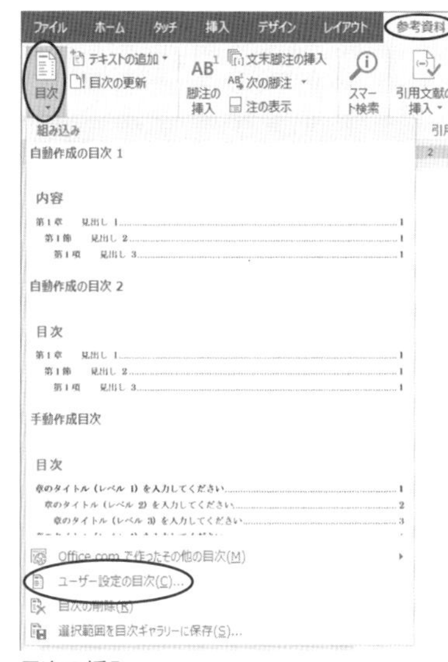

目次の挿入

■目次の更新■　文書の内容を変更したり，ページを追加・削除した場合には，目次を更新する。［参考資料］リボンの［目次］グループにある［目次の更新］ボタンをクリックすると，［目次の更新］ダイアログボックスが表示される。目次をすべてつくり直すには，［目次をすべて更新する(E)］をクリックする。見出し項目などに変更がない場合には［ページ番号だけを更新する(P)］をクリックする。

【6】
自分でデザインしたい場合には，［ユーザー設定の目次(C)］をクリックして詳細設定を行うことができる。

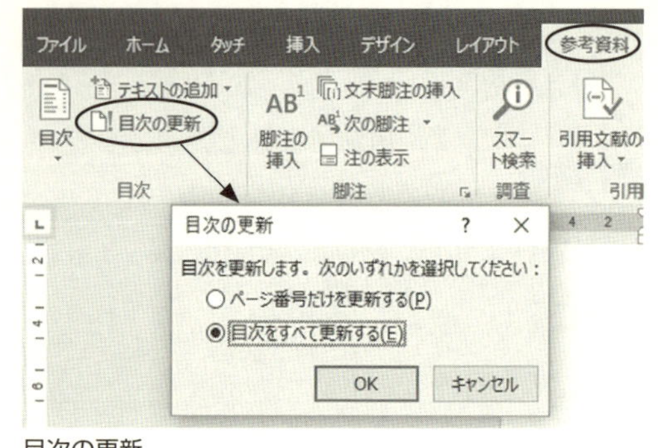

目次の更新

索引

例題 3-10

本文中より適当に語句を選び，索引の作成練習をする。

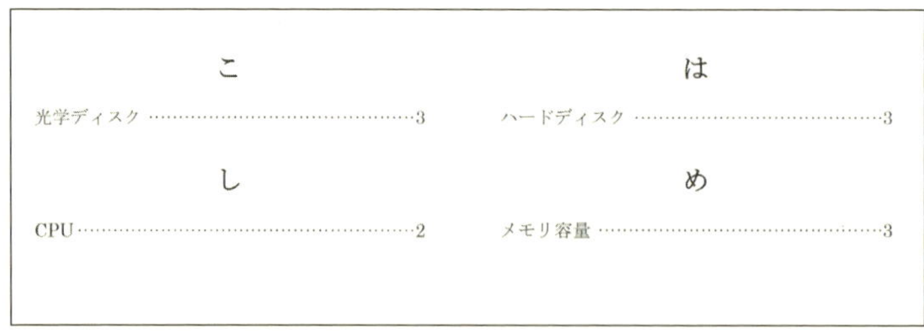

図 3-18　文書の全体構成-索引

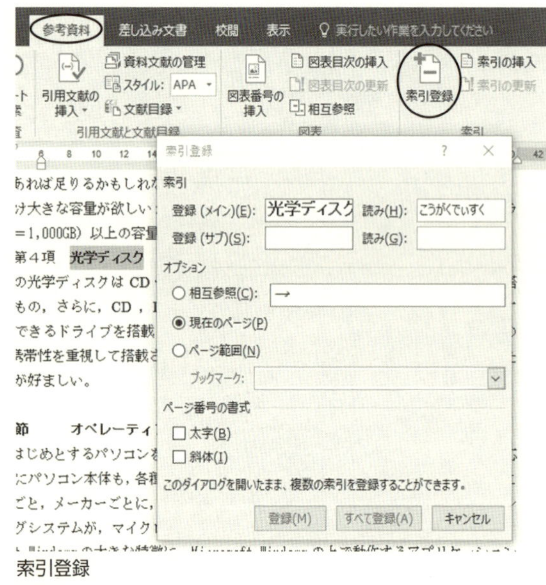

索引登録

索引は，文書内の用語や見出し語と，その語が出ているページナンバーを一覧にしたものである。索引を作成するには，まず，文書内の単語を索引項目として索引登録する。

■索引登録■

❶索引に載せたい単語をドラッグして選択する。

❷［参考資料］リボンの［索引］グループにある［索引登録］ボタンをクリックする。

❸［索引登録］ダイアログボックスが開き，登録する単語とその読みが表示されているので，確認する。［すべて登録(A)］ボタンをクリックする[7]と，その単語が記載されているすべてのページ番号が登録される。

❹このダイアログボックスは開いたまま続けて登録することができる。次に登録したい単語をドラッグし，［索引登録］ダイアログボックス

【7】
［登録(M)］ボタンをクリックすると，現在のページ番号だけが登録される。

をクリックすると読み込まれる。

，＝1,000GB）以上の容量があっても，直ぐに不足することとなってしまう。
第４項 光学ディスク{ XE "光学ディスク" ¥y "こうがくでぃすく" }
主流の光学ディスクは CD や DVD であるが，一部，BD（ブルーレイディスク）が

索引登録後

以上の手順で登録された単語には，登録した索引項目と選択した相互参照情報を含む特殊なフィールドが追加される（上図）。このフィールドを非表示にするには，［ホーム］リボンの［段落］グループにある［編集記号の表示 / 非表示］ボタンをクリックする[8]。

【8】
この操作で非表示にならない場合には，「ファイル」→「オプション」→「表示」をクリックし「隠し文字」のチェックを外す。

■索引の挿入■　索引登録が終了したら，以下の手順で索引を作成することができる。

❶索引を作成したい位置にカーソルを置く。

❷［参考資料］リボンの［索引］グループにある［索引の挿入］ボタンをクリックすると，［索引］ダイアログボックスが表示される。

❸［書式］で索引の書式を選択し，［OK］ボタンをクリックすると登録した単語で索引が作成される。

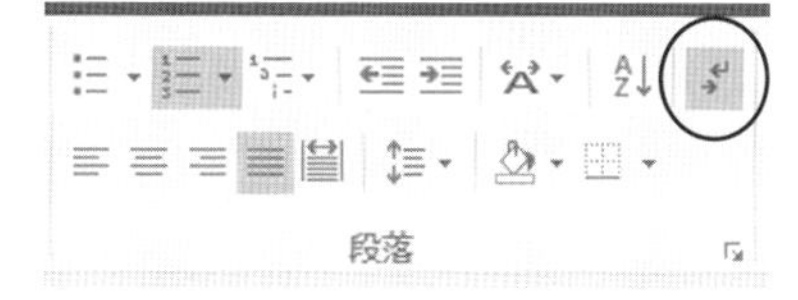

非表示ボタン

索引の挿入

【9】
脚注は同ページの最後に，文末脚注は文書の最後に挿入される。

脚注

脚注は引用事項や出典などを本文下方や文書の最後に記したものである[9]。Word では番号付けの方法を指定すると，脚注や文末脚注に自動的に番号が付けられる。自動的に番号が付けられた脚注や文末脚注を追加，削除，移動すると，脚注記号の番号は自動的に更新される。

例題 3-11

例題文書本文 1 ページ目の 9 行目「IBM PC」に下記のような脚注を付ける。

題はない。もし，写真加工や動画編集を行いたい場合は，できるだけ高性能
した方がよい。

1 「IBM Personal Computer model 5150」（通称，IBM PC）

図 3-19　例題 3-11 脚注

以下の手順で，同じページの最終行に脚注が挿入される。

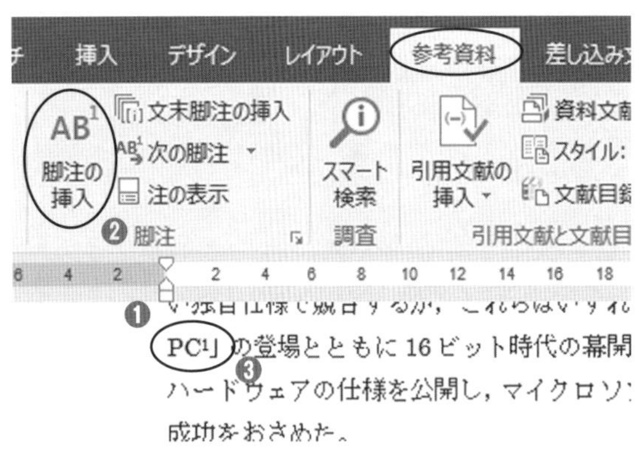

脚注番号の挿入

❶脚注番号を付ける位置，『IBM　PC』の最後の位置にカーソルを置く。

❷［参考資料］リボンの［脚注の挿入］ボタンをクリックする。

❸「IBM　PC 1」のように脚注番号が挿入され，ページの文末にも同じ脚注番号が挿入される。

した方がよい。

❹

1

脚注の入力

❹カーソルを脚注の位置に移動し，「「IBM Personal Computer model 5150」（通称，IBM PC）」と入力する。

図表目次

例題 3-12

例題 3-8 で付加した図表番号を利用して図表目次を作成する。

図表番号を付加した文書中の図表は，任意の位置に目次を作成することができる。

■図表目次の挿入■

❶図表目次を作成したい位置にカーソルを置く。

❷［参考資料］リボンの［図表目次の挿入］ボタンをクリックする。

❸［図表目次］ダイアログボックスが開くので，対象となる図表のラベルと目次のスタイルを指定する[10]。

❹［OK］ボタンをクリックすると，指定した位置に図表目次が作成される。

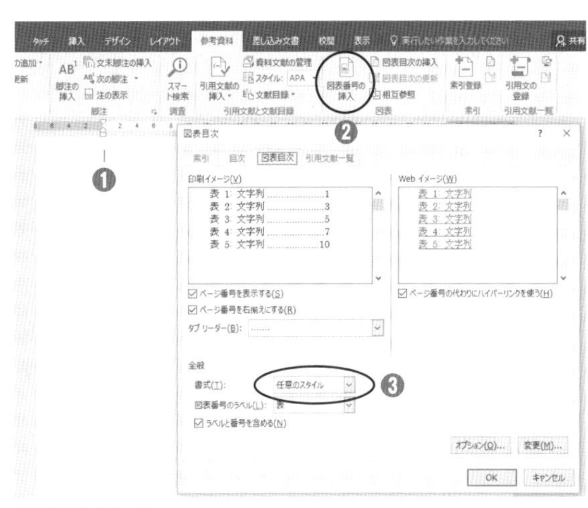

図表目次の作成

■図表目次の更新■　図表が追加，削除された場合には，次の操作で図表目次を更新する。

❶図表目次の中にカーソルを置き，［参考資料］リボンの［図表目次の更新］ボタンをクリックする。

❷［図表目次の更新］ダイアログボックスが開くので，［目次をすべて更新する(E)］を指定して［OK］をクリックする。

【10】
文章中に複数の種類のラベルが混在する場合にはラベルごとに目次を作成する。

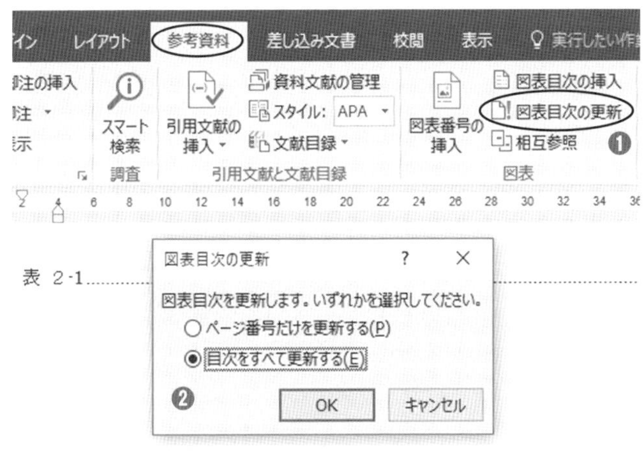

図表目次の更新

3-4 練習問題

問題 1———個人情報保護委員会 Web サイト（http://www.ppc.go.jp/）を参考に，「個人情報の保護に関する法律」の第一章から第三章までの条文および解説用の図を利用し，以下のような編集を行い，文書を作成しなさい。

① 文字列の編集

1 行目　中央揃え，フォント「MS ゴシック」，フォントサイズ 14pt

2 行目　中央揃え

3 行目　右揃え

② 脚注の挿入

1 行目の最後に，本文の引用箇所を示す脚注を挿入する。なお引用元は以下の通り。

個人情報保護委員会 Web サイト「個人情報の保護に関する法律」より第一章から第三章を引用

https：//www.ppc.go.jp/files/pdf/290530_personal_law.pdf

③ ページ番号の挿入

フッターにページ番号を挿入する。

④ ぶら下げインデントの設定

本文に対し，ぶら下げインデントを設定し，各段落の 2 行目以降を 2 文字程度下げる。

⑤ アウトラインの設定

「章」をレベル 1，「節」をレベル 2 に，アウトラインを設定する。

⑥ 図表番号の設定

以下の図に，図表番号を設定する。なおタイトル，出所は以下の通り。

図 1　個人情報保護に関する法律・ガイドラインの体系イメージ

（出所）個人情報保護委員会「個人情報保護法について」ページ

https：//www.ppc.go.jp/files/pdf/personal_framework.pdf

⑦ 目次の挿入

本文 4 行目に目次を挿入する。

⑧ 図の調整

図の大きさを調整し，4 ページに収める。

3-5 文書に応じた印刷

Wordの印刷機能を利用すると，作成した文書の用途に合わせた印刷を容易に行うことができる。

3-5-1 用紙に応じた印刷 ～拡大・縮小～

最初にページ設定により，用紙サイズを指定して文書を作成するのが基本手順であるが，印刷時に文書を縮小，拡大して用紙を変更することが可能である。

❶［ファイル］タブをクリックしてバックステージビュー開き，［印刷］をクリックする。

❷用紙サイズのメニューを開き，出力したい用紙のサイズ，たとえばA4サイズを指定する。

❸［1ページ / 枚］で，指定した用紙1枚に印刷するページ数を指定する。「2」と指定すると，A4用紙に2ページ，したがって文書はA5サイズで印刷されることになる。

拡大・縮小印刷

3-5-2 製本に応じた印刷

数ページにわたる文書は，綴じて仕上げることを前提として，綴じ代を設けて印刷することができる。

袋綴じ 1枚の用紙に2ページを印刷し，用紙の中央で印刷面を表にして2つ折りにして綴じる。したがって用紙の外側に綴じ代として余白が多めにとられる。

❶［レイアウト］リボンの［ページ設定］グループの右下のダイアログボックス起動ツールボタンをクリックして［ページ設定］ダイアログボックスを表示する[1]。

❷［余白］タブを表示し，［印刷の向き］の［横(S)］をクリックし，［印刷の形式(M)］を［袋とじ］に，［設定対象(Y)］を［文書全体］に設定する。

❸［用紙］タブを開き，［用紙サイズ(R)］で作成文書の2倍の大きさの用紙を選択し，［設定対象(Y)］を［文書全体］に設定する。

【1】
または印刷画面下の［ページ設定］をクリックする。

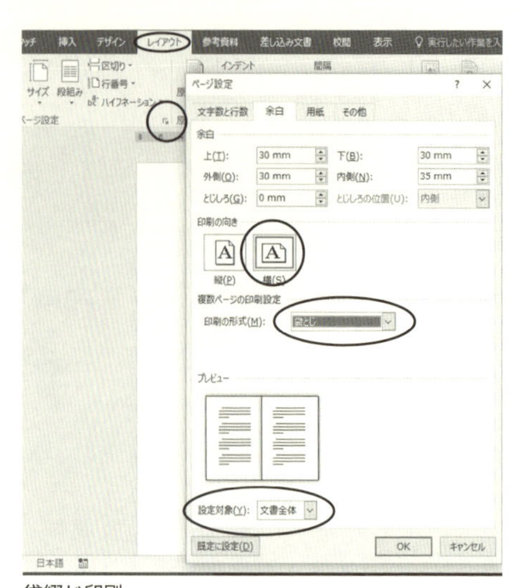

袋綴じ印刷

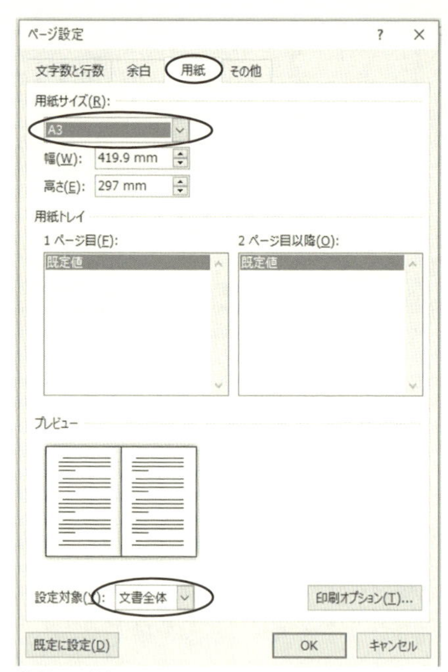

袋綴じ用紙

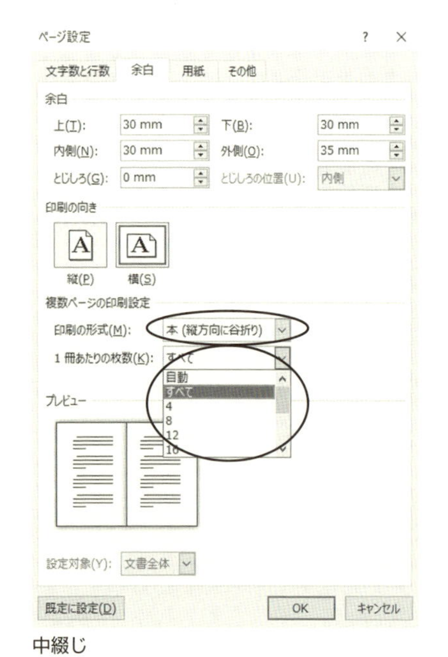

中綴じ

中綴じ

中綴じは，両面印刷してすべての用紙を広げて重ね，中央を綴じた後2つに折る方法である。

❶［ページ設定］ダイアログボックスの［余白］タブで［印刷の形式(M)］を［本（縦方向に谷折り[2]）］を指定すると，自動的に，［印刷の向き］が［横(S)］に設定される。

❷［1冊あたりの枚数(K)］を指定するボックスが表示されるので，印刷するページ数を設定する。ページ数が4の倍数でない場合には「すべて」を指定する。

❸［用紙］タブで作成文書の2倍の大きさの用紙を指定し，［OK］をクリックする。

❹［ファイル］タブを選択して，バックステージビューで［印刷］を選択し，「両面印刷（短辺を綴じます)」を選択する。

見開きページ

両面印刷して片側を綴じる場合には，奇数ページと偶数ページで綴じ代の位置を逆にする必要があるので，「見開きページ」の設定にする。

❶［ページ設定］ダイアログボックスの［余白］タブの［印刷の形式(M)］で［見開きページ］を指定する。

❷［余白］の［とじしろ(G)］にとじしろ分の幅を設定し，［OK］をクリックする。

❸［ファイル］タブを選択して，バックステージビューで［印刷］を選択し，「両面印刷（長辺を綴じます)」を選択する。

【2】
［印刷の形式(M)］を［本(縦方向に谷折り)］を指定した場合には左開き，［本(縦方向に山折り)］を指定した場合には右開きになるように印刷される。

第4章 説得できるプレゼンテーション

プレゼンテーションとは，聞き手に対して自分の主張を伝えることである。インパクトのある効果的なプレゼンテーションにするためには次のような点を考慮する。

・伝えたいことをはっきりさせる。
・話の筋道を明確にする。
・図など視覚的効果を利用し，メリハリをつける。
・客観的なデータを利用し，グラフなどを駆使して聞き手の理解を深める。

Microsoft PowerPoint（以下 PowerPoint）は，プレゼンテーションを行うために開発された，視覚効果の高い機能を充実したアプリケーションソフトである。プレゼンテーション用に使用するだけでなく，グラフや図形を駆使した様々な資料作成ツールとしても充実した機能を備えている。次のような機能があり，本書では『PowerPoint 2016』を扱って説明する。

①スライド作成

スライドとよばれる編集ページにテキストや図形，画像などを書き込み，複数枚のスライドによってプレゼンテーションを構成していく。

②視覚効果

図表やグラフ，画像などを簡単に取り込み，視覚的な効果を利用することができる。また，アニメーションによる動的な効果や，サウンドやビデオなど，多彩な表現を駆使したプレゼンテーションが作成できる。

③スライドショー

作成したスライドを連続的に表示し，プレゼンテーションを実行する。ナレーションやサウンドを挿入した編集も可能である。また，リハーサル機能によって所要時間の確認や設定をすることができる。

④配布資料の作成

作成したスライドや，ノートなどを編集し，配布用の資料を作成する。

4-1 PowerPoint 2016の基礎知識

4-1-1 PowerPointの概要

【1】
起動の手順は3章3-1-1「アプリケーションの起動と終了」参照。

起動・終了

■起動[1]■　PowerPointを起動すると，最初にPowerPointのスタート画面が表示される。左側に「最近使ったファイル」右側に「テーマ」が表示されている。

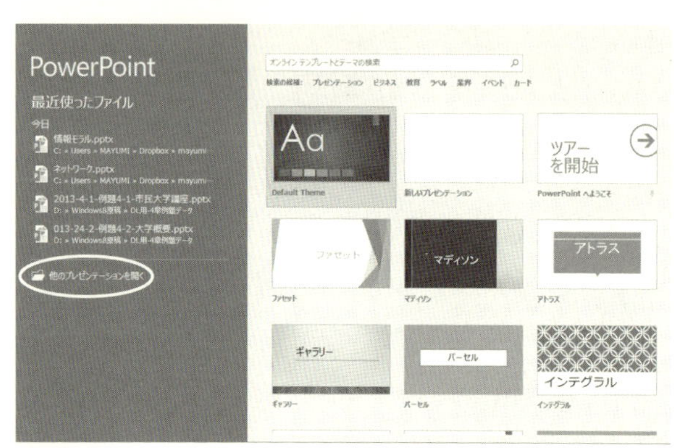

起動画面

【新規に作成する場合】

テーマをクリックして選択する。

【既存のファイルを開く場合】

❶［他のプレゼンテーションを開く］→［参照］をクリックする。

❷［ファイルを開く］ダイアログボックスが表示されるのでフォルダをクリックして開き，該当するファイルを選択する。

❸［開く(O)］ボタンをクリックする。

既存ファイルを開く

【テンプレートの利用】

いろいろな種類の主題を取り扱ったプレゼンテーションのテンプレートを利用して，手早くプレゼンテーションを作成することができる。

❶［オンラインテンプレートとテーマの検索］ボックスにキーワードを入れて検索すると，該当するテンプレートの一覧が表示される。

❷目的に合ったテンプレートをクリックするとプレビューウィンドウが開くので，［作成］をクリックする。

■終了■　タイトルバーの右端の［×］（閉じる）をクリックする。

テンプレートの検索

画面構成

① [ファイル] タブ

新規作成・保存・印刷など，ファイルに関するコマンドがまとめられている。

② [クイックアクセスツールバー]

頻繁に使うコマンドやボタンが設定されている。

③ [リボン]

コマンドボタンが配置されたタブが並べられている。タブをクリックして切り替え，コマンドを使用する。

④ [スライドサムネイル]

作成したスライドの縮小版。

⑤ [スライドペイン]

スライドを編集する領域。

⑥ [ノート]

プレゼンテーションのためのメモや，スライドの補足的な内容を入力しておくノートペインを表示する

⑦ [表示選択ショートカット]

スライドの一覧表示や，標準表示，スライドショーなど，画面の表示モード[2] を切り替えるツールボタン。

【2】画面表示モード
スライド一覧表示：すべてのスライドサムネイルの一覧標示。
閲覧表示：PC 画面上でスライドショーの確認ができる。ツールバー，ステータスバーは表示される。
スライドショー：表示されているスライドからスライドショーが開始する。
ノート：ノートペインを表示する。

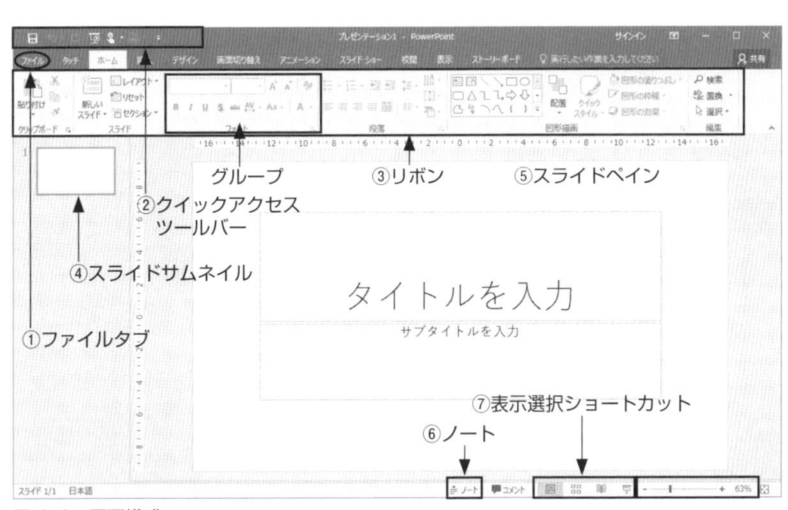

図 4-1　画面構成

4-1-2 スライド作成の基本操作

例題 4-1

「タイトルのみ」のスライドレイアウトを利用し，作成例に示すように，テキストボックスやグラフィックを使用して，タイトルスライドを作成する。

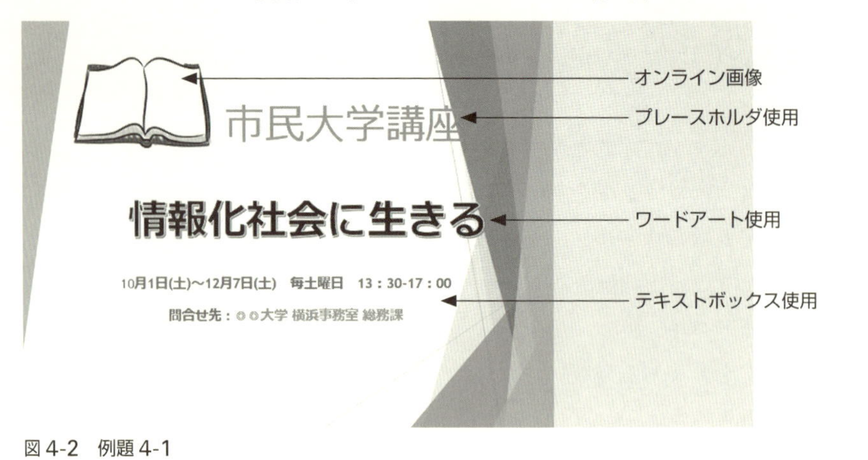

図 4-2　例題 4-1

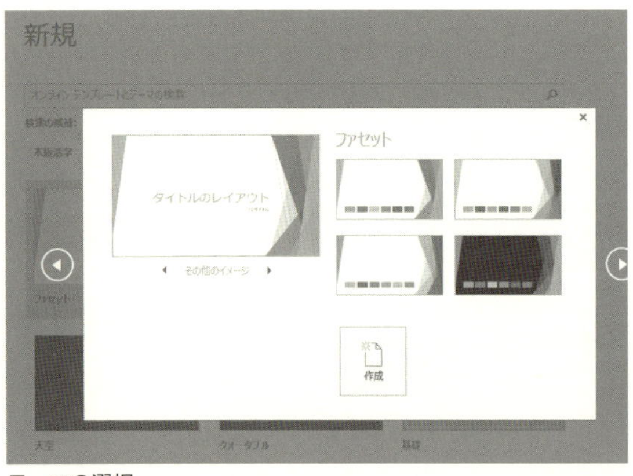

テーマの選択

スライドのレイアウトとデザイン

■テーマ■　PowerPoint を起動し，スタート画面に表示されているテーマをクリックして選択するとテーマの詳細が表示される。各種テーマにはさらに配色のバリエーションが用意されているので，配色バリエーションを選んでから［作成］をクリックするとスライド画面が表示される。

【テーマや配色を変更】

［デザイン］リボンの［テーマ］グループで，▼をクリックすると，すべてのテーマが表示される。テーマをポイントすると，表示しているスライドにプレビューされる。マウスの右ボタンをクリックすると，メニューが開くので，次のいずれかの方法でスライドに適用する。

- ［すべてのスライドに適用 (A)］…現在までに作成したすべてのスライドに適用される。
- ［選択したスライドに適用 (S)］…現在表示しているスライドだけに適用される。

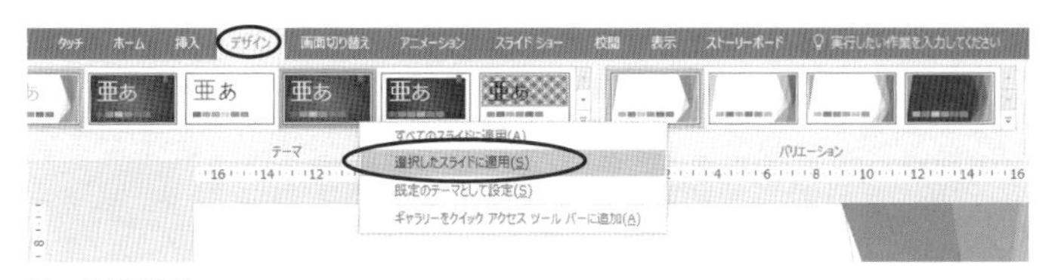

テーマの変更

◉参考

・配色：［デザイン］リボンの［テーマ］を選択すると，［バリエーション］グループに配色のバリエーションが表示され，同じデザインで配色の変更をすることができる。

・スライドのサイズ：［デザイン］リボンの［ユーザー設定］グループにある［スライドのサイズ］ボタンをクリックしてメニューを開き，スライドのサイズを設定する。デフォルトは横幅の広いワイドサイズが設定されているが，スクリーン対応など汎用的にスライドを作成するには標準サイズに変更しておくとよい。

■レイアウト■

PowerPointでは目的に応じてプレースホルダ[3]を設定したレイアウトが用意されている。レイアウトを選択するには，［ホーム］リボンの［スライド］グループにある［レイアウト］ボタンをクリックする。レイアウトの一覧が表示されるので，適当なレイアウトをクリックする。例題では［タイトルのみ］のレイアウトを適用する。

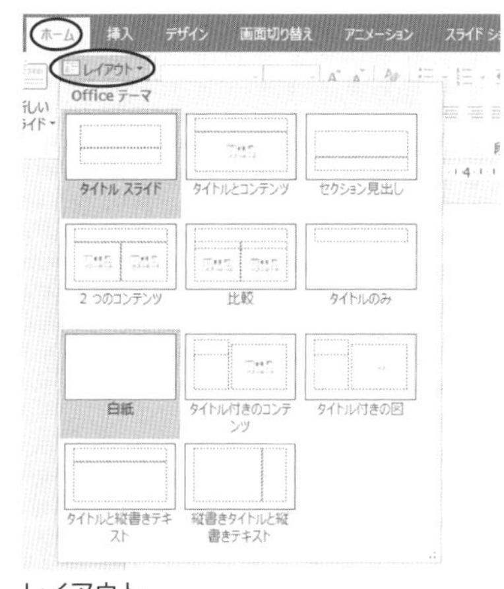

レイアウト

【3】プレースホルダ
テキストや，画像などの入力に合わせた書式が設定されている入力領域のこと。

文字の入力と編集

■プレースホルダへの文字入力■

プレースホルダの中をクリックすると枠とカーソルが表示され，テキストの入力が可能な状態になるので「市民大学講座」と入力する。

文字の編集

■プレースホルダの書式設定の一括変更■　文字を入力した後，プレースホルダの枠線をクリックすると，カーソルが消えて，プレースホルダ全体が選択された状態になる。この状態で，フォントの種類，大きさ，色など，書式を設定する操作を行うと，プレースホルダの内のすべての文字に対して適用される[4]。

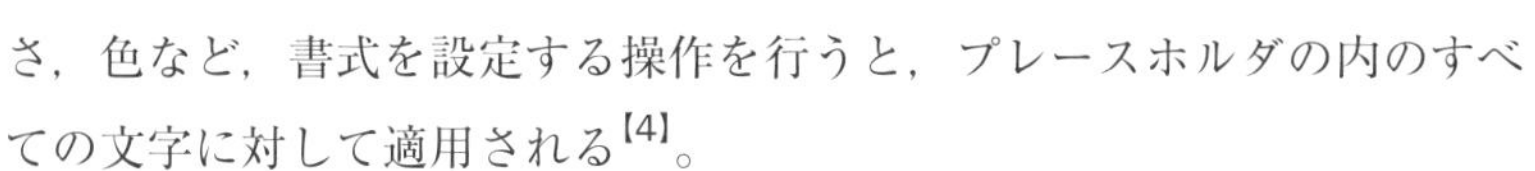

【4】
プレースホルダの中の一部の文字だけを書式変更する場合には，変更する文字列をドラッグして反転させ，ツールバーのボタンを利用して書式設定する。

■テキストボックスによる入力■　スライドの任意の位置に直接文字を入力するには，以下の手順でテキストボックスを利用する。

❶［挿入］リボンの［テキスト］グループにある［テキストボックス］

ボタンをクリックし，［横書きテキストボックス(H)］か［縦書きテキストボックス(V)］を選択する。

❷マウスポインタが「＋」の形に変わるので，スライド上で斜めにドラッグする。

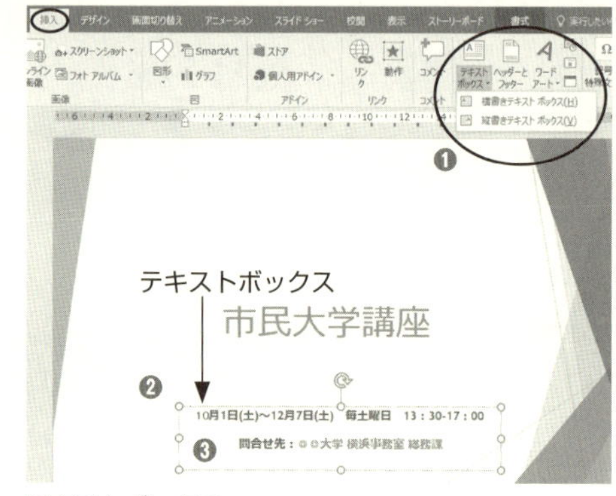

テキストボックス

❸テキストボックスが挿入され，カーソルが表示されているので，文字を入力する。

❹文字の編集はプレースホルダの場合と同様である。

【5】
画像挿入の手順は 3 章 3-3-1「画像ファイルの挿入」参照。

グラフィックの挿入

■画像[5]■　Word と同じ手順で，［挿入］リボンの［画像］グループの［オンライン画像］/［画像］ボタンで挿入することができる。

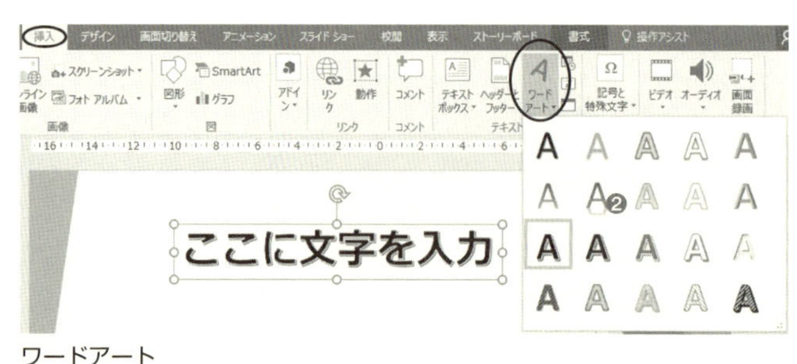

ワードアート

■ワードアート■

❶［挿入］リボンの［テキスト］グループにある［ワードアート］ボタンをクリックする。

❷ワードアートのスタイル一覧が表示されるので，適当なスタイルをクリックする。

❸テキストボックスが表示されるので，クリックしてカーソルを表示し，「情報化社会に生きる」と入力する。

❹指定したスタイルでワードアートが表示される。

4-2　スライドの視覚効果

4-2-1　図形の活用

例題 4-2

下記のデータで，図形を使用し，スライドを作成する。

タイトル：大学概要

学生数

学部学生数：10260

大学院生数：305

留学生数：936

建学の精神

品格 / 教養 / 国際感覚

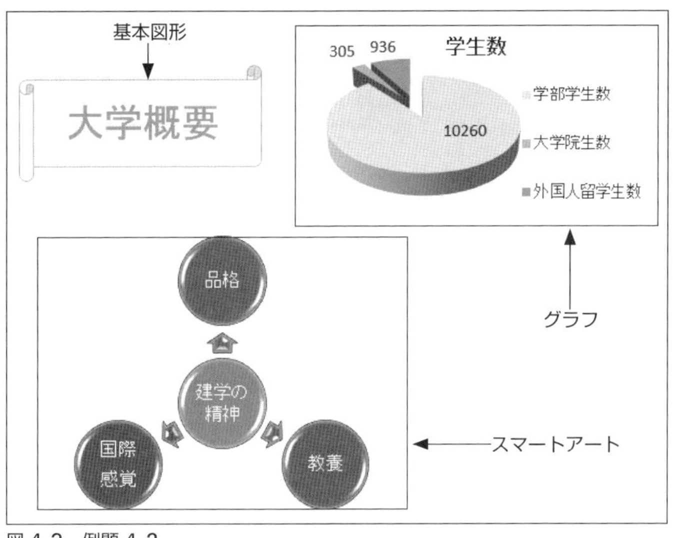

図 4-3　例題 4-2

図形の挿入

用意された図形を使用して，自由に図形描画することができる。

❶［挿入］リボンの［図］グループにある［図形］ボタンをクリックすると，図形の一覧が表示されるので，適当な図形をクリックして選択する。

❷マウスポインタが「＋」の形に変わるので，スライド上で斜めにドラッグし，図形の大きさを調節する。

❸手を離すと作図が終わり，選択した図形が表示される。

❹図形を選択したまま文字を入力すると，図形の中に文字列が配置される。

図形の編集

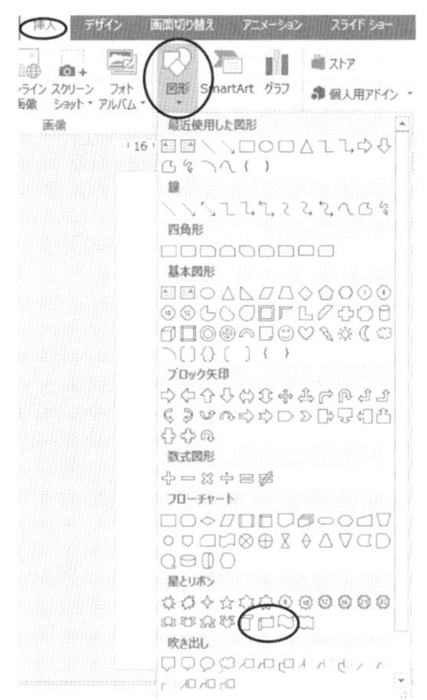

図形

図形をクリックすると，リボンの表示が［描画ツール］に変わる。［書式］リボンに配置された機能を使用して図形の編集をすることができる。

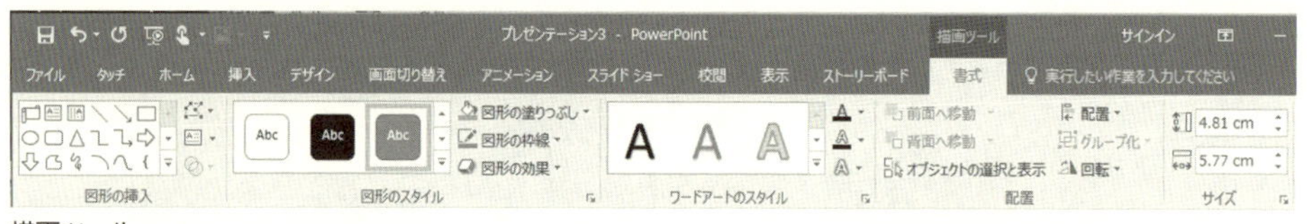

描画ツール

◉参考

［図形のスタイル］グループ

［図形の塗りつぶし］…図形の背景色を変更する。

［図形の枠線］…図形の囲み線の表示/非表示と線の色の設定。

［図形の効果］…影や光の効果，3D 効果など，詳細な設定。

［配置］グループ

挿入した図表やグラフィックは挿入した順に上に重ねて配置されている。前後の重なりや整列は下記操作で行う。

［最前面に移動］/［最背面に移動］：重なりの前後関係を変更する。

［配置］：複数のオブジェクトを選択し，上下，左右に整列させる。

スマートアートの挿入

図を使用すると，聞き手がイメージしやすく，わかりやすい効果的なプレゼンテーションとなる。

SmartArt は，目的に応じて，分類されたグラフィックが用意されている。スライドを作成する前に，データを表示するのに最も適した種類とレイアウトを検討し，伝えようとすることを一番よく表現するグラフィックを利用することが，効果的なプレゼンテーションを作成するポイントである。適用したグラフィックは，すばやく簡単にレイアウトを切り替えることができるので，いろいろなレイアウトと種類を試してみるとよい。

表 4-1　SmartArt グラフィックの分類

リスト	連続性のない情報を表示する
手順	プロセスや手順を表示する
循環	継続的なプロセスを表示する
階層構造	意思決定ツリーや組織図を表示する
集合関係	要素間の関係を図解する
マトリックス	全体を構成する要素の関係を表示する
ピラミッド	最上部または最下部に最大の要素がある比例関係を示す

例題の作成例のようにスマートアートを挿入するには，以下の手順で行う。

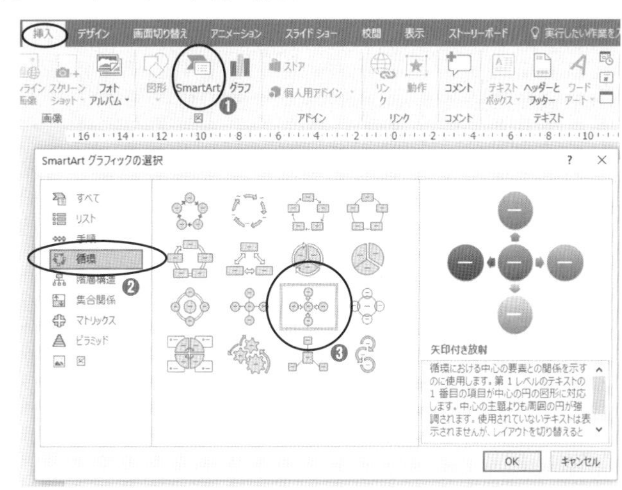

スマートアートの挿入

❶［挿入］リボンの［図］グループにある［SmartArt］ボタンをクリックする。

❷［SmartArt グラフィックの選択］ダイアログボックスが表示されるので，使用する種類をクリックする。

❸レイアウト一覧が表示されるので，適当なレイアウトをクリックして選択し，［OK］ボタンをクリックすると，スライド上に挿入される。

❹［ここに文字を入力してください］ウィンドウでテキストを入力すると，対応する図形に表示される。SmartArt グラフィックの図形内をクリックし，直接テキストを入力することもできる。

❺図形が多い場合には不要な図形をクリックし，Deleteキーで削除する。図形が足りない場合には［SmartArt ツール］の［デザイン］リボンの［グラフィックの作成］グループにある［図形の追加］ボタンをクリックして追加する。

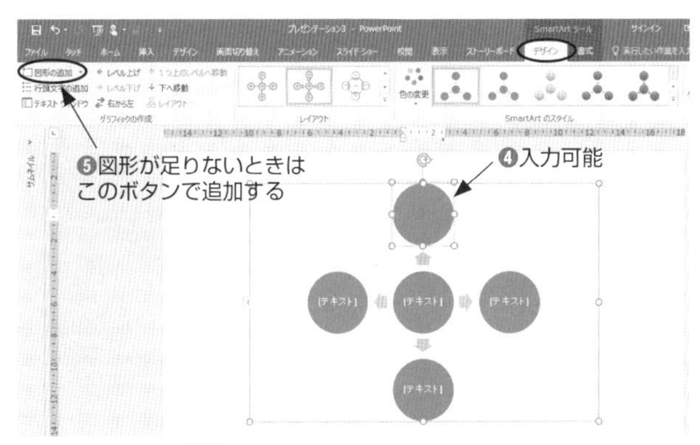

スマートアートの編集

◉参考

グラフィックの編集

図形をポイントすると，リボンの表示が「SmartArt ツール」になる。［デザイン］リボンに配置されているコマンドボタンでデザインの変更ができる。

［レイアウト］グループ

入力した文字をそのまま生かしてグラフィックの種類やレイアウトを変更する。

［SmartArt のスタイル］グループ

図形の配色や 3D 効果などのスタイルが用意されている。コマンドボタンをクリックすると一覧が表示されるので，その中から選択する。

グラフの挿入

データを示すには，数字を並べるだけでなく，グラフにすることによって，聞き手の理解をより深めることができる。グラフはExcelなど他のソフトで作成したものを張り付ければよいが，簡単なグラフであればスライド上で作成することができる。この場合には，グラフに関連づけられたデータはPowerPoint内で保持される。

例題作成例の中の円グラフを作成するには以下の手順で行う。

❶［挿入］リボンの［図］グループにある［グラフ］ボタンをクリックする。

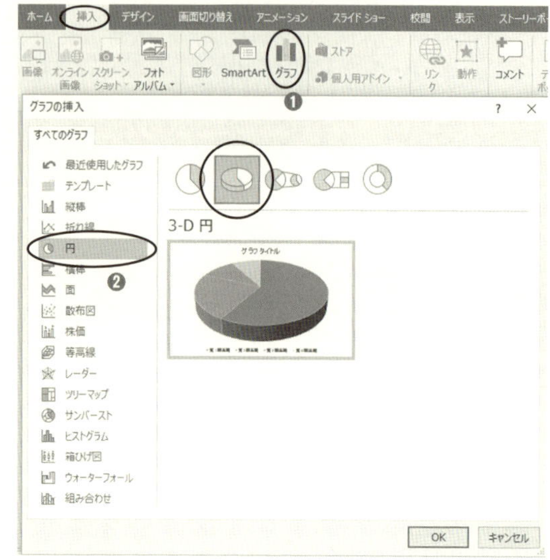

グラフの挿入

❷［グラフの挿入］ダイアログ ボックスで，［すべてのグラフ］の中の［円］をクリックすると，円グラフの種類が表示される。適当な種類をクリックし，［OK］ボタンをクリックする。

❸別のウィンドウでExcelが開き，データシートにはサンプルデータが表示されている[1]。

【1】
データシートが表示されていない場合には，［グラフツール］の［デザイン］リボンの［データ］グループにある［データの編集］をクリックする。

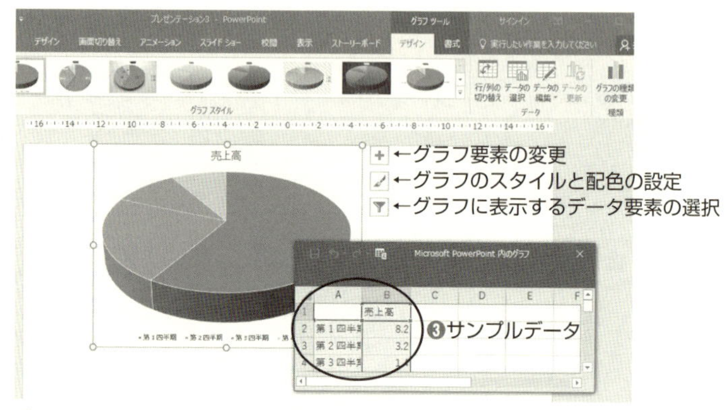

グラフサンプルデータ

❹データシートの内容を変更すると，連動してグラフが変更される。例題ではサンプルデータの項目名を「学部学生数」「大学院生数」「外国人留学生数」とそれぞれ変更している。

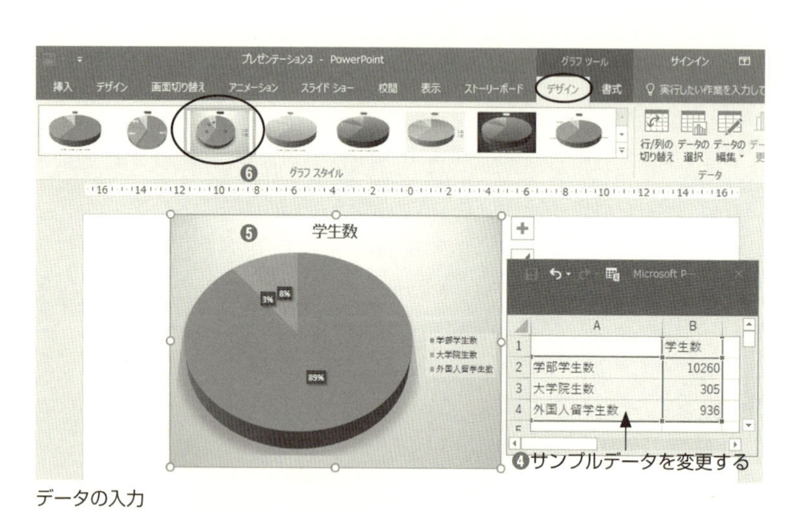

データの入力

❺数値のセルに，対応するデータ値を入力すると円グラフが「学生数」のグラフに変更される。

❻［グラフツール］の［デザイン］リボンのコマンドを使用してグラフのスタイルを変更する。なお，グラフの書式変更についてはExcelと同様である。

4-2-2 アニメーションの設定

例題 4-3

例題4-2のスライドにアニメーションを設定する。

プレゼンテーションの視覚効果を高めるために，PowerPointでは，スライド上のオブジェクトに対して動きをつけて強調したり，また，画面の切り替え時に動きをつけることができる。

画面切り替え効果

スライドから次のスライドに切り替えるときに，アニメーション効果を設定することができる。

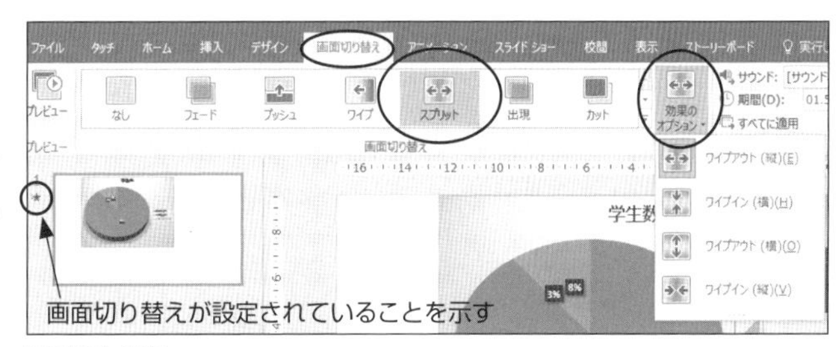

画面切り替え

［画面切り替え］リボンの［画面切り替え］グループに，切り替えスタイルの一部が表示されている。▼をクリックすると，すべてのスタイルが表示される。適当なスタイルをクリックするとプレビューして適用され，スライドのサムネイルに，アニメーションが設定されていることを示す記号が表示される[2]。

【2】
画面切り替え効果には，種類に応じて方向などを変更するオプションが設定されている。［効果のオプション］で選択する。

スライド上のテキストや図形のアニメーション

■アニメーションの設定■　アニメーションを設定するには以下の手順で行う。

❶［アニメーション］リボンの［アニメーションの詳細設定］グループにある，［アニメーションウィンドウ］ボタンをクリックし，アニメーションウィンドウを表示する。アニメーションウィンドウでは，個々のオブジェクトに対して設定されたアニメーション効果の種類や実行順序，速度など，アニメーション効果に関する情報を確認したり，変更することができる。

アニメーションの設定

❷スライド上の，アニメーションを設定したいオブジェクトをクリックして選択すると，［アニメーション］リボンの［アニメーション］グループのボタンが有効になるのでクリックしてメニューを開き，目的の効果を設定する。

・［**開始**］…選択したオブジェクトがスライド上に現れるときの効果を設定する。

・［**強調**］…スライド上のオブジェクトを強調するための効果を設定する。。

・［**終了**］…オブジェクトがスライド上から消えるときの効果を設定する。

アニメーション効果

❸クリックして選択するとオブジェクトにアニメーションの実行順序を示す番号が付与され，詳細がアニメーションウィンドウに表示される。

❹一つのオブジェクトに対して複数のアニメーションを設定する場合には，［アニメーション］リボンの［アニメーションの詳細設定］グループにある［アニメーションの追加］をクリックしてメニューを開き，同様にアニメーションを設定する。

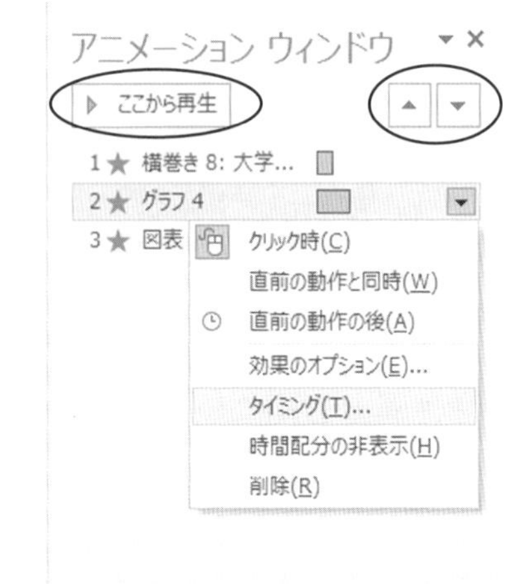

アニメーションウィンドウ

以上のように設定した効果は設定順に［アニメーションウィンドウ］に一覧表示され，上から順番に実行される。［アニメーションウィンドウ］上部にある［ここから再生］ボタンをクリックすると，スライド上で設定したアニメーションのプレビューを繰り返し見ることができる。実行順序を変更する場合には，変更したい効果を選択し，［アニメーションウィンドウ］上部にある▲または▼をクリックする。

■動作のタイミング■　設定されたアニメーションは，実行のタイミングを選択することができる。［アニメーションウィンドウ］に表示されたアニメーションの横の▼をクリックしてプルダウンメニューを開き，以下のような実行のタイミングから選択する。

・**［クリック時（C）］**…マウスをクリックした時点で実行する。
・**［直前の動作と同時（W）］**…直前のアニメーションと同時に実行する。
・**［直前の動作の後（A）］**…直前のアニメーションの動作に連続して自動的に実行する。
・**［タイミング（T）］**…選択すると，実行タイミングを設定するダイアログボックスが表示され，さらに詳細な動作を設定することができる。なお，開始を［直前の動作の後］と指定し，［遅延(D)］ボックスで時間を設定すると，直前の動作が実行された後，設定した時間が経過した後実行される。また，［継続時間(N)］でアニメーションの動作の速度を変更することができる。

タイミングの詳細設定

■アニメーション設定の削除・変更■　**削除**：［アニメーションウィンドウ］で，削除したいアニメーションを選択してプルダウンメニューを開き，［削除(R)］をクリックする。

変更：オブジェクトを選択して新たにアニメーションを設定する。

アニメーション効果のオプション

［アニメーション］リボンの［アニメーション］グループにある［効果のオプション］をクリックすると，方向や形状など，オプションを選択できる[3]。

また，SmartArtやグラフのように複数の図形や項目を組み合わせた

【3】
オプションの種類は，オブジェクトとアニメーションの種類によって異なる。

オブジェクトに対しては1つの図形として，または含まれる個々の図形や項目に個別に，アニメーションを設定することもできる。

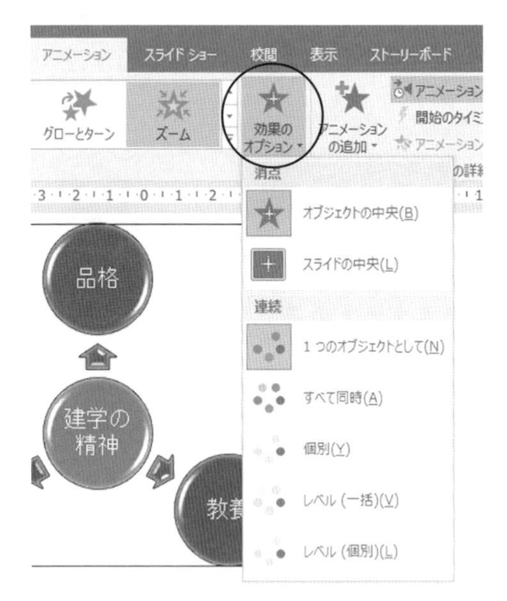

効果のオプション

・**[1 つのオブジェクトとして (N)]** …グラフィック全体を1つの図形としてアニメーションを設定する。
・**[すべて同時 (A)]**…グラフィック内のすべての図形個別にアニメーションを設定し，同時に実行する。
・**[個別 (Y)]**…グラフィック内のすべての図形個別にアニメーションを設定し，1つずつ順番に実行する。

■例題の SmartArt グラフィックの場合■

・**[レベル (一括) (V)]**…中央の図形を表示した後，まわりの図形を同時に表示する。
・**[レベル (個別) (L)]**…中央の図形を表示した後，まわりの図形（同一レベルの図形）を1つずつ順番に表示する。

4-3 効果的なプレゼンテーションの作成

聞き手に，自分の主張を要領よく，また印象深く伝えるためには，個々のスライドを作成する技術に加えて，さらに考慮しなければならない事項がある。最も重要なことは，プレゼンテーションの目的を明確にして，全体の構成をしっかり練ることである。

説得力のあるわかりやすいプレゼンテーションを作成するためには，いきなりスライドをつくり始めるのではなく，以下の手順で行う。

①目的を明確にする。
②情報を収集する。
③自分の考えを整理する。
④発表を前提として，話の筋道を考える。
⑤スライドの枚数，概要を決めて，全体構成を作る。
⑥各スライドを作成する。

例題 4-4

下記情報を使用して効果的なプレゼンテーションを作成する。

『動物愛護キャンペーン』のプレゼンテーションを作成する。
データ：飼育ペットの種類調査結果（%）

犬	ねこ	魚類	鳥類	うさぎ	は虫類	ねずみ類	昆虫類	その他
51.4	24.1	9.7	6.5	2.1	2.1	1.9	1.8	0.9

訴えること：
・飼い方の正しい知識を持ち，最後まで責任をもって飼うこと。
・しつけや訓練をして，近隣に迷惑をかけないようにすること。
・人と動物の共通感染症の正しい知識を持つこと。
・むやみに繁殖させないようにすること。
・盗難や迷子を防ぐため，所有者（飼主）を明示すること（マイクロチップ，名札など）。
・迷子は死につながるのでいなくなったらすぐに探すこと。
・迷子の動物を見かけたらまずは保護をすること。

図 4-4

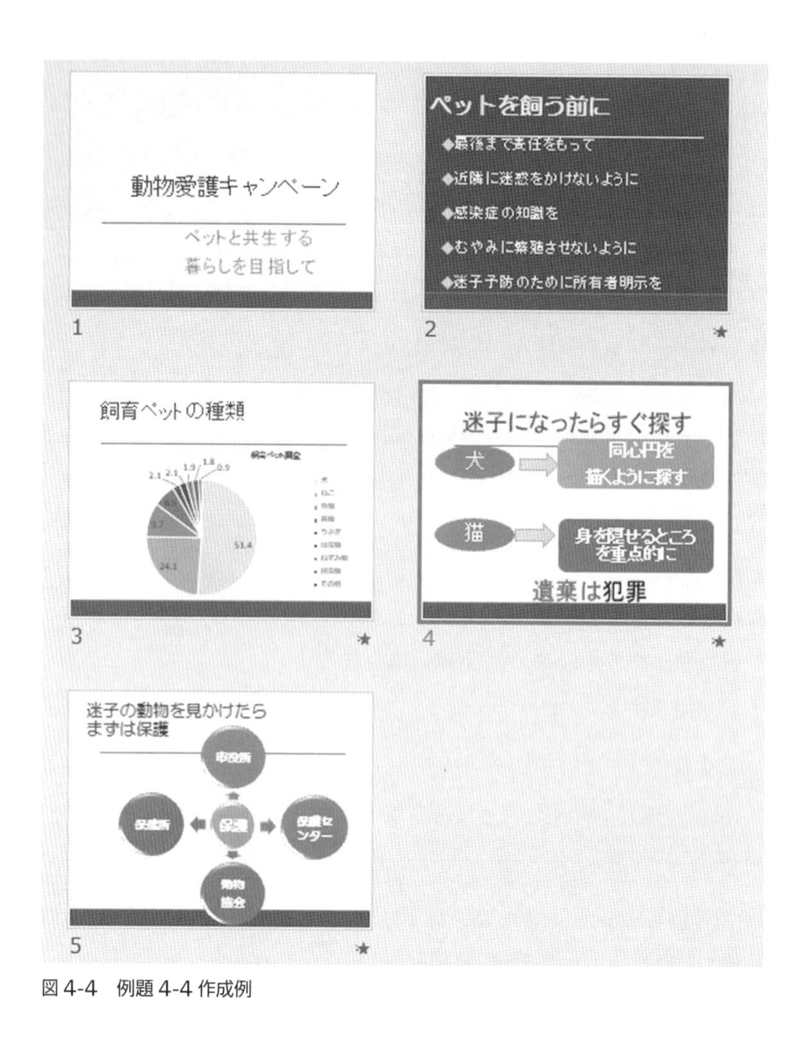

図 4-4　例題 4-4 作成例

4-3-1　アウトラインの作成

アウトライン表示の利用

あらかじめ何が言いたいのかを明確にし，自分の考えを整理するには，まずアウトライン表示でスライドの内容とプレゼンテーションの全体構成を作成する。

アウトライン表示はスライド上のタイトルとサブタイトルのみを表示したもので，スライドの順序変更や追加，削除が容易にでき，全体の流れを把握するのに便利である。以下の手順で入力する。

❶［表示］リボンの［プレゼンテーションの表示］グループにある［アウトライン表示］ボタンをクリックする。

❷［アウトラインペイン］の領域にカーソルを置き，テキストを入力する。連動してスライドのタイトルが入力される。伝えたいことや，キーワードなどをとりあえず入力していく。

❸改行するたびに新しいスライドが挿入されるのでタイトルを入力していく。

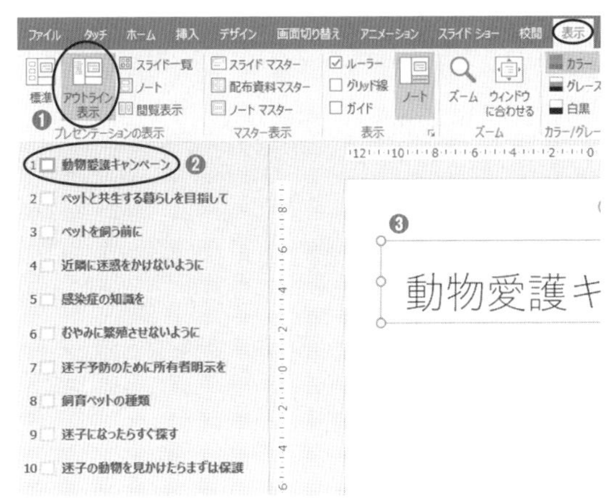

アウトラインの入力

レベル付け

次に，入力項目のレベル付けをすることによって，情報を整理する。最上位レベルで入力されている項目をタイトルとしてスライドが作成されている。レベルを下げると，入力項目は1つ前のスライドのサブタイトル，または箇条書きの項目に変更される。

項目をポイントして[Tab]キーを押すとレベルが下がり，[Shift]キーを押しながら[Tab]キーを押すとレベルが上がる。

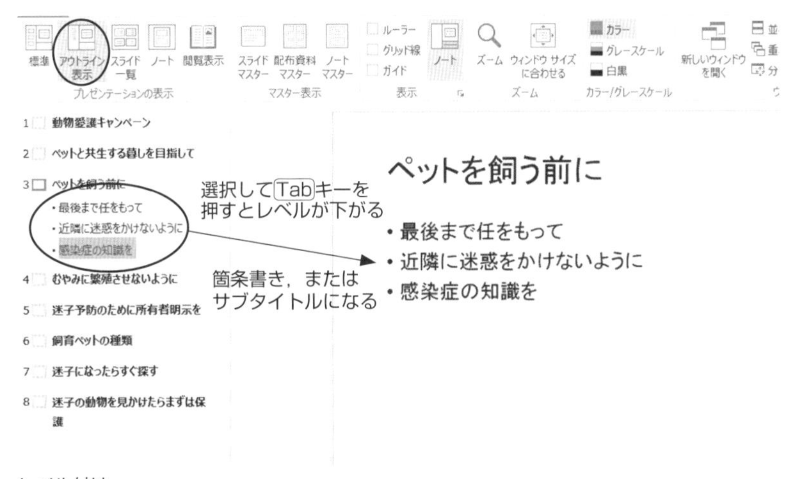

レベル付け

スライドの移動

アウトラインを作成したら，発表の筋道を考えてスライドの順序を入れ替える。

移動したいスライドタイトルの前のスライドアイコンをポイントすると，ポインターの形が変わるので，そのままドラッグする。移動先の位置を表すラインが表示されるので，手を離すとその位置に挿入される。

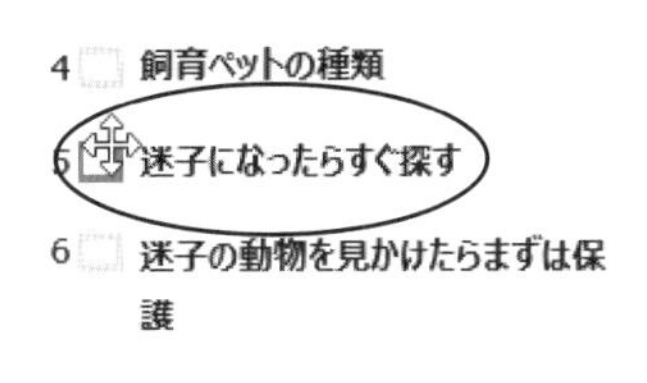

スライドの移動

4-3-2 見やすいスライド作成のポイント

デザイン

・スライドのテーマは，スライドの表示内容の邪魔にならないデザインを使用する。
・プレゼンテーション全体の色調を統一すると，見やすくなる。すべてのテーマに対して，配色バリエーションが用意されているので，配色を決めて適用することで統一を図ることができる。
・多すぎる配色は目が疲れ，聞き手にとって逆効果である。
・背景色は暗い色にする。淡い色や明るい色はスクリーンが光りやすく，目に眩しく感じる場合がある。暗い背景に明るい文字色にすると，文字が引き立つ。
・文字と背景は反対色にする。

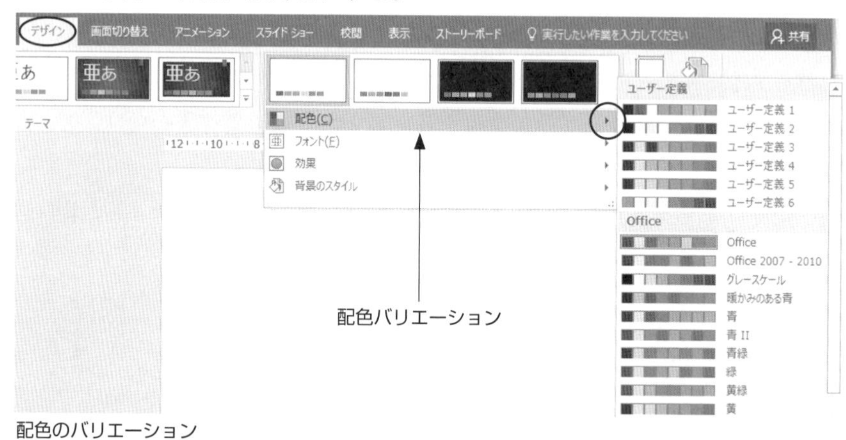

配色のバリエーション

入力文字

作成したプレゼンテーションは，発表するための補助的な資料である。スライドを見せながら口頭で説明することを考え，スライド上には重要なポイントだけを図形や箇条書きで表示する。

・文字の大きさは30ポイント前後以上が見やすい。
・文字色と背景色のコントラストをはっきりさせる。

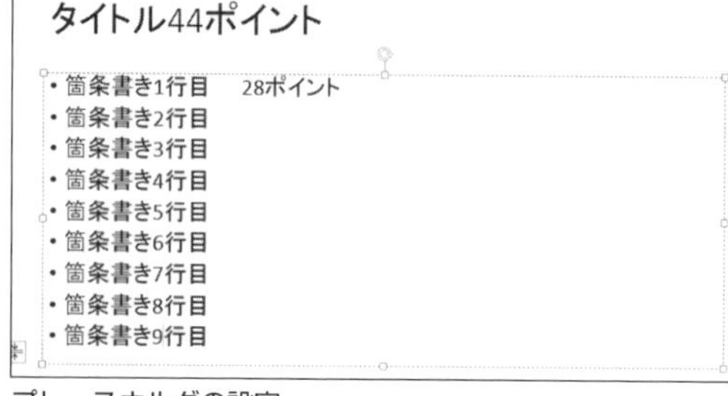

プレースホルダの設定

・フォントを何種類も使わない。
・キーワードを目立たせる。
・箇条書きにする場合には適度な行間を空け，1枚のスライドに詰めすぎないようにする。

スライドのレイアウトで設定されているプレースホルダでは，タイトルは44ポイント，箇条書きは28ポイントである。箇条書きは行数を追加すると，プレースホルダ内に収まるように文字のサイズが自動的に小さくなる。9行までは28ポイントのまま入力可能であるが，さらに行間を空けて見やすくするためには，5行以内程度にするのがよい。文字は大きいほうが見やすいが，行間とのバランスを考慮する必要がある。行間を空けるには，対象とするすべての行をドラッグして選択し，［ホーム］リボンの［段落］グループにある［行間］ボタンをクリックしてメニューを開く。行間は行数で表示されている。1.0は1行分，1.5は1行半分の行間ということになる。作成例は箇条書き5行分を36ポイント，行間1.5で作成したものである（図4-5）。

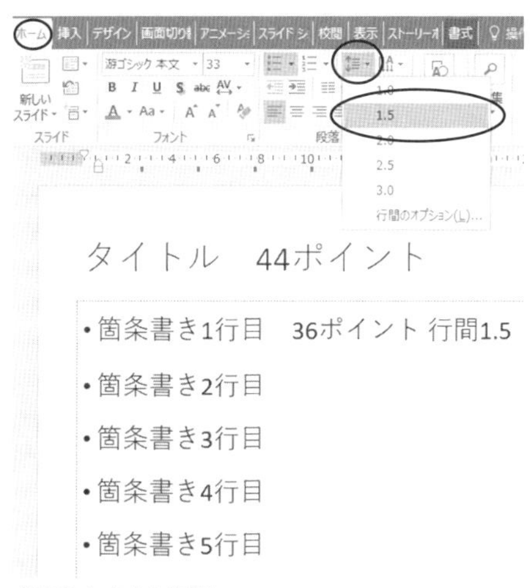

文字の大きさと行間

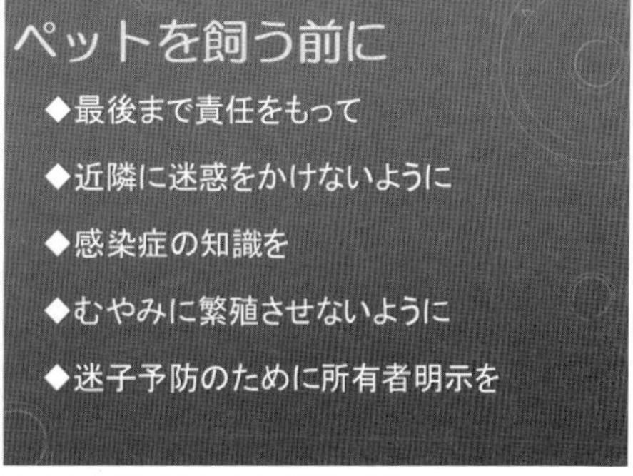

図4-5　箇条書きスライド作成例

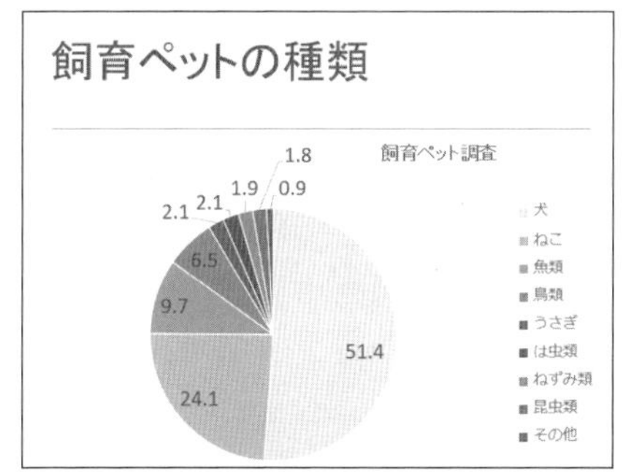

図4-6　グラフ作成例

データの扱い

・データは数字をそのまま表示しない。

・グラフを利用して直感的にわかりやすい表現を工夫する。

数字は必要ならば別資料として配布する。スライドでは，その数字から何が言いたいのかを考えグラフにするなど，聞き手が直観できるような形にする。

アニメーション

アニメーションは発表のタイミングに合わせたポイントで効果的に活用する。過度のアニメーションは逆効果で，必要以上に時間をかけてしまったり，ポイントをぼかしてしまうことがあるので注意する。

4-3 練習問題

問題1———本書を参考に，ワープロ，表計算，プレゼンテーションなどのOfficeソフトウェアの機能について，10分程度で説明するプレゼンテーションスライドを作成しなさい。なお，次の要件を満たすように作成すること。

・図表を利用する。

・アニメーションを利用する。

4-4 プレゼンテーションの実行

4-4-1 プレゼンテーションのリハーサル

PowerPointの『リハーサル』は，あらかじめ予行演習を行ったときの各スライドの表示時間を記録しておき，次にスライドショーを実行したときには記録されている所要時間が来ると自動的にスライドを切り替える機能である。これによって，プレゼンテーションの進め方が時間管理され，全体として時間配分のよいプレゼンテーションを実演することができる。また，自動的に繰り返しスライドショーを実行することもできる。

スライドの切り替え時間の記録

［スライドショー］リボンの［設定］グループにある［リハーサル］ボタンをクリックすると，リハーサルモードでスライドショーが開始され，画面上には［リハーサル］ツールバーが表示される。

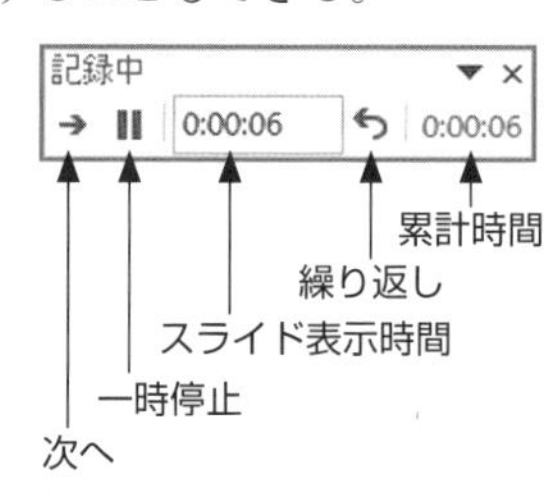

［リハーサル］ツールバー

■［リハーサル］ツールバー■

・**［次へ］**…次のスライドへ進む。

・**［一時停止］**…スライドショーを一時停止する。この間スライドの表示時間はカウントされない。再度クリックすると，スライドショーとスライドの表示時間のカウントが再開される。

・**［スライド表示時間］**…現在のスライドが表示されている間，カウントアップされ，次のスライドに切り替えた時点で記録した上でリセットされる。

・**［繰り返し］**…現在表示中のスライドの時間をクリアし，再度0からカウントを始める。予行演習中，繰り返して練習する場合に使う。

・**［累計時間］**…リハーサル開始より，現在までの実行時間の累計。

スライドの切り替え時間の保存

スライドショーが最後まで終了したら，スライド上をクリックするか，Enterキーを押下する。画面が切り替わり，記録の保存を確認するダイアログボックスが表示されるので，［はい(Y)］をクリックする。［表示］リボンの［プレゼンテーションの表示］グループにある［スライド一覧］をクリックしてスライド一覧の画面を表示すると，リハーサルで記録された各スライドの表示時間がサムネイルの下に表示される。

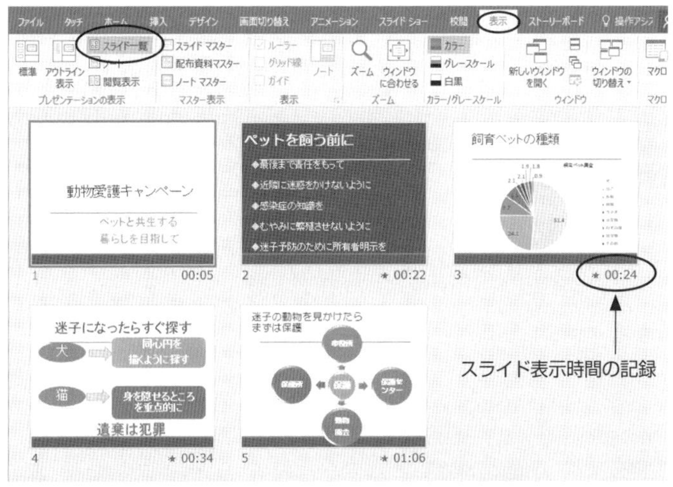

スライド表示時間の記録

4-4-2 スライドショー

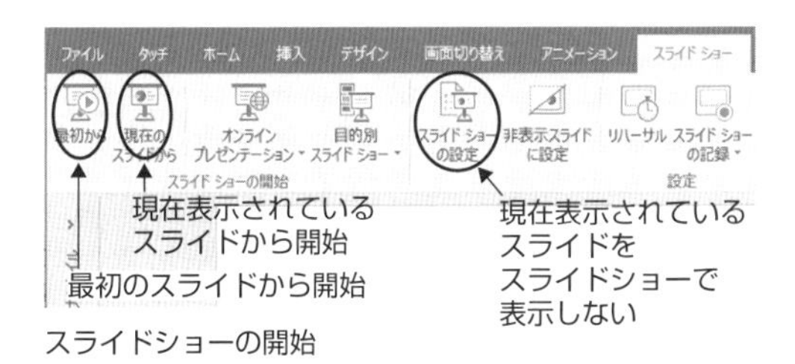

スライドショーの開始

スライドショーの開始 / 終了

■開始■　［スライドショー］リボンの［スライドショーの開始］グループにあるボタンをクリックする。［最初から］をクリックすると，1枚目のスライドからスライドショーが開始される。［現在のスライドから］をクリックすると，現在表示されているスライドから開始される[1]。

■終了■　最後のスライドまで表示されると，画面に『スライドショーの最後です。クリックすると終了します。』と表示が出るので，画面上の任意の位置でクリックするか，またはEnterキーを押す。スライドショーが終了し，画面はスライドショー開始直前に表示されていた状態に戻る。スライドショーの途中で終了する場合にはEscキーを押す。

【1】
スライドショーで表示したくないスライドがある場合は，そのスライドを選択し，［設定］グループにある［非表示スライドに設定］ボタンをクリックする。

スライドショー実行中の操作

スライドショー実行中に，前のスライドに戻ったり，特定のスライドを表示したり，また，画面上に書き込みは必要な場合がある。このようなときは，スライドショー画面の左下に表示されるコントロールバーのボタンを使用し，次の操作を行う。

①前の動作に戻る

②次の動作に進む

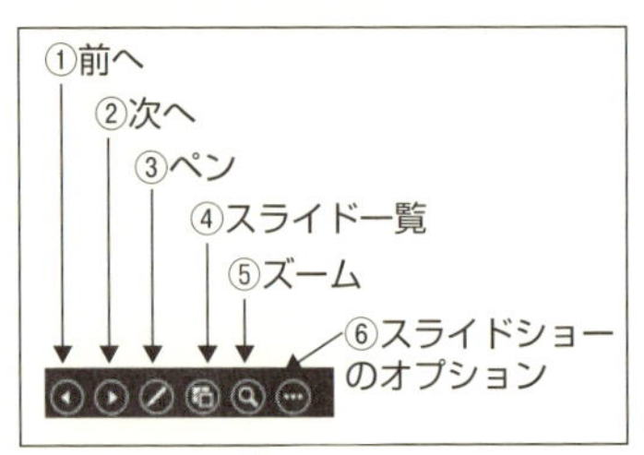

コントロールバー

レーザー ポインター(L)
ペン(P)
蛍光ペン(H)
消しゴム(R)
スライド上のインクをすべて消去(E)

ペンとレーザーポインター

③スライド上に書き込みをする

クリックするとショートカットメニューが表示される。［レーザーポインター］を選択するとポインターの形状が変わり，レーザーポインターとして使用することができる[2]。

メニューからペンの種類と色を選択すると，ポインターがペンの形に変わり，ドラッグすることによってスライド上に書き込むことができる。Escキーを押すと，ポインターは元に戻る。スライドショーの終了時に，［インク注釈を保持しますか？］というウィンドウが表示される。［保持(K)］をクリックすると，実行中に書きこんだ事項をスライド上に反映して保存される。［破棄(D)］をクリックすると，書き込んだ事項は無効となる。

【2】
マウスをレーザーポイントにするにはCtrlキーを押下しながらマウスのボタンを押してドラッグする方法もある。マウスのボタンを離すともとに戻る。

④スライド一覧を表示する

クリックすると，スライドショー実行中にスライド一覧が表示される。スライドサムネイルをクリックすると，そのスライドのスライドショーが表示される。プレゼンテーションの続きに戻るためには，画面上でマウスの右ボタンをクリックしてショートカットメニューを表示し，［最後の表示(V)］をクリックする。

⑤スライドズーム[3]

［スライドズーム］ボタンをクリックすると，ポインターがズームアップの形状に変わる。指定の位置でクリックすると，選択範囲が拡大表示される。ポインターをドラッグして拡大表示位置を変えることができ，元に戻すにはEscキーを押下する。

【3】
スライドズーム機能はキーボードでも操作できる。＋キーを押下すると３段階で拡大され，－キーを押下すると元の倍率に戻る。

⑥スライドショーのオプション

スライドショーを一時停止したり，発表者ビューを表示する。一時停止した場合には，アニメーションの実行途中や自動実行中で画面が止まった状態になる。

◉参考

発表者ツールを使用すると，発表者の手元の PC にはノートや操作ボタンなどの発表者ビューを表示させ，出席者にはスライドだけを見せることができる。発表者はノートに記載した内容や，次に示す動作（アニメーションや次のスライド）を確認しながらプレゼンテーションを行うことができる。

1 台の PC で発表者ツールを使用したい場合は，［スライドショー］リボンの［モニター］グループにある［モニター］を［自動］にし，［発表者ツールを使用する］をチェック ON しておく。スライドショーを開始し，コントロールバーのオプションメニューから［発表者ツールを表示］をクリックすると，発表者の手元の PC は発表者ビュー表示となり，発表者ツールが使用できる。プロジェクターでの投影はスライドのみが表示される。

発表者ツールの表示

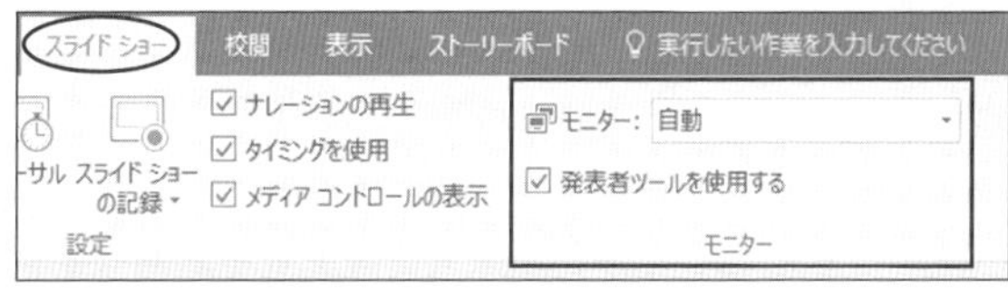

発表者ツールの設定

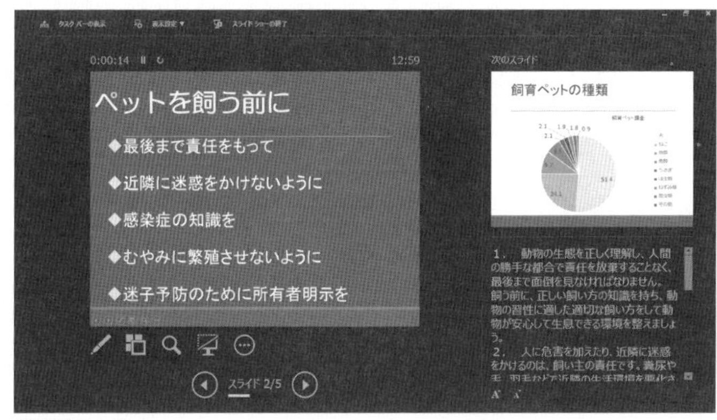

発表者ツール

プレゼンテーションの自動実行 リハーサルで記録したスライドの表示時間を使用して，プレゼンテーションの自動実行を設定することができる。

❶［スライドショー］リボンの［設定］グループにある［スライドショーの設定］ボタンをクリックする。

❷［スライドショーの設定］ダイアログボックスが表示されるので，［種類］の［自動プレゼンテーション(フルスクリーン表示)(K)］をチェックして ON にする。

❸［スライドの切り替え］で［保存済みのタイミング(U)］をチェックする。［オプション］の［ESCキーが押されるまで繰り返す(L)］をチェックしておくと，発表者がいなくても自動的にプレゼンテーションが繰り返し実行される。

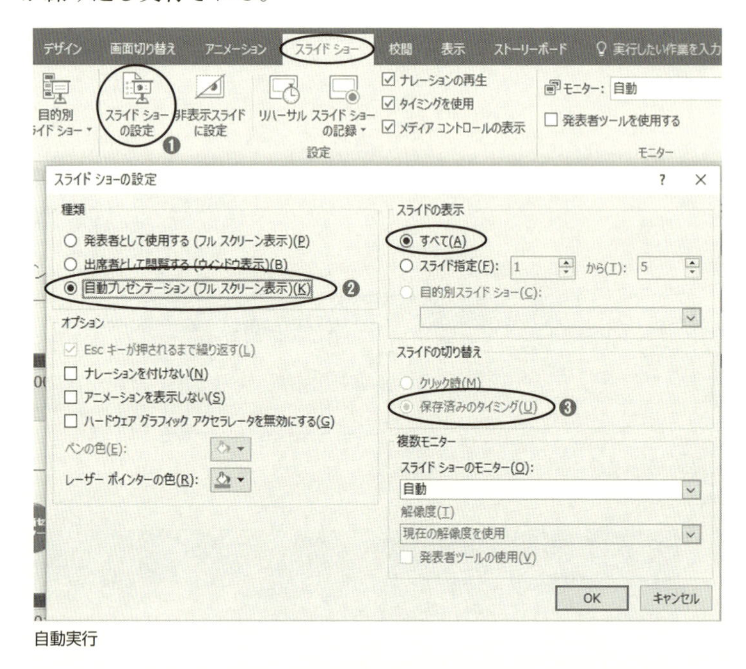

自動実行

4-4 練習問題

問題 1———4-3 練習問題で作成したプレゼンテーションスライドでリハーサルを行い、スライドの切り替え時間を記録しなさい。

4-5 資料の作成

4-5-1 ノート

ノートの作成

ノートを作成すると，プレゼンテーションを行う際の自分用のメモとして使用したり，印刷して参考資料として出席者に配布したりすることができる。

ノートを作成するには，ウィンドウの下部にある［ノート］をクリックして［ノートペイン］を開いて入力する。［ノートペイン］へはテキストしか入力することができない。図やグラフなどのオブジェクトを挿入するには，ノート表示モードに切り替えて作成する。ノート表示モードにするには［表示］リボンの［プレゼンテーションの表示］グループにある［ノート］をクリックする。

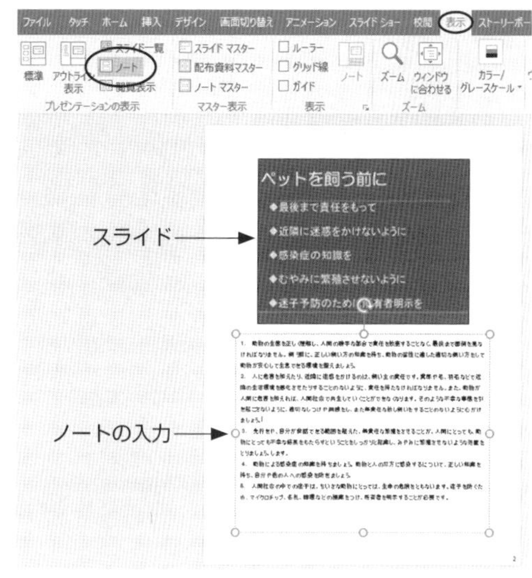

ノート表示モード

■ノート表示モード■　ノート表示モードでは，スライドの縮小版と，そのスライドに添付されているノートが表示される。ノートエリア，スライドエリアにテキストや図，グラフなどの追加，変更，削除が可能である。ここで編集した内容は，標準表示モードでは，ノートへのみ反映され，スライドには反映されない。

■ノートマスター■　ノートマスターはすべてのノートの書式のベースとなるテンプレートに相当するものである。スライドエリア，ノートエリア，ヘッダー，フッター，ページ番号，および日付の外観や位置，フォントなどの書式を設定することができ，ノートマスターに設定された要素は，すべてのノートに反映される。［表示］リボンの［マスター表示］グループにある［ノートマスター］をクリックすると，ノートマスターが表示される。ヘッダー，フッターなどの入力位置が設定されているので，必要な項目を入力する。

表示を［ノート］に変え，［挿入］リボンの［テキスト］グループにある［ヘッダーとフッター］をクリックすると，［ヘッダーとフッター］ダイアログボックスが表示される。［ノートと配布資料］タブをクリックし，ノートに表示したい項目をチェックオンするとノートマスターの内容が表示される。すべてのノートに表示するには［すべてに適用(Y)］をクリックする。

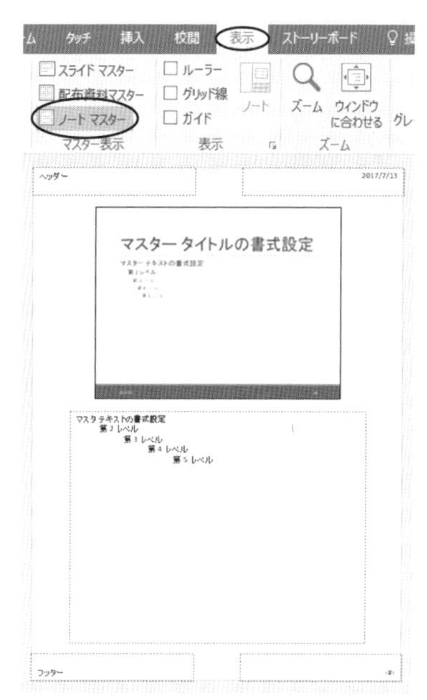

ノートマスター

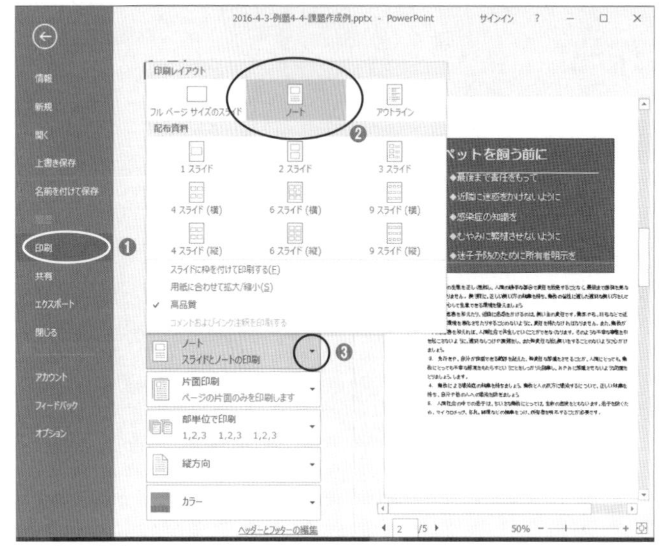

ノートの印刷

ノートの印刷

❶［ファイル］タブ→［印刷］をクリックすると，印刷画面が表示される。

❷［設定］グループの印刷対象の▼をクリックしてメニューを開き，［ノート］を選択するとノート表示のプレビューが表示される。

❸印刷部数を指定し，［印刷］をクリックする。

4-5-2 配布資料

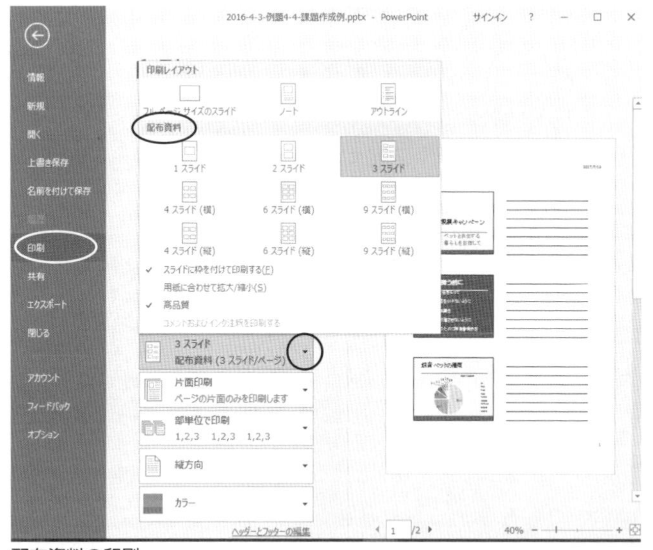

配布資料の印刷

スライドの印刷

作成したスライドを印刷すると，出席者に配布する資料を作成することができる。［ファイル］タブ→［印刷］をクリックする。

［設定］グループの印刷対象の▼をクリックしてメニューを開き，配布資料の一覧から，1ページあたりに表示するスライド枚数を指定することができる。3枚を指定した場合には，メモスペースが用意される。

適当なレイアウトをクリックして選択すると，プレビューが表示される。［印刷］ボタンをクリックして印刷する。

■配布資料マスター■　配布資料のすべてのページに表示したい事項は，配布資料マスターを変更する。［表示］リボンの［マスター表示］グループにある［配布資料マスター］をクリックすると，配布資料マスターが表示されるので，ヘッダー，フッター，日付，ページ番号など該当項目を入力する。ノートと同様に［挿入］リボンの［テキスト］グループにある［ヘッダーとフッター］をクリックして［ヘッダーとフッター］ダイアログボックスを表示し，［ノートと配布資料］タブをクリックし，配布資料に表示したい項目をチェックオンする。

アウトラインの印刷

アウトラインを印刷すると，プレゼンテーションの目次として利用することができる。アウトライン表示を使用する場合，次の手順で下位レベルの項目を非表示にすることができる。

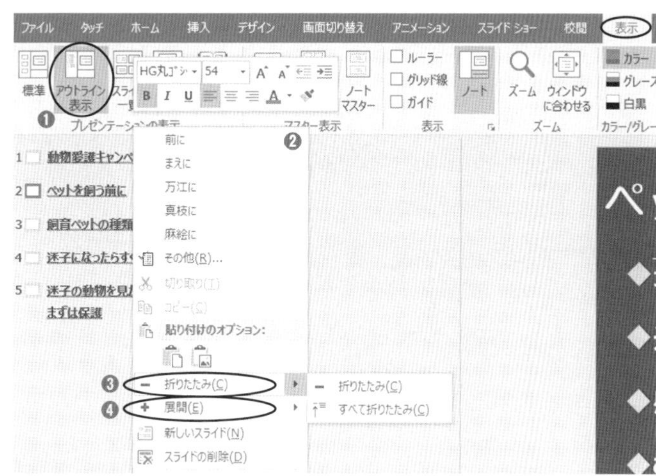

アウトラインの表示

❶［表示］リボンの［プレゼンテーションの表示］グループにある［アウトライン表示］をクリックしてアウトラインを表示する。

❷アウトラインの領域でマウスの右ボタンをクリックしてショートカットメニューを表示する。

❸［折りたたみ(C)］をポイントするとメニューが開き，［すべて折りたたみ(C)］を選択すると，アウトラインの2レベル以下の項目がすべて非表示になる。［折りたたみ(C)］を選択すると，現在表示されているスライドのみ2レベル以下の項目が非表示になる。

❹再表示するには［展開(E)］をクリックする。

アウトライン表示のレイアウトが決まったら，［ファイル］タブ→［印刷］を開く。印刷対象の▼をクリックしてメニューを開き，［アウトライン］を選択して印刷すると，アウトラインだけが印刷される。

スライド番号とページ番号

スライド1枚ごとにつける番号を**スライド番号**，配布資料やノート表示の，用紙1枚ごとにつける番号を**ページ番号**という。それぞれ以下の手順で付加することができる。

■スライド番号■

❶［挿入］リボンの［テキスト］グループにある［スライド番号の挿入］ボタンをクリックする[1]。

❷［ヘッダーとフッター］ダイアログボックスが表示されるので，［スライド］タグをクリックして表示する。

❸［スライド番号(N)］をチェックしてONにする。タイトルスライドに番号を付けない場合には［タイトルスライドに表示しない(S)］をONにする。

❹［適用(A)］をクリックすると表示中のスライドのみ，［すべてに適用(Y)］をクリックすると作成したすべてのスライドに番号が表示される。

【1】
または［ヘッダーとフッター］ボタンをクリックしてもよい。

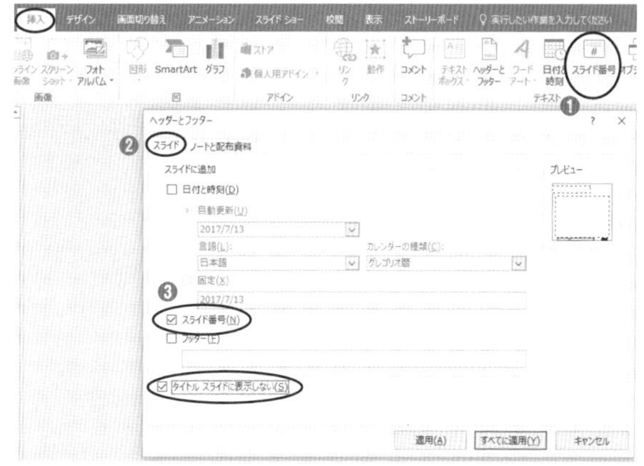

スライド番号

■ページ番号■

❶［挿入］リボンの［テキスト］グループにある［スライド番号の挿入］ボタンをクリックする。

ページ番号

❷［ヘッダーとフッター］ダイアログボックスが表示されるので，［ノートと配布資料］タグをクリックして表示する。

❸［ページ番号(P)］をチェックしてONにし，［すべてに適用(Y)］をクリックする。

4-5 練習問題

問題1―――4-3練習問題，4-4練習問題で作成したプレゼンテーションスライドで，次の作業を行いなさい。

① ノートに各スライドで説明する概要を記述する。

② 1ページに6スライドを印刷する配布資料を作成する。

問題2―――以下のようなテーマのプレゼンテーションスライドを作成しなさい。

・自己紹介・自己PR

・サークル・部活動紹介

・インターネット（The Internet）について

・最近のITに関するキーワード（たとえばIoT，機械学習等）の説明

・企業を1社取り上げ，業種や歴史，業績などの説明

・話題になっているニュースを1つ取り上げ，その説明

・その他

第5章 実務で使う表計算

5-1 Excel 2016の基礎知識

Microsoft Excel 2016（以下，Excelという）は，Windows 10と同時期に開発されたMicrosoft Officeファミリー製品の表計算ソフトであり，その中でも特に使用頻度の高いアプリケーションであるため，是非とも使いこなせるようになってもらいたい。

5-1-1 Excelの概要

起動・終了

■起動■　Excelを起動するには，スタート画面の中から，Excelを選択する。

■終了■　Excelを終了するには，タイトルバーの［×］ボタンをクリックする。編集中の文書だけを終了したい場合は，［ファイル］タブをクリックしてメニューを開き，［閉じる］をクリックする。

画面構成

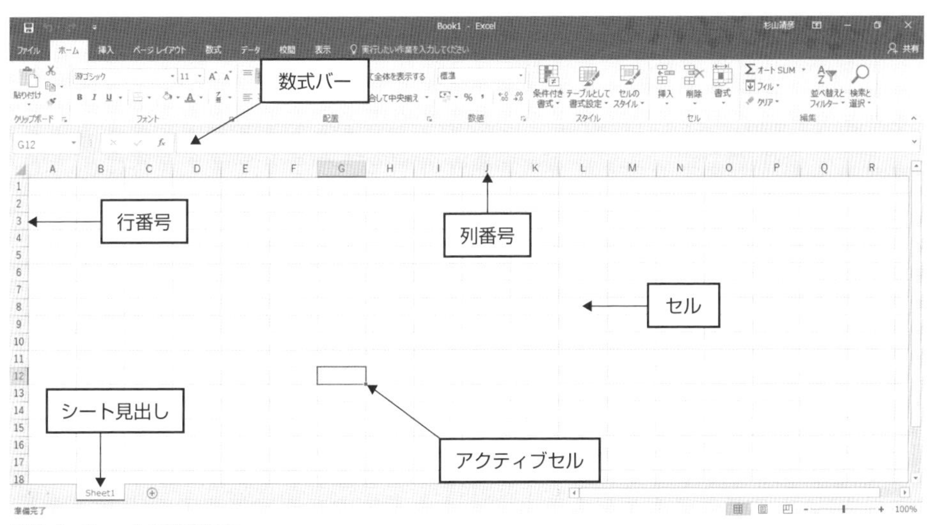

図5-1　Excelの起動画面

①数式バー

アクティブセルの内容が表示され，数式や文字列の編集をすることができる。

②列番号

1つのワークシートにはA列からXFD列まで16,384列あるが，その列番号をアルファベットで示す。

③行番号

1つのワークシートには1行から1,048,576行まであるが，その行番号を数字で示す。

④セル

ワークシートに表示されるマス目1つ1つのことである。列番号と行番号で位置を示す。このセルの中に，数式や数値，文字列などのデータを入力する。

⑤アクティブセル

現在選択されているセルで，選択されたセルは太枠で囲まれる。ユーザーはアクティブセルの編集ができる。

⑥シート見出し

1つのブックには複数のワークシートをつくることができる。そのワークシートを識別したり，切り替えたりするための見出しである。

5-1-2 新規作成の基本操作

Excelでは，複数のワークシートが1つのブックとして保存される。ここでは，ブックの新規作成，ワークシートの新規作成と名前の変更を学習する。

ブックの新規作成

Excelを起動すると新規のブックが作成される。Excelをすでに起動している場合は，［ファイル］タブをクリックしてメニューを開き，［新規］を選択して，［空白のブック］をダブルクリックする。

［新規］メニューをクリックすると，［空白のブック］以外にも，あらかじめ設定されたデザインの文書のサムネイルが表示されるので，テンプレートを使用する場合は，ここで目的のテンプレートをダブルクリックして選択する。

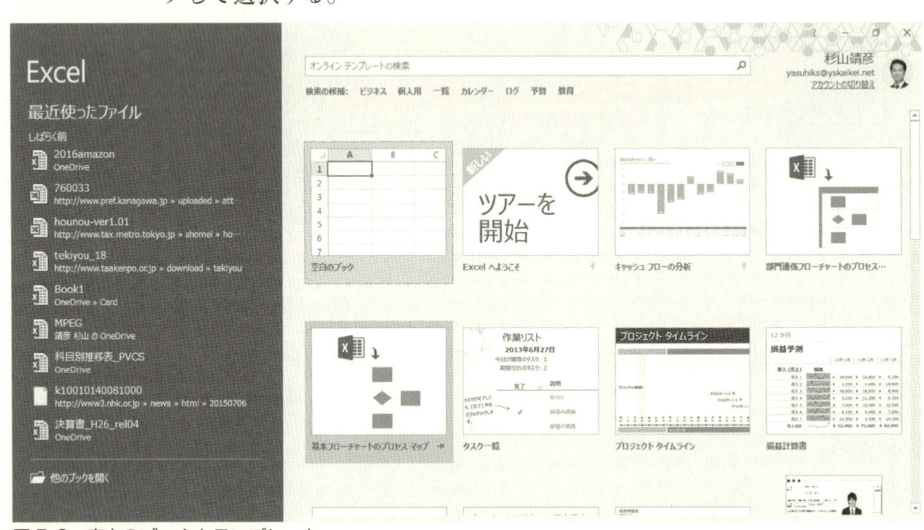

図5-2 空白のブックとテンプレート

ワークシートの新規作成

通常，Excelでブックを新規作成すると，［Sheet1］という1枚のワークシートのみが作成される。このワークシートの枚数は必要に応じて増やすことができる。ワークシートを追加するには，シート見出しの右横にある⊕［新しいシート］ボタンをクリックする。

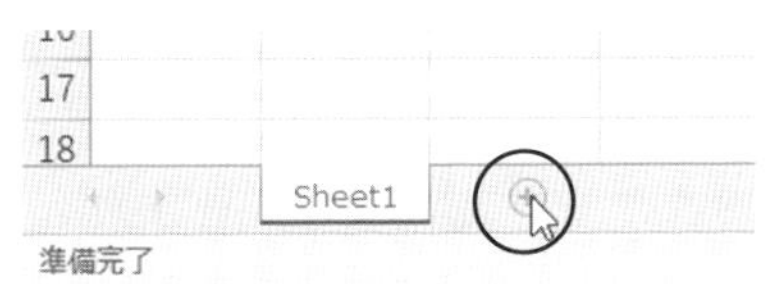

図5-3 ［新しいシート］ボタン

ワークシートを挿入すると，［Sheet1］以降，順番に［Sheet2］，［Sheet3］，［Sheet4］…と名前の付いたワークシートが新たに作成される。

新たに挿入されたワークシートは，ドラッグ＆ドロップの操作により，順番を変更することができる。また，右ボタンをクリックすると表示されるショートカットメニューの中から，操作を選択することにより，ワークシートの名前を変更したり，削除やコピーをしたりすることなどもできる。

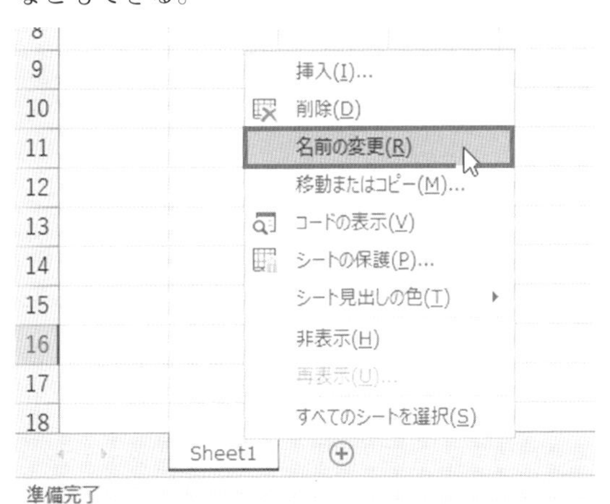

図5-4 ［名前の変更］を選択して，ワークシートの名前を変更する

5-2 データの入力と表作成

例題 5-1

次の部員リストを作成しなさい。

表 5-1　部員リスト

部員番号	学年	氏名	住所	電話番号	支払部費
1	3	穴沢　勇介	東京都港区南大井	03-5718-XXXX	5,000
2	3	内山　みどり	東京都中央区銀座	03-6226-XXXX	5,000
3	2	山本　聡	東京都台東区浅草橋	03-3860-XXXX	0
4	2	田村　卓哉	東京都千代田区丸の内	03-5533-XXXX	5,000
5	2	星川　真弓	東京都台東区浅草橋	03-3862-XXXX	5,000
6	2	金井　祐二	埼玉県蓮田市根金	048-767-XXXX	0
7	1	大橋　明日香	東京都千代田区一番町	03-5226-XXXX	10,000
8	1	竹中　由紀子	東京都世田谷区三宿	03-5431-XXXX	5,000
9	1	佐川　浩正	東京都千代田区一番町	03-3221-XXXX	5,000
10	1	岩田　幸一	東京都文京区水道	03-3814-XXXX	0

5-2-1 データの入力

Excelを利用して表を作成する場合，先に表を作成して，後から表にデータを入力する方法と，先にデータを入力して，後から枠で囲って表を作成する場合があるが，すでにデータがある場合には一般的に，先にデータを入力して，後から枠で囲って表を作成する方が効率的である。

データの入力　データの入力をする場合，自分がデータを入力したいと思うセルをアクティブセルにした状態で，データを入力する。入力したデータは，Enterキーを押すことによって確定する。

❶セルA1をクリックして，セルA1をアクティブセルにして，MS-IMEがオンの状態で，「部員番号」と入力する。

❷Enterキーを押すことによってデータ入力が確定し，アクティブセルが移動する。

このとき，文字変換を確定するEnterキーとデータ入力を確定するEnterキーを混同しないようにすること。

	A	B	C	D	E	F
1	部員番号					
2						
3						
4						
5						
6						

❸セル B1 をアクティブセルにして，「学年」と入力する。続いて，C1 に「氏名」，D1 に「住所」，E1 に「電話番号」，F1 に「支払部費」と入力する。

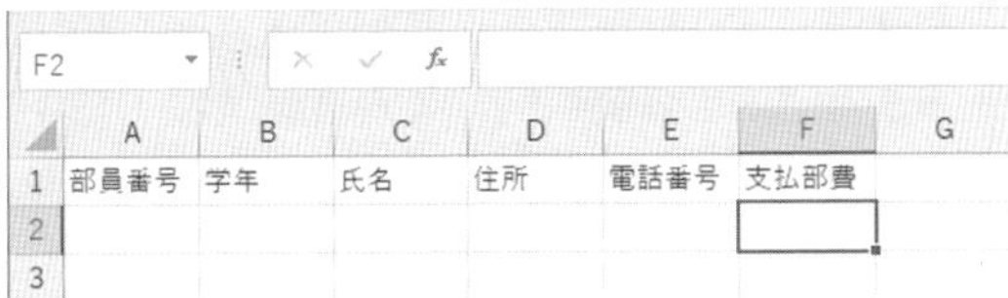

データの追加，訂正，削除

データを入力していると，入力時，入力後に，データを追加，訂正，削除したい場合がある。その場合は，下記の手順で行う。

■入力時の追加，訂正，削除■

❶データ入力時に追加を行いたい場合は，追加したい場所までカーソルを移動して，追加を行う。

❷入力が完了したら，Enterキーを押す。

❸訂正，削除を行いたい場合は，Deleteキーまたは BackSpaceキーを押して不要なデータを削除し，必要に応じてデータを訂正入力する。

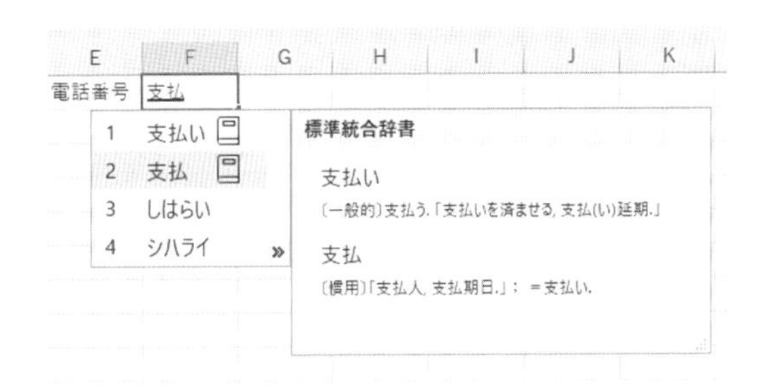

❹入力が完了したら，Enterキーを押す。

■入力後の追加，訂正，削除■

❶データ入力後に追加，訂正を行いたい場合は，追加，訂正したいセルをダブルクリックして，セルのデータを編集可能な状態にしてから，入力時の追加，訂正と同様の方法で行う。

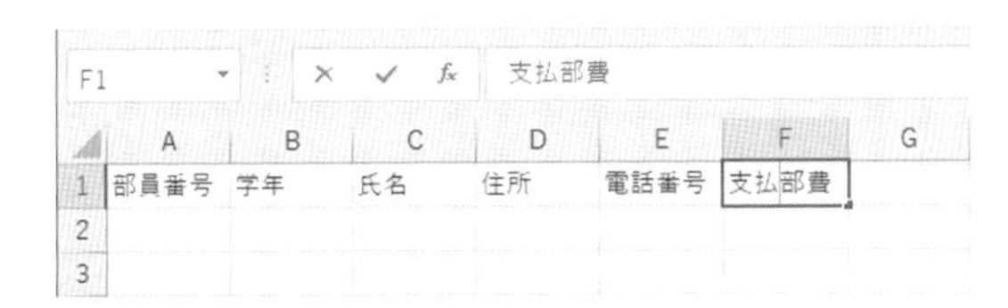

❷追加，訂正が完了したら，Enterキーを押す。

❸削除を行いたい場合は，削除したいセルをアクティブセルにして，Deleteキーまたは BackSpaceキーを押した後，Enterキーを押す。

データの種類

Excelで扱うことができるデータには，**数値**と**文字列**がある。

数値とは，計算することができる数字や計算式といった値のデータである。必ず**半角英数字で入力**しなければならない。

また，文字列とは，(原則として) 計算対象とはならない文字のデータである。この例題の場合，「部員番号」と「学年」，「支払部費」に入力されるデータは**数値**であるが，これ以外はすべて文字列になる。

❶セルA2をアクティブセルにして，**MS-IMEがオフの状態**で，「1」と入力する。

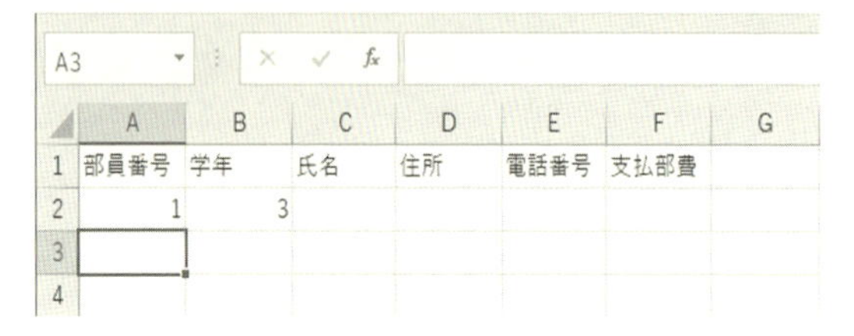

❷セルB2に「3」と入力する。

❸セルC2をアクティブセルにして，**MS-IMEがオンの状態**で，「穴沢　勇介」と入力する。

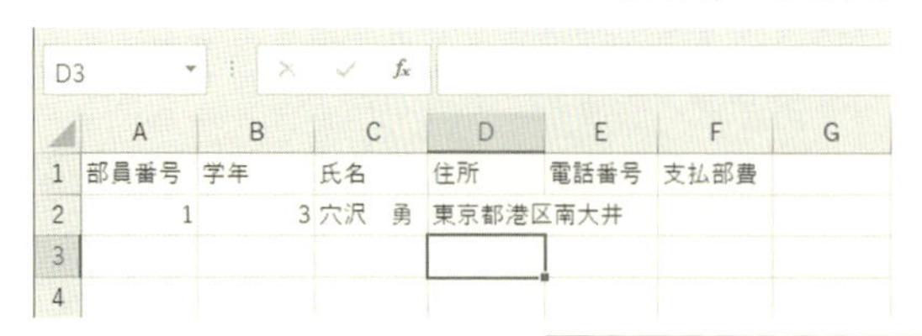

❹セルD2に「東京都港区南大井」と入力する。

セル幅，高さの自動調整

Excelでは，セルの幅や高さを手動で調整することもできるが，フォントの大きさや文字量に応じて自動的にそのセルの幅や高さを調整することができる。

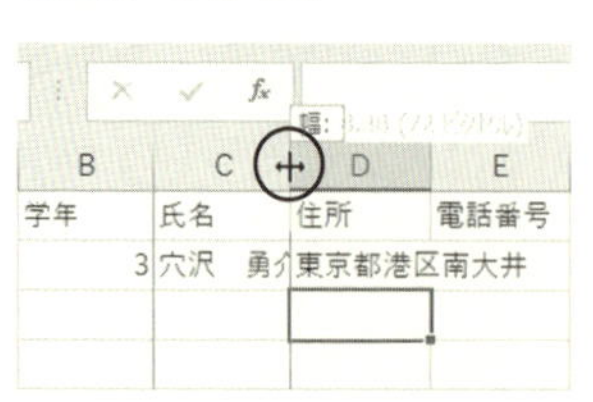

❶列番号のC列とD列の間にマウスポインターを移動し，✛になった地点でダブルクリックする。

❷同様に，列番号のD列とE列の間にマウスポインターを移動し，✛になった地点でダブルクリックする。

文字データの長さに応じて，セル幅が自動調整される。

❸続いて，MS-IMEがオフの状態で，セルE2に「03-5718-XXXX」，と入力した後，列番号のF列とG列の間にマウスポインターを移動し，✛になった地点でダブルクリックする。

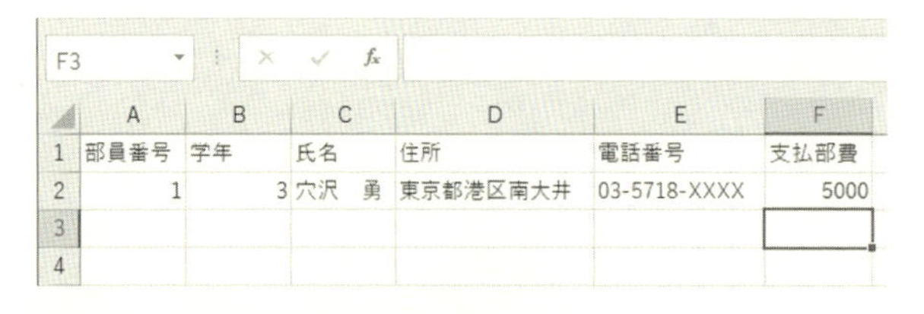

❹最後に，セルF2に「5000」(「,」カンマなし) と入力する。

オートフィル機能

Excelでは，規則性のある連続したデータや，数式を連続したセルにマウス操作で**オートフィル**の機能により簡単に入力やコピーすることができる。

❶セルA2をアクティブセルにして，フィルハンドル（セルの右下角）をポイントし，マウスの右ボタンを押しながらセルA11までドラッグする。

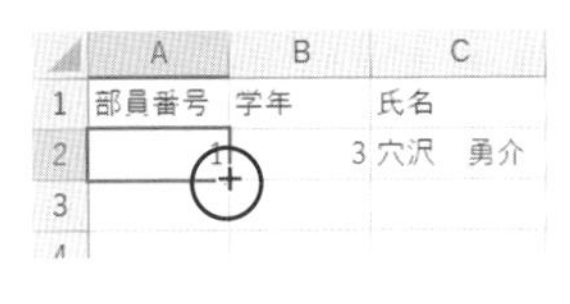

❷右ボタンを放すと，右図のようなショートカットメニューが表示されるので，［連続データ］を選択する。

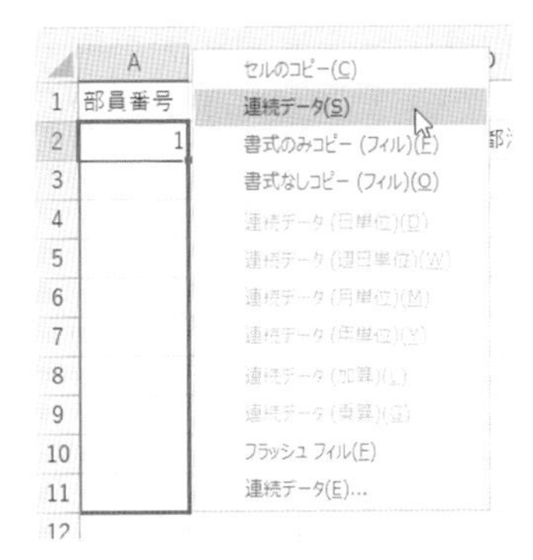

❸セルA2からセルA11の範囲に，「1」から「10」までの連続した数値データが入力される。

オートコンプリート機能

Excelには，同じ列に決まったデータを何度も入力する場合，**オートコンプリート機能**により，以前入力したデータを自動認識し，効率的に入力作業をするための補助機能がある。

❶例題にそって，セルB3に「3」，セルC3に「内山　みどり」と入力する。なお，文字がセル内に収まらない場合は，列番号のC列とD列の間にマウスポインターを移動し，✛になった地点でダブルクリックして，セルの幅を自動調整する。

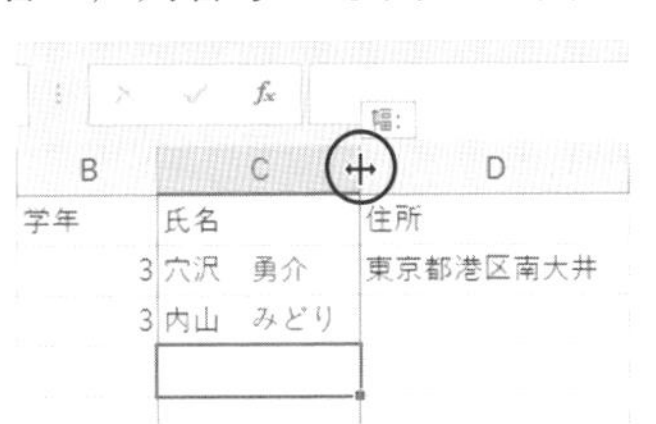

❷セル D3 で，「と」と入力した途端，同じ列に入力されたデータを自動認識して，「東京都南大井」と候補を表示してくれる。

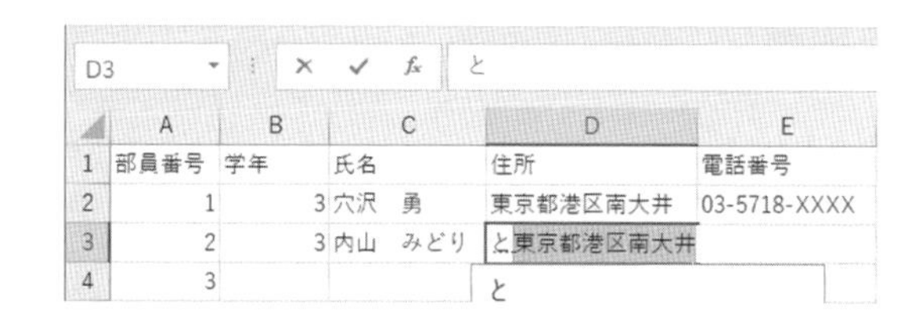

D3 ｜ と

	A	B	C	D	E
1	部員番号	学年	氏名	住所	電話番号
2	1	3	穴沢　勇	東京都港区南大井	03-5718-XXXX
3	2	3	内山　みどり	と東京都港区南大井	
4	3			と	

❸しかし，入力したいデータはこれではないので，そのまま入力作業を継続して，「東京都中央区銀座」と入力する。

❹例題にそって入力を続けると，セル D6 でも，「とうきょうとた」まで入力したところで，「東京都台東区浅草橋」と候補が表示される。今回は同じデータなので，ここでEnterキーを押すと，最後まで文字を打ち終わらなくとも，「東京都台東区浅草橋」とデータが入力される。

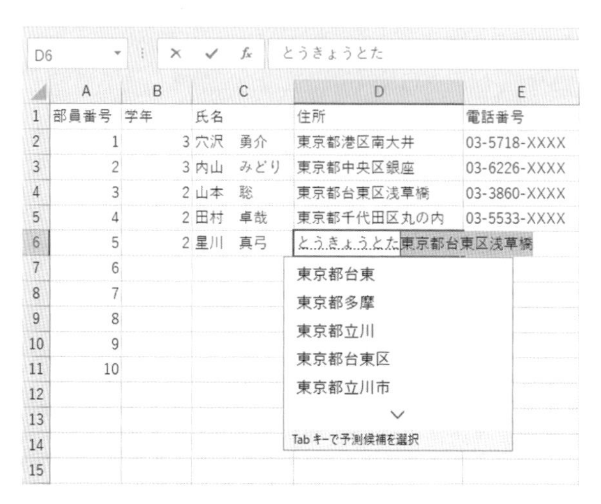

D6 ｜ とうきょうとた

	A	B	C	D	E
1	部員番号	学年	氏名	住所	電話番号
2	1	3	穴沢　勇介	東京都港区南大井	03-5718-XXXX
3	2	3	内山　みどり	東京都中央区銀座	03-6226-XXXX
4	3	2	山本　聡	東京都台東区浅草橋	03-3860-XXXX
5	4	2	田村　卓哉	東京都千代田区丸の内	03-5533-XXXX
6	5	2	星川　真弓	とうきょうとた東京都台東区浅草橋	
7	6				
8	7				
9	8				
10	9				
11	10				
12					
13					
14					
15					

❺セル D10 でも同様に，「とうきょうとちよだくい」まで入力すると，「東京都千代田区一番町」と候補が表示されるので，ここでEnterキーを押してデータを確定する。

セルの書式設定

Excelでは，入力した数値データについては，表示形式を変更することによって，様々な形式で表示をすることができる。

❶例題にそって，セルF11まで「支払会費」のデータを入力する。

	A	B	C	D	E	F
1	部員番号	学年	氏名	住所	電話番号	支払部費
2	1	3	穴沢　勇介	東京都港区南大井	03-5718-XXXX	5000
3	2	3	内山　みどり	東京都中央区銀座	03-6226-XXXX	5000
4	3	2	山本　聡	東京都台東区浅草橋	03-3860-XXXX	0
5	4	2	田村　卓哉	東京都千代田区丸の内	03-5533-XXXX	5000
6	5	2	星川　真弓	東京都台東区浅草橋	03-3862-XXXX	5000
7	6	2	金井　祐二	埼玉県蓮田市根金	048-767-XXXX	0
8	7	1	大橋　明日香	東京都千代田区一番町	03-5226-XXXX	10000
9	8	1	竹中　由紀子	東京都世田谷区三宿	03-5431-XXXX	5000
10	9	1	佐川　浩正	東京都千代田区一番町	03-3221-XXXX	5000
11	10	1	岩田　幸一	東京都文京区水道	03-3814-XXXX	0
12						
13						

❷セルA1からセルF1をドラッグすることによって，複数のセルが同時に選択された状態になる。この状態で，［ホーム］リボンの［太字］ボタンをクリックすると，セルA1からセルF1の文字が太字に変更される。

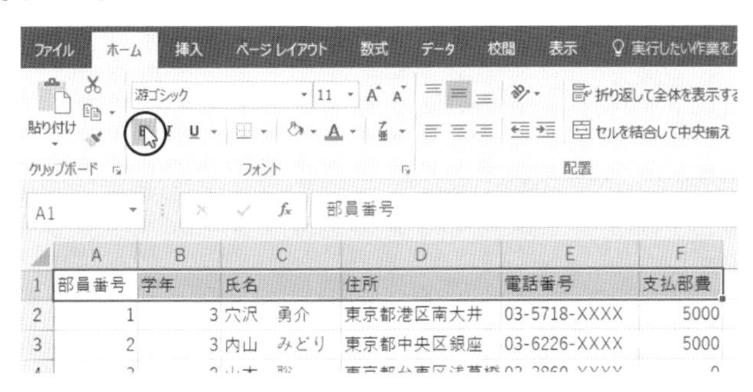

❸F列を選択して，［ホーム］リボンの［桁区切りスタイル］ボタンをクリックして，数字に桁区切りのカンマが付いた形式に変更する。

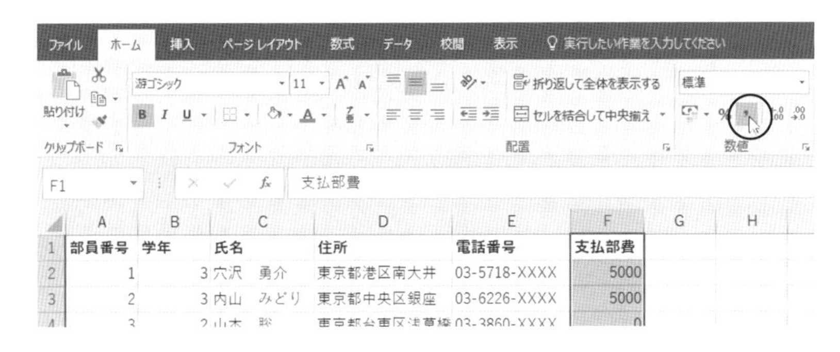

5-2-2 表の作成

Excel では，マウス操作で簡単に表を作成することができる。

罫線を引く①

通常の簡単な罫線を引くには，［ホーム］リボンの［罫線］ボタンを利用する。

❶セル A1 からセル F11 までの範囲を選択して，［ホーム］リボン，［罫線］ボタンの右側にある▼ボタンをクリックすると表示されるリストの中から，［格子(A)］を選択する。

セルに色をつける

Excel では，マウス操作で簡単にセルに色を付けることができる。

❶セル A1 からセル F1 までの範囲をマウスでドラッグして選択する。

❷［ホーム］リボン，［塗りつぶしの色］ボタンの右側にある▼ボタンをクリックし，表示される色のリストから［白，背景 1，黒＋基本色 25%］を選択する。

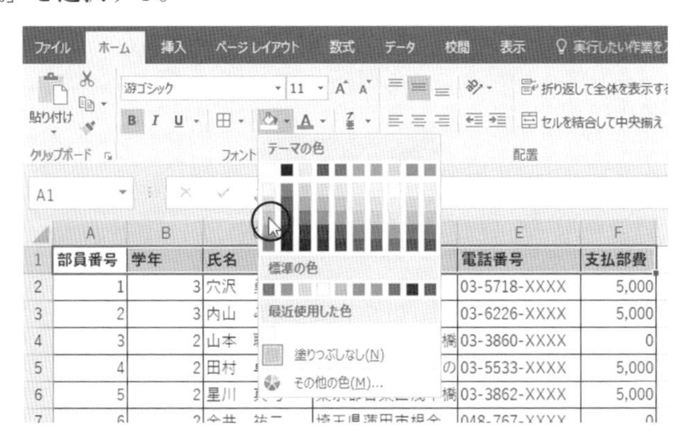

行と列の追加と削除

表の作成をしていると，後から行や列の追加をしたり，削除をしたい場合がある。その場合は，下記の手順で行う。

■ 行の挿入と削除■

❶行を挿入したい場合は，**挿入したい行の下の行番号**を右ボタンでクリックし，表示されるショートカットメニューの［挿入(I)］を選択する。

たとえば，6行目と7行目の間に行を挿入したい場合は，7行目の行番号を右ボタンでクリックする。

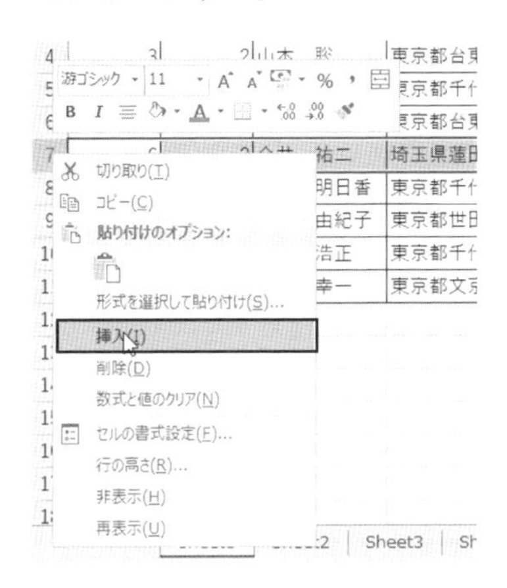

❷行を削除したい場合は，削除したい行番号を右ボタンでクリックし，表示されるショートカットメニューで，［削除(D)］を選択する。

ここでは，❶で挿入した7行目の行番号を右ボタンでクリックする。

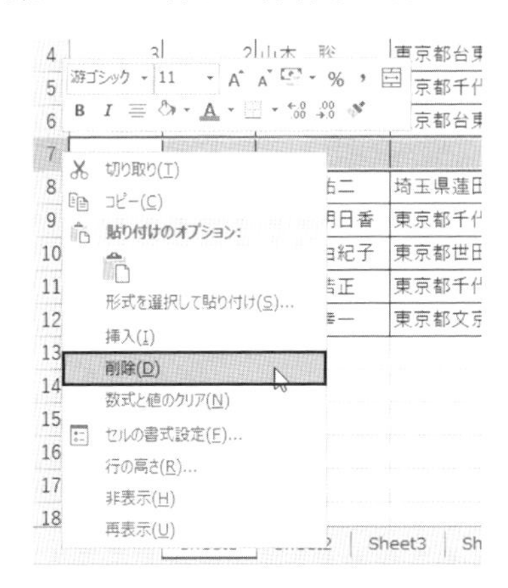

■列の挿入と削除■

❶列を挿入したい場合は，**挿入したい列の右の列番号**を右ボタンでクリックし，表示されるショートカットメニューで，［挿入(I)］を選択する。

たとえば，B列とC列の間に列を挿入したい場合は，C列の列番号を右ボタンでクリックする。

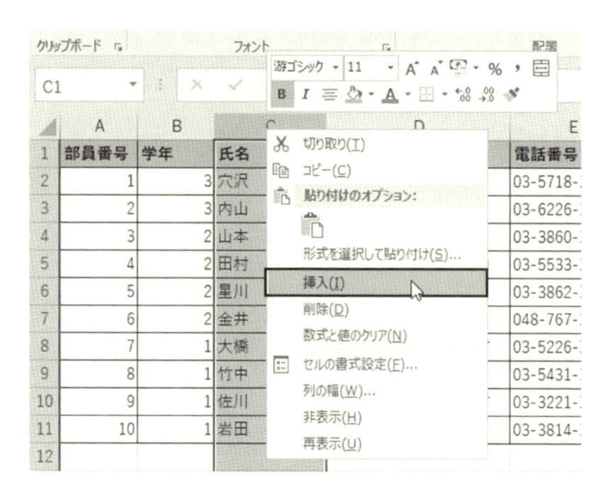

❷列を削除したい場合は，削除したい列番号を右ボタンでクリックし，表示されるショートカットメニューで，［削除(D)］を選択する。

ここでは，❶で挿入したC列の行番号を右ボタンでクリックする。

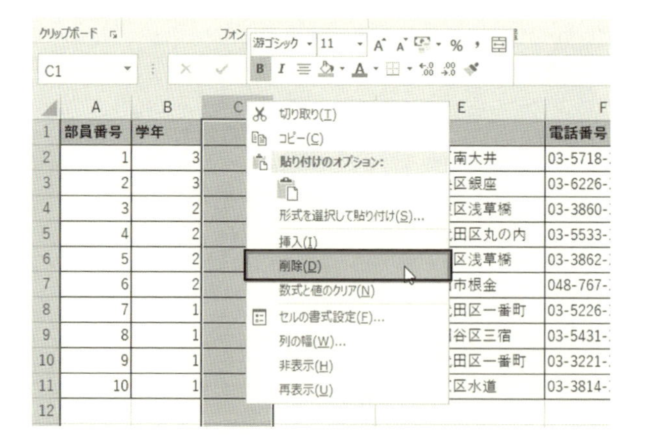

5-2 練習問題

問題 1 ――――次の顧客名簿を作成しなさい。セル幅は適当に調整し，シート名を「顧客名簿」とすること。

	A	B	C	D	E
1	顧客ID	氏名	住所	電話番号	ポイント残高
2	1001	金田　哲夫	東京都板橋区	03-3552-XXXX	3,502
3	1002	古澤　圭子	神奈川県横浜市	045-298-XXXX	2,430
4	1003	小池　聡美	東京都八王子市	042-655-XXXX	6,021
5	1004	岸　幸信	東京都武蔵野市	042-456-XXXX	307
6	1005	近藤　亮輔	東京都練馬区	03-5299-XXXX	4,425
7	1006	島谷　吾郎	埼玉県所沢市	04-2902-XXXX	1,830
8	1007	山本　真紀子	東京都練馬区	03-3463-XXXX	984
9	1008	千本木　清貴	東京都北区	03-5824-XXXX	3,007
10	1009	国分　絵美	神奈川県横浜市	045-662-XXXX	2,688
11	1010	田辺　智	埼玉県さいたま市	048-622-XXXX	1,594
12	1011	村田　奈緒	千葉県千葉市	043-272-XXXX	2,996
13	1012	若林　裕子	東京都多摩市	042-397-XXXX	4,273
14	1013	磯貝　昭	神奈川県川崎市	044-273-XXXX	681
15	1014	鈴木　遼太	東京都練馬区	03-3466-XXXX	7,230
16	1015	西堀　彩香	東京都板橋区	03-5242-XXXX	555

問題 2 ――――次の商品リストを作成しなさい。セル幅は適当に調整し，シート名を「商品リスト」とすること。

	A	B	C
1	商品ID	商品名	単価
2	S001	フェイスタオル（白）	700
3	S002	フェイスタオル（ピンク）	700
4	S003	フェイスタオル（青）	700
5	S004	フェイスタオル（緑）	700
6	S005	ハンドタオル（白）	500
7	S006	ハンドタオル（ピンク）	500
8	S007	ハンドタオル（青）	500
9	S008	ハンドタオル（緑）	500
10	S009	ハンドタオル（黄）	500
11	S010	バスタオル（白）	1,000
12	S011	バスタオル（ピンク）	1,000
13	S012	バスタオル（青）	1,000

5-3 セルの書式設定と簡単な数式の入力

5-3-1 セルの書式設定

Excelでは，セルの書式を変更することによって，表現力豊かな表を作成することができる。

例題 5-2

次の売上高集計表を作成して，それぞれ縦横の合計額をExcelに計算させなさい。なお，項目名の文字のフォントは「HG丸ゴシックM-PRO」，数値データのフォントは「Verdana」を用いること。

表5-2　売上高集計

	1月	2月	3月	4月	合計
東　京	20.4	27.4	90.0	20.4	
名古屋	30.6	38.6	34.6	31.6	
大　阪	45.9	46.9	45.0	43.9	
合　計					
平　均					
最　大					
最　小					

罫線を引く②

［ホーム］リボンの［罫線］ボタンには，高度な罫線を描くための機能が集まっている。

❶例題の通りデータを入力して，セルA2からセルA8およびB1からF1を選択し，［ホーム］リボンの［フォント］から，［HG丸ゴシックM-PRO］を選択する。

❷続いて，セルB2からセルF8を選択し，同様に，［Verdana］を選択する。

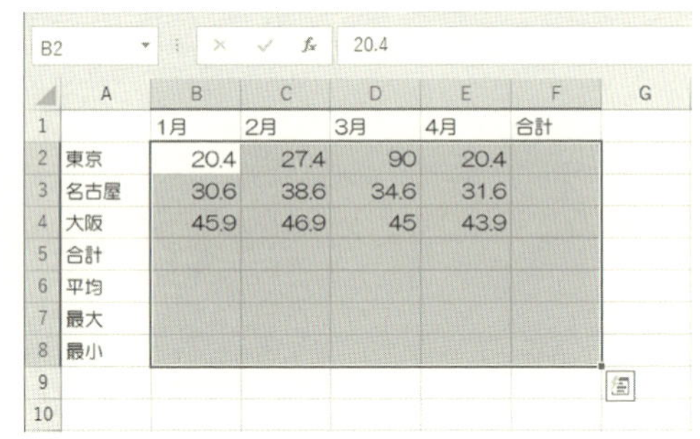

	A	B	C	D	E	F
1		1月	2月	3月	4月	合計
2	東京	20.4	27.4	90	20.4	
3	名古屋	30.6	38.6	34.6	31.6	
4	大阪	45.9	46.9	45	43.9	
5	合計					
6	平均					
7	最大					
8	最小					

❸セルA1からセルF8までの範囲をマウスでドラッグして選択し，［格子］の罫線を引く。

	A	B	C	D	E	F
1		1月	2月	3月	4月	合計
2	東京	20.4	27.4	90	20.4	
3	名古屋	30.6	38.6	34.6	31.6	
4	大阪	45.9	46.9	45	43.9	
5	合計					
6	平均					
7	最大					
8	最小					

❹［ホーム］リボン，［罫線］ボタンの右側にある▼ボタンをクリックし，表示されるリストの中から［罫線の作成(W)］を選択する。

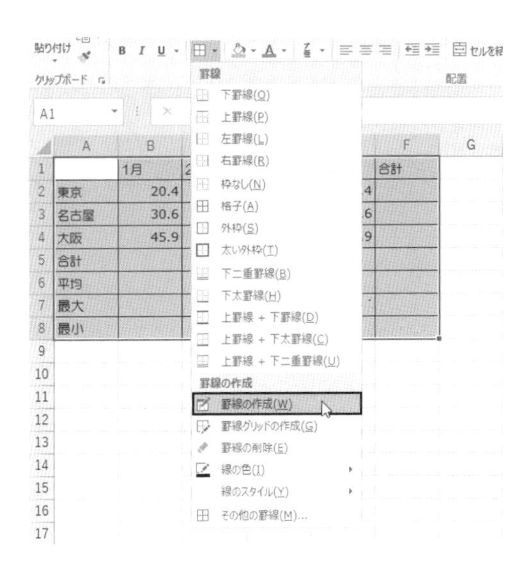

❺マウスポインターが鉛筆の形に変わったことを確認したら，セルA1の左上から右下に向かってドラッグして，斜め罫線を描く。

❻続いて，［罫線］ボタンの右側にある▼ボタンをクリックし，表示されるリストの中の「線のスタイル(Y)」にマウスポインターを移動し，表示されるサブメニューの中から［═］（二重線）を選択する。

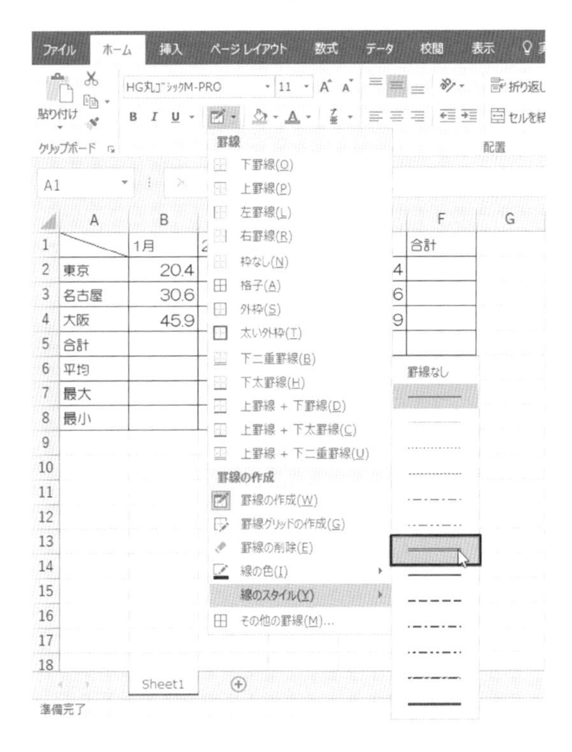

A1	A	B	C	D	E	F	G
1		1月	2月	3月	4月	合計	
2	東京	20.4	27.4	90	20.4		
3	名古屋	30.6	38.6	34.6	31.6		
4	大阪	45.9	46.9	45	43.9		
5	合計						
6	平均						
7	最大						
8	最小						
9							

❼マウスポインターが鉛筆の形に変わったことを確認したら，表のE列とF列の間，4行目と5行目の間の罫線をドラッグしてなぞる。

❽Escキーを押して，［罫線の作成］を解除する。

配置の書式設定

［ホーム］リボンの［配置］グループには，データの配置に関する設定の機能が集まっている。

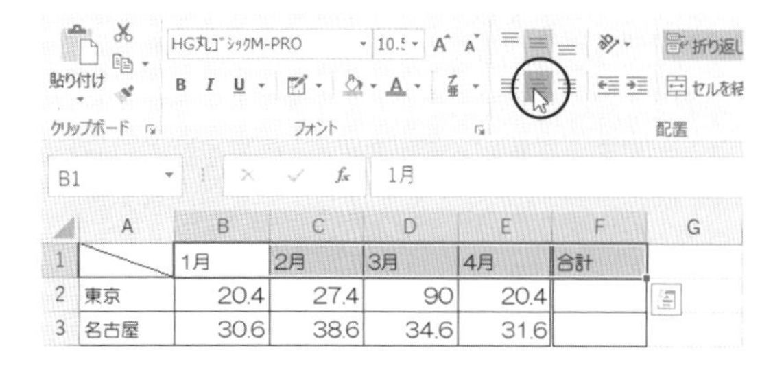

❶セルB1からセルF1を選択し，［ホーム］リボンの［配置］にある［中央揃え］ボタンをクリックする。

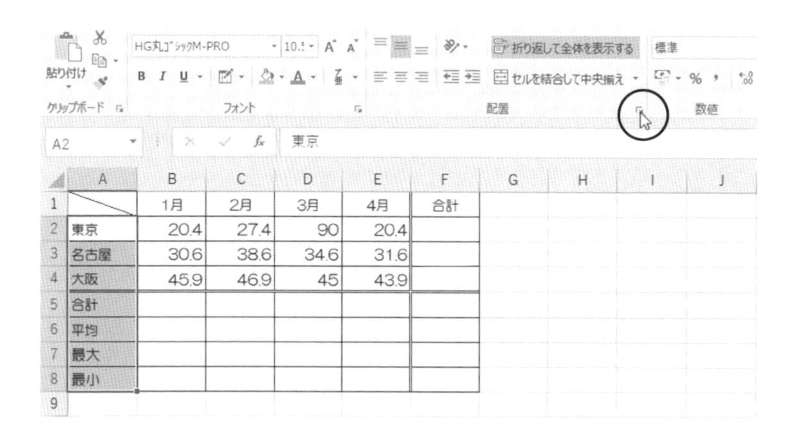

❷続いて，セルA2からセルA8を選択し，［ホーム］リボンの［配置］グループ右下にあるダイアログボックス起動ツールをクリックする。

❸［セルの書式設定］ダイアログボックスの［配置］タブが選択されて起動する。

セル内のデータの配置に関する簡単な設定はボタンで設定できるが，ここでは，ボタンではできない詳細な設定をすることができる。

❹横位置のドロップダウンリストの中から，［均等割り付け(インデント)］を選択し，［OK］ボタンをクリックする。

数値の書式設定

［ホーム］リボンの［数値］グループには，数値データに関する設定の機能が集まっている。

❶セル B2 からセル F8 を選択し，［ホーム］リボンの［数値］グループ右下にあるダイアログボックス起動ツールをクリックする。

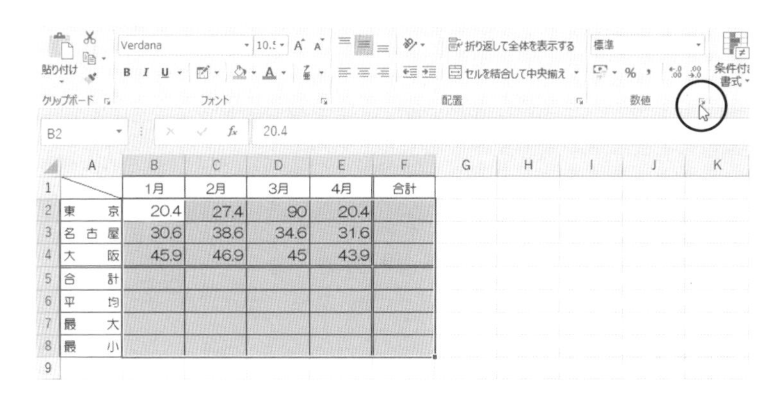

❷［セルの書式設定］ダイアログボックスの［表示形式］が選択されて起動する。

数値に関する簡単な表示形式設定はボタンで設定できるが，ここでは，詳細な設定をすることができる。

❸分類の中から［数値］をクリックし，小数点以下の桁数を「1」に設定し，［OK］ボタンをクリックする。

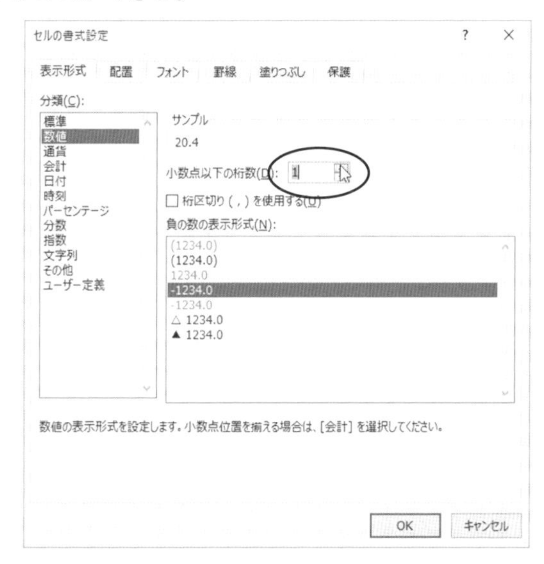

❹セル内の数値がすべて小数点第 1 位まで表示されるようになる。

ショートカットメニューから ダイアログボックスを使った書式設定

Excel では，ショートカットメニューから［セルの書式設定］ダイアログボックスを起動させたり，セル内のすべての書式設定を行うことができる。

❶セル A2 からセル A8 を選択し，その選択した範囲内でマウスの右ボタンをクリックする。

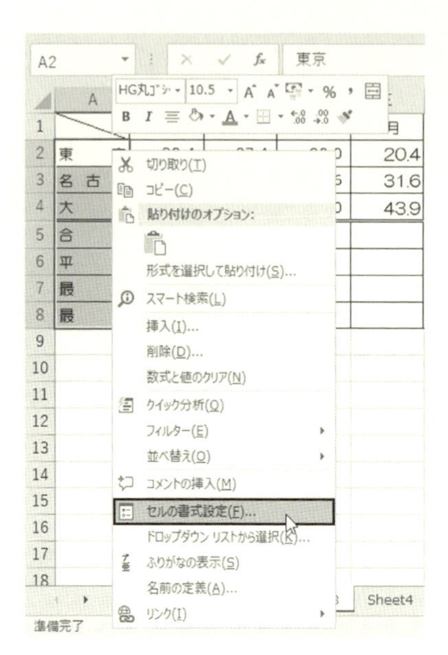

❷表示されたショートカットメニューの中から，［セルの書式設定］を選択する。

❸表示された［セルの書式設定］ダイアログボックスの［塗りつぶし］タブを選択する。

❹背景色の中から，左端中央の灰色を選択し，［OK］ボタンをクリックする。

❺セル B1 からセル F1 を選択し，その選択した範囲内でマウスの右ボタンをクリックする。

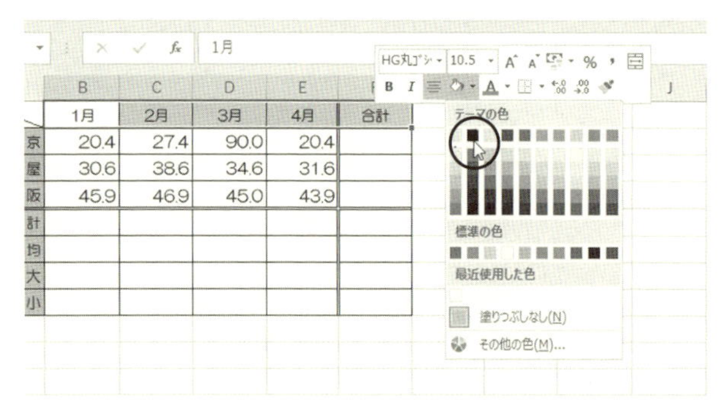

❻表示されたショートカットメニューの［塗りつぶしの色］ボタンの右側にある▼ボタンをクリックして，黒色を選択する。

❼そのまま，ショートカットメニューの［フォントの色］ボタンの右側にある▼ボタンをクリックして，白色を選択する。

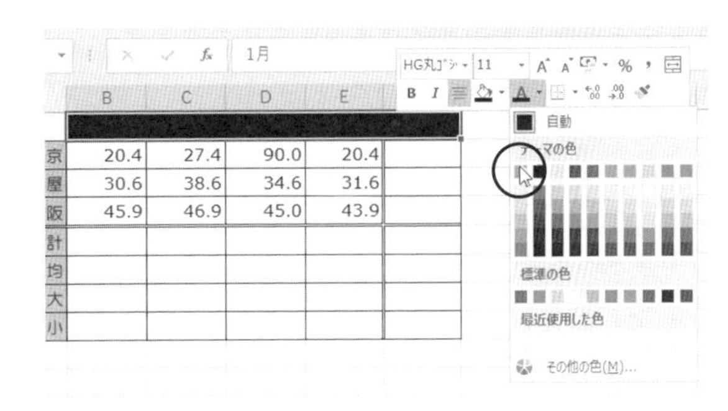

5-3-2 数式の入力

Excelには，表計算ソフトといわれるように，作成した表の集計機能がある。

四則演算の入力

計算式の基本は，加算（＋），減算（－），乗算（×），除算（÷）といった四則演算だが，Excelでは，これらを数式で表すことにより，セルに入力されている数値を自動的に計算することができる。なお，数式は**必ず半角英数で入力**すること。乗算は「*」，除算は「/」で表すこととなっている。

❶セルF2に，MS-IMEをオフにして，半角で「＝」と入力する。

❷セルB2をクリックすると，セルF2に入力した「＝」の後に，「B2」と自動的に入力される。

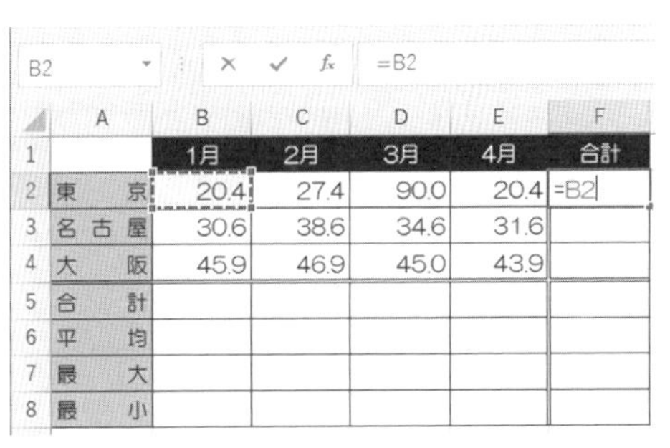

❸「＝B2」の後に，「＋」と入力する。

❹続いて，セルC2をクリックすると，先ほどと同様に，セルF2に入力した「＝B2＋」の後に「C2」が自動的に入力される。

❺「＝B2 ＋ C2」の後に，再度「＋」を入力してセルD2をクリックし，さらに，「＋」を入力してセルE2をクリックする。

❻セルF2に「＝B2＋C2＋D2＋E2」と入力されていることを確認し，Enterキーを押すと，セルF2に，セルB2とセルC2とセルD2とE2の合計「158.2」が自動的に計算される。

	A	B	C	D	E	F	G
1		1月	2月	3月	4月	合計	
2	東　京	20.4	27.4	90.0	20.4	=B2+C2+D2+E2	
3	名古屋	30.6	38.6	34.6	31.6		
4	大　阪	45.9	46.9	45.0	43.9		
5	合　計						
6	平　均						
7	最　大						
8	最　小						

LEFT	=B4+C4+D4+E4					
	A	B	C	D	E	F
1		1月	2月	3月	4月	合計
2	東　京	20.4	27.4	90.0	20.4	158.2
3	名古屋	30.6	38.6	34.6	31.6	135.4
4	大　阪	45.9	46.9	45.0	43.9	=B4+C4+D4+E4
5	合　計					
6	平　均					
7	最　大					
8	最　小					

❼セルF3とセルF4も同様に横の合計を計算する数式を入力する。

簡単な関数の入力

Excelでは，合計や平均など，よく使う計算式についてあらかじめ関数として登録されている。

■合計（SUM関数）■　たとえば，次のセルA1からセルJ1までの合計を求めるような長い計算式も，関数を使うと簡単に表すことができる。

=A1+B1+C1+D1+E1+F1+G1+H1+I1+J1

↓

=SUM(A1:J1)

❶セルB5をアクティブセルにした状態で，［ホーム］リボンの［オートSUM］ボタンをクリックする。

B5	=SUM(B2:B4)					
	A	B	C	D	E	F
1		1月	2月	3月	4月	合計
2	東　京	20.4	27.4	90.0	20.4	
3	名古屋	30.6	38.6	34.6	31.6	
4	大　阪	45.9	46.9	45.0	43.9	
5	合　計	96.9				
6	平　均					
7	最　大					
8	最　小					

❷Excelが自動的に集計範囲を検索し，セルB2からセルB4の範囲を選択し，数式バーに「=SUM(B2:B4)」と表示されていることを確認して，Enterキーを押すと，セルB2からセルB4の合計「96.9」がセルB5に表示される。

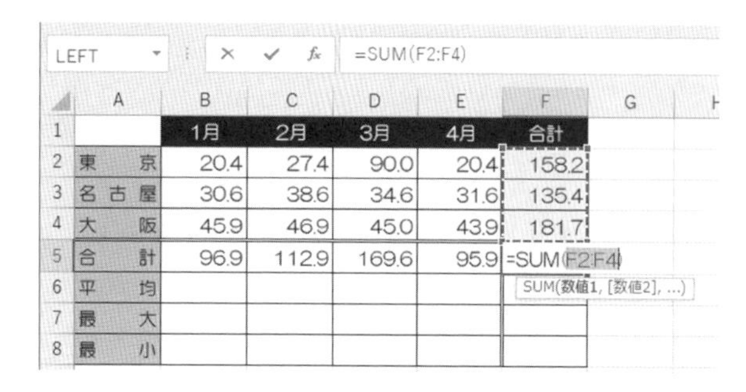

LEFT	=SUM(F2:F4)					
	A	B	C	D	E	F
1		1月	2月	3月	4月	合計
2	東　京	20.4	27.4	90.0	20.4	158.2
3	名古屋	30.6	38.6	34.6	31.6	135.4
4	大　阪	45.9	46.9	45.0	43.9	181.7
5	合　計	96.9	112.9	169.6	95.9	=SUM(F2:F4)
6	平　均					SUM(数値1, [数値2], ...)
7	最　大					
8	最　小					

❸セルC5からセルF5まで同様に，［オートSUM］ボタンを使って縦の合計を計算する数式を入力する。

■平均（AVERAGE関数）■　［オートSUM］ボタンでは，選択したセルの範囲の合計値を求めるSUM関数以外にも，平均値を求めるAVERAGE関数，数値の個数を求めるCOUNT関数，最大値を求めるMAX関数，最小値を求めるMIN関数などを簡単に入力できるようになっている。

=AVERAGE(範囲)

❶セル B6 をアクティブセルにした状態で，［オート SUM］ボタンの右側にある▼をクリックし，表示される［平均(A)］をクリックする。

❷セル B6 に「=AVERAGE(B2:B5)」と数式が表示されるが，これだとセル B2 からセル B5 の範囲の平均値が求められてしまうので，セル B2 からセル B4 をマウスでドラッグして範囲を選択し直して，Enterキーを押す。

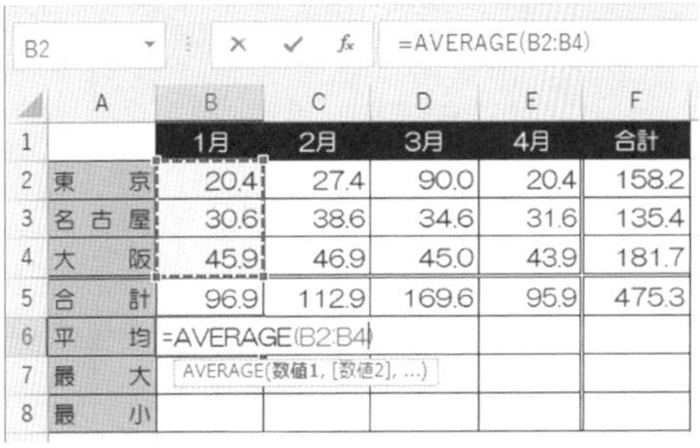

B2　=AVERAGE(B2:B4)

	A	B	C	D	E	F
1		1月	2月	3月	4月	合計
2	東　京	20.4	27.4	90.0	20.4	158.2
3	名古屋	30.6	38.6	34.6	31.6	135.4
4	大　阪	45.9	46.9	45.0	43.9	181.7
5	合　計	96.9	112.9	169.6	95.9	475.3
6	平　均	=AVERAGE(B2:B4)				
7	最　大	AVERAGE(数値1, [数値2], ...)				
8	最　小					

❸同様にセル C6 からセル F6 まで，2 月，3 月，4 月，合計の平均を計算する。

■最大値（MAX 関数），最小値（MIN 関数）■　MAX 関数とは，範囲の中で最大値を返す関数である。MIN 関数とは，範囲の中で最小値を返す関数である。

=MAX(範囲)

=MIN(範囲)

続いて，［オート SUM］ボタンを使って，選択したセルの範囲の最大値と最小値を求めてみることにする。

❶セル B7 をアクティブセルにした状態で，［オート SUM］ボタンの右側にある▼をクリックし，表示される［最大値(M)］をクリックする。

❷セル B7 に「=MAX(B2:B6)」と数式が表示されるが，これだと AVERAGE 関数のときと同じように，セル B2 からセル B6 の範囲の中の最大値が求められてしまうので，セル B2 からセル B4 をマウスでドラッグして範囲を選択し直して，Enterキーを押す。

B2　=MAX(B2:B4)

	A	B	C	D	E	F
1		1月	2月	3月	4月	合計
2	東　京	20.4	27.4	90.0	20.4	158.2
3	名古屋	30.6	38.6	34.6	31.6	135.4
4	大　阪	45.9	46.9	45.0	43.9	181.7
5	合　計	96.9	112.9	169.6	95.9	475.3
6	平　均	32.3	37.6	56.5	32.0	158.4
7	最　大	=MAX(B2:B4)				
8	最　小	MAX(数値1, [数値2], ...)				

❸セル B8 をアクティブセルにした状態で，［オート SUM］ボタンの右側にある▼をクリックし，表示される［最小値(I)］をクリックする。

❹セル B8 に「=MIN(B2:B7)」と数式が表示されるが，セル B2 からセル B4 をマウスでドラッグして範囲を選択し直して，Enterキーを押す。

B2　=MIN(B2:B4)

	A	B	C	D	E	F
1		1月	2月	3月	4月	合計
2	東　京	20.4	27.4	90.0	20.4	158.2
3	名古屋	30.6	38.6	34.6	31.6	135.4
4	大　阪	45.9	46.9	45.0	43.9	181.7
5	合　計	96.9	112.9	169.6	95.9	475.3
6	平　均	32.3	37.6	56.5	32.0	158.4
7	最　大	45.9				
8	最　小	=MIN(B2:B4)				
9		MIN(数値1, [数値2], ...)				

F8 =MIN(F2:F4)

	A	B	C	D	E	F
1		1月	2月	3月	4月	合計
2	東　京	20.4	27.4	90.0	20.4	158.2
3	名古屋	30.6	38.6	34.6	31.6	135.4
4	大　阪	45.9	46.9	45.0	43.9	181.7
5	合　計	96.9	112.9	169.6	95.9	475.3
6	平　均	32.3	37.6	56.5	32.0	158.4
7	最　大	45.9	46.9	90.0	43.9	181.7
8	最　小	20.4	27.4	34.6	20.4	135.4

❺同様にセルC7からセルF8まで，2月，3月，4月，合計の最大値と最小値を計算する。

5-3-3 相対参照と絶対参照

数式が入力されているセルをコピーしたり移動したりすると，その数式で参照しているセルも自動的に調整されるが，場合によっては，自動的に調整してほしくないときもある。

例題 5-3

次の請求書を作成して，商品ごとの計とその合計，レートを掛けて円換算額をExcelに計算させなさい。なお，フォントは「游明朝」を用いること。

表5-3　請求書

			レート	111.11
商品名	単価	数量	計	円換算額
2015 California Cabernet Sauvignon	15.99	3		
2015 California Inferno	18.99	5		
2016 Chardonnay	22.00	5		
2015 Chardonnay Mendocino County	16.99	4		
		合計		

相対参照

数式をコピーや移動すると，参照しているセルの位置が自動的に調整される。通常のセルの参照方式を相対参照という。

❶セルD4に，単価×数量であるセルB4×セルC4の数式「=B4*C4」を入力して，計を求める。続いて，この数式をオートフィル機能を使い，セルD7までコピーすると，各セルの数式が参照しているセルの位置を自動的に調整して，各商品の計を求めることができる。これが相対参照である。

=B4*C4

	B	C	D	E
			レート	111.11
	単価	数量	計	円換算額
gnon	15.99	3	47.97	
	18.99	5		
	22.00	5		
ounty	16.99	4		
		合計		

❷各商品の計が正しく計算できたら，［オートSUM］ボタンを使って合計を求める。

絶対参照

しかし，場合によっては，オートフィル機能を使い数式をコピーした場合でも，自動的に参照しているセルの位置を調整してほしくない場合もある。

このような場合に用いる数式をコピーや移動しても，参照しているセルの位置が変更されないセルの参照方式を絶対参照という。

❶セル E4 に，計×レートであるセル D4 ×セル E1 の数式「＝D4＊E1」を入力して，計を求める。続いて，この数式を先ほど同じようにオートフィル機能を使い，セル E7 までコピーすると相対参照になってしまい，各セルの数式が参照しているセルの位置を自動的に調整してしまうため，各日の金額を正しく求めることができない。

=B4*C4

	B	C	D	E
			レート	111.11
	単価	数量	計	円換算額
gnon	15.99	3	47.97	
	18.99	5		
	22.00	5		
ounty	16.99	4		
		合計		

❷［クイックアクセスバー］の［元に戻す］ボタンをクリックして，コピーをする前の状態に戻す。

❸セル E4 の数式バーに表示されている「＝D4＊E1」の数式の「E1」の「E」と「1」の間をクリックして，続けてF4キーを押す。

❹「E1」が「$E$1」という表示に変わったら，Enterキーを押して確定する。

=D4*$E$1

	B	C	D	E
			レート	111.11
	単価	数量	計	円換算額
non	15.99	3	47.97	4*$E$1
	18.99	5	94.95	
	22.00	5	110	
ounty	16.99	4	67.96	
		合計	320.88	

❺ここであらためて，セル E4 の数式をオートフィル機能を使い，セル E8 までコピーすると，各円換算額が正しく計算される。

円換算額を計算した E 列のセルの数式について，レートを入力したセル E1 を参照する「$E$1」は自動調整されず，他参照セルは自動的に調整されていることを確認する。

このように，数式をコピーしてもセルの参照が自動的に調整されない参照方式を絶対参照という。

なお，円換算額が小数点まで表示されているので，セル E4 から E8 まで範囲選択した状態で，［ホーム］リボンの［桁区切りスタイル］ボタンをクリックして，小数点を非表示にするとともに，桁区切りの「,」（カンマ）を付ける。

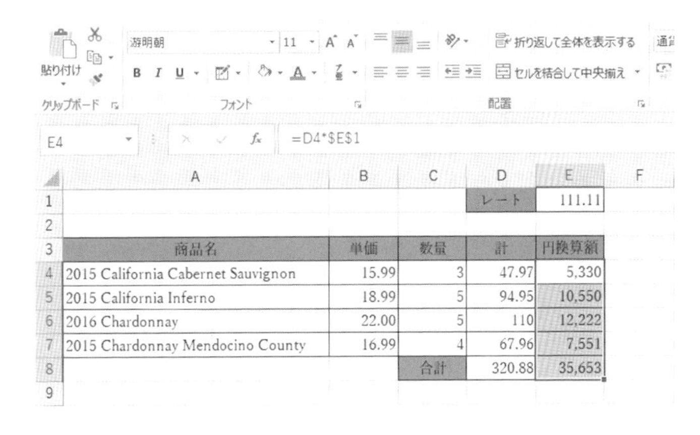

	A	B	C	D	E
1				レート	111.11
2					
3	商品名	単価	数量	計	円換算額
4	2015 California Cabernet Sauvignon	15.99	3	47.97	5,330
5	2015 California Inferno	18.99	5	94.95	10,550
6	2016 Chardonnay	22.00	5	110	12,222
7	2015 Chardonnay Mendocino County	16.99	4	67.96	7,551
8			合計	320.88	35,653
9					

5-3 練習問題

問題 1――――次の商品別販売実績表を作成し，商品の販売金額および7商品の販売金額の合計を計算しなさい。

	A	B	C	D
1		単価	数量	販売金額
2	ボールペン（黒）	100	650	
3	ボールペン（赤）	100	485	
4	シャープペン	85	380	
5	サインペン	80	405	
6	鉛筆	30	420	
7	ノート（A罫）	120	195	
8	ノート（B罫）	120	285	
9	合計			

問題 2――――次の販売数量集計表を作成して，四半期および商品種類別の合計，構成比，平均，最高，最低を計算しなさい。

	A	B	C	D	E	F	G	H	I	J
1		第1四半期	第2四半期	第3四半期	第4四半期	合計	分類別構成比	平均	最高	最低
2	コーヒー類	1,023	1,480	1,210	1,336					
3	紅　茶　類	924	1,109	1,003	867					
4	緑　茶　類	1,375	1,784	1,650	1,550					
5	そ　の　他	680	822	642	597					
6	合　　計									
7	四半期別構成比									
8	平　　均									
9	最　　高									
10	最　　低									

四半期別構成比：全体の数量合計に対する各四半期の数量合計の割合
分類別構成比：全体の数量合計に対する各分類の数量合計の割合
いずれの構成比も，パーセントスタイルで表示すること。

5-4 関数の利用

5-4-1 選択処理と文字列操作の関数の利用

Excelでは，数値の計算以外にも，条件選択の処理や文字列操作のための関数も用意されている。

例題 5-4

次の店舗リストを作成し，分類が和菓子の店舗には「和菓子」の列に自動的に○を付ける数式を，都道府県と区名を抽出する数式を入力して，この表を完成させなさい。

なお，項目名と和菓子の列は文字列の中央揃えをしておくこと。

表5-4 店舗リスト

店舗名	分類	所在地	和菓子	都道府県	区名
鶴千堂	和菓子	東京都新宿区揚場町3-20			
有三家	ケーキ	東京都板橋区板橋2-13			
あしがらや	和菓子	埼玉県川口市赤井3-11			
珍味処	せんべい	東京都中央区勝どき4-3			
服屋	せんべい	東京都新宿区神楽坂5-3			
六十鈴	和菓子	埼玉県朝霞市青葉台6-35			
竹草亭	和菓子	東京都大田区池上3-11			

IF関数

IF関数とは，「論理式」を設定し，その条件を満たすならば「真の場合」の処理を行い，その条件を満たさない場合は「偽の場合」の処理を行わせる関数である。

=IF(論理式，真の場合，偽の場合)

Excelで用意されている関数は非常に多いので，すべてマスターすることは非常に困難である。そのため，関数を簡単に使えるように，[関数の挿入] ダイアログボックスが用意されている。

❶セルD2をアクティブセルにした状態で，[関数の挿入] ボタンをクリックする。

❷起動した [関数の挿入] ダイアログボックスで，関数の分類のドロップダウンリストの中から [論理] を選択して，関数名のリストの中から [IF] を選択して，[OK] ボタンをクリックする。

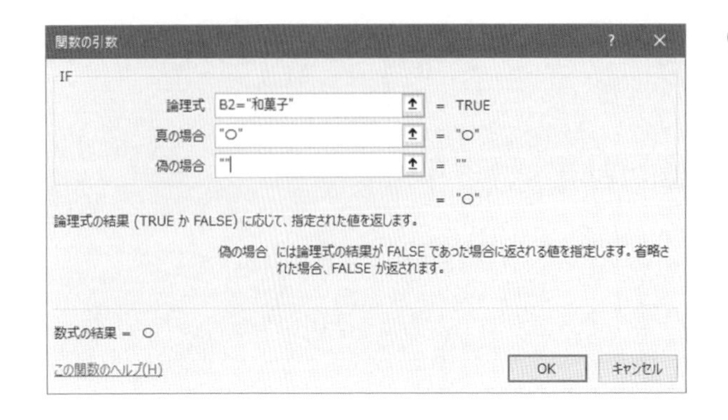

❸表示された［関数の引数］ダイアログボックスの論理式に「B2 = " 和菓子 "」，真の場合に「" ○ "」，偽の場合に「""」と入力して，［OK］ボタンをクリックする。

なお，Excel の数式においては，"(ダブルクォーテーション）で挟むことによって，それが文字列であることを意味することになる。また，何も挟まないと空欄ということを意味する。

セル D2 には，

= IF(B2 = " 和菓子 "，" ○ "，"")

という数式が入力され，○が表示されるが，この数式は，セル B2 に和菓子という文字列が入っている場合は○，そうでない場合は空欄を返すという意味である。

店舗名	分類	所在地	和菓子	都道府県	区名
鶴千堂	和菓子	東京都新宿区揚場町3-20	○		
有三家	ケーキ	東京都板橋区板橋2-13			
あしがらや	和菓子	埼玉県川口市赤井3-11	○		
珍味処	せんべい	東京都中央区勝どき4-3			
服屋	せんべい	東京都新宿区神楽坂5-3			
六十鈴	和菓子	埼玉県朝霞市青葉台6-35	○		
竹草亭	和菓子	東京都大田区池上3-11	○		

❹セル D2 の数式をセル D8 まで，オートフィル機能を使ってコピーをする。

LEFT 関数 /MID 関数 / RIGHT 関数

LEFT 関数とは，指定したセルの文字列を，左から指定した文字数分の文字列を抽出する関数である。

MID 関数とは，指定したセルの文字列を，左から指定した文字列目から，指定した文字数分の文字列を抽出する関数である。

RIGHT 関数とは，指定したセルの文字列を，右から指定した文字数分の文字列を抽出する関数である。

=LEFT（文字列，文字数）

=MID（文字列，開始位置，文字数）

=RIGHT（文字列，文字数）

❶セル E2 をアクティブセルにした状態で，［関数の挿入］ボタンをクリックする。

❷起動した［関数の挿入］ダイアログボックスで，関数の分類から［文字列操作］を選択して，関数名から［LEFT］を選択して，［OK］ボタンをクリックする。

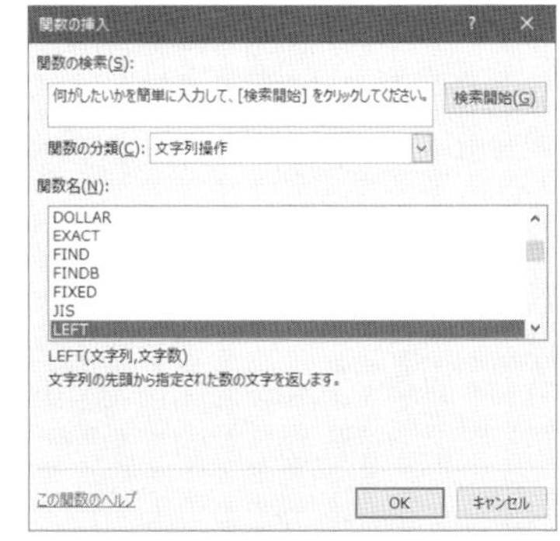

❸表示された［関数の引数］ダイアログボックスの文字列に「C2」，文字列に「3」と入力して，［OK］ボタンをクリックする。

セル E2 には，

=LEFT(C2，3)

という数式が入力され，「東京都」と表示されるが，この数式は，セル C2 の左から 3 文字を抽出した文字列を返すという意味である。

❹続いて，セル F2 をアクティブセルにした状態で，［関数の挿入］ボタンをクリックする。起動した［関数の挿入］ダイアログボックスで，関数の分類から［文字列操作］を選択して，関数名から［MID］を選択して，［OK］ボタンをクリックする。

❺表示された［関数の引数］ダイアログボックスの文字列に「C2」，開始位置に「4」，文字数に「3」と入力して，［OK］ボタンをクリックする。

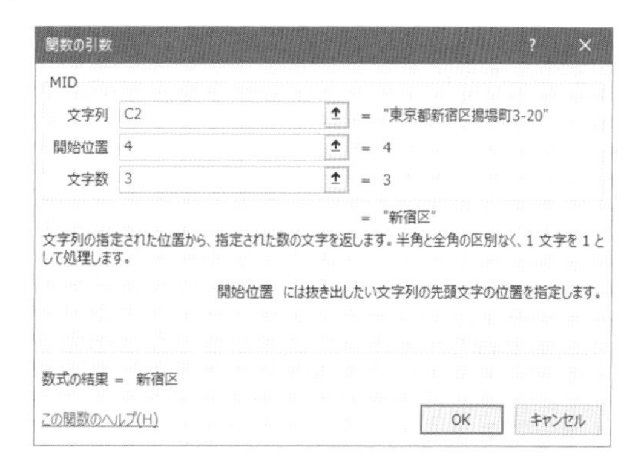

セル F2 には，

=MID(C2，4，3)

という数式が入力され，「新宿区」と表示されるが，この数式は，セル C2 の左から 4 文字目から 3 文字を抽出して返すという意味である。

❻セル E2 とセル F2 の数式を 8 行目まで，オートフィル機能を使ってコピーをする。

店舗名	分類	所在地	和菓子	都道府県	区名
鶴千堂	和菓子	東京都新宿区揚場町3-20	○	東京都	新宿区
有三家	ケーキ	東京都板橋区板橋2-13		東京都	板橋区
あしがらや	和菓子	埼玉県川口市赤井3-11	○	埼玉県	川口市
珍味処	せんべい	東京都中央区勝どき4-3		東京都	中央区
服屋	せんべい	東京都新宿区神楽坂5-3		東京都	新宿区
六十鈴	和菓子	埼玉県朝霞市青葉台6-35	○	埼玉県	朝霞市
竹草亭	和菓子	東京都大田区池上3-11	○	東京都	大田区

5-4-2 複雑な関数の利用①

Excel では，複雑な処理をする様々な関数が用意されているが，関数はその値や引数などの中に，また関数を入れて数式を組み合わせることによって，より高度な処理ができる数式を作成することができる。

例題 5-5

次のTシャツ注文書を作成し，総計が30枚未満の場合は割引はなしだが，30枚以上の場合は5%割引，40枚以上の場合は10%割引して，合計金額を求める数式を入力しなさい。

表5-5　Tシャツ注文書

商品名	単価	枚数	計
ハイクオリティモデル	600		
プロモーションモデル	420		
プレミアムモデル	850		
	小計		
	割引		
	合計金額		
	消費税		
	総計金額		

IF関数のネスト（入れ子）

関数はその値や引数などの中に，また関数を入れて数式を組み合わせることによって，より高度な処理ができる数式を作成することができる。

❶表5-5の表を作成するにあたって，まず下記の表を作成する。

商品名	単価	枚数	計
プロモーションモデル（フリーサイズ）	420		
ハイクオリティモデル（フリーサイズ）	600		
プレミアムモデル（フリーサイズ）	850		
	小計		
	割引		
	合計金額		
	消費税		
	総計金額		

❷セルC7とセルD7を範囲選択して，［ホーム］リボンにある［セルを結合して中央揃え］ボタンをクリックして，2つのセルを1つのセルに結合する。

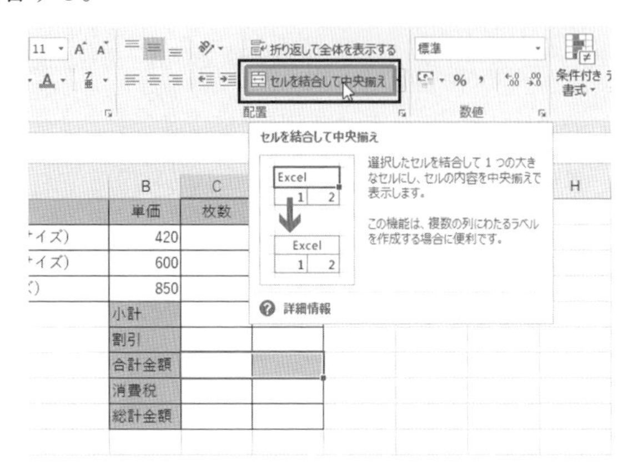

❸続いて，［中央揃え］ボタンをクリックして中央揃えを解除し，そのセルをオートフィル機能を使い10行目までコピーする。

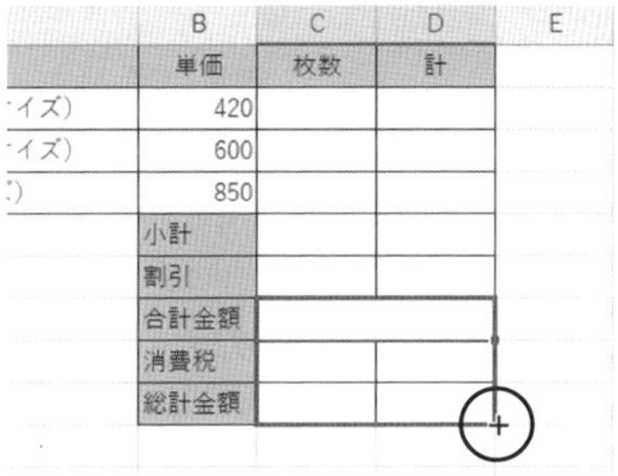

	B	C	D	E
	単価	枚数	計	
イズ)	420			
イズ)	600			
)	850			
	小計			
	割引			
	合計金額			
	消費税			
	総計金額			

❹セルD2からセルD4について，枚数を入力すると金額が自動的に計算される「単価×枚数」となる数式「=B2＊C2」を入力し，続いて，セルC5とセルD5に，縦計を計算する数式を［オートSUM］ボタンを使って入力する。

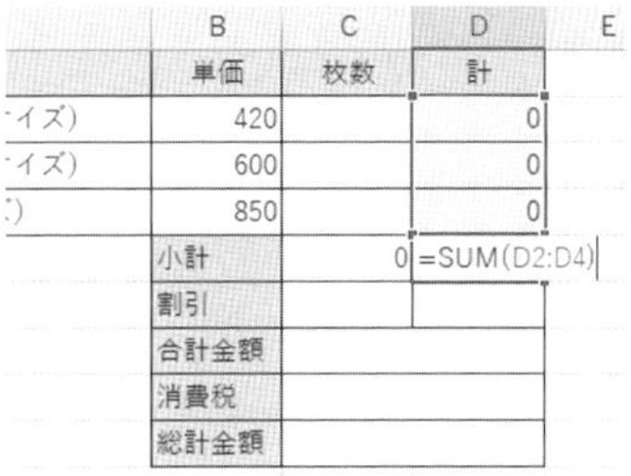

	B	C	D	E
	単価	枚数	計	
イズ)	420		0	
イズ)	600		0	
)	850		0	
	小計	0	=SUM(D2:D4)	
	割引			
	合計金額			
	消費税			
	総計金額			

❺下図のような，「もし，セルC5の数値が30未満の場合は0％，そして，もし，30以上40未満の場合は5％，40以上の場合は10％」と表示される数式を入力するため，セルC6をアクティブセルにした状態で，［関数の挿入］ボタンをクリックする。

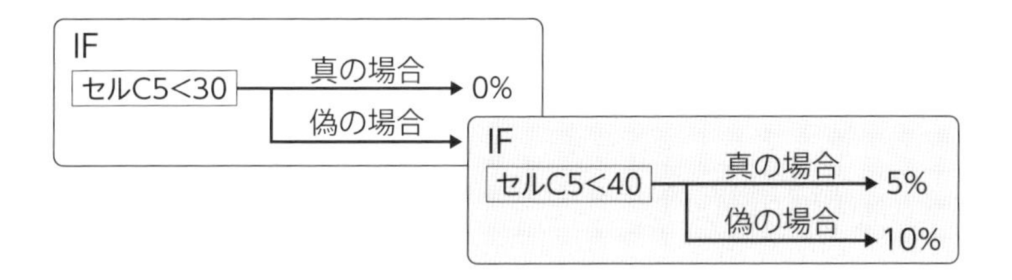

❻起動した［関数の挿入］ダイアログボックスで，関数の分類のドロップダウンリストの中から［論理］を選択し，関数名のリストの中から［IF］を選択して，［OK］ボタンをクリックする。

❼表示された［関数の引数］ダイアログボックスの論理式に「C5＜30」と入力し，割引があるか否かの判定をする。真の場合には割引がないので「0％」と入力し，偽の場合には割引がある場合の数式を入力するため，偽の場合にカーソルがある状態で，［名前ボックス］から「IF」を選択して，再び［関数の引数］ダイアログボックスを呼び出す。

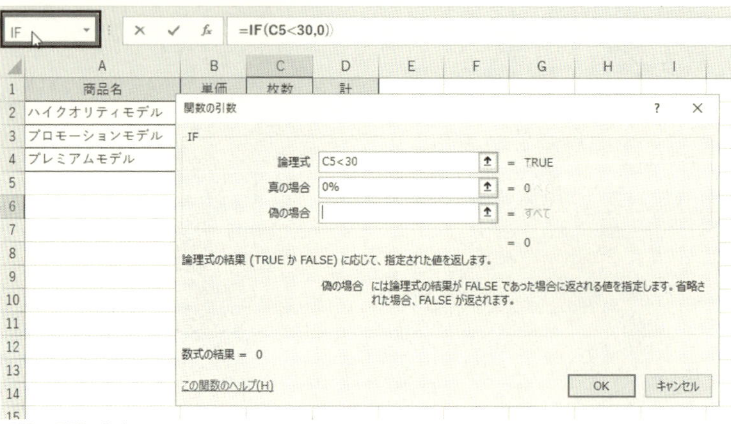

関数の引数（1）

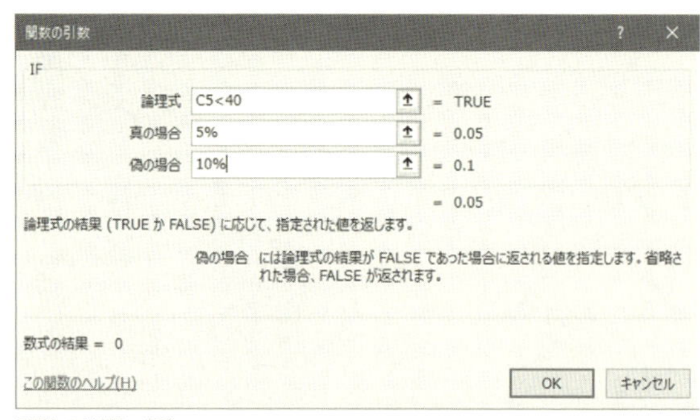

関数の引数（2）

この［関数の引数］ダイアログボックスを用いて，前頁の図の□で囲った40未満の場合は5%，40以上の場合は10%という数式を入力する。論理式に「C5＜40」，真の場合に「5%」，偽の場合に「10%」と入力して，［OK］ボタンをクリックすると，セルC6には，下記の数式が入力されている[1]。

【1】
［関数の挿入］のダイアログボックスを利用せずに，数式を直接タイピング入力しても，同じ結果が得られる。

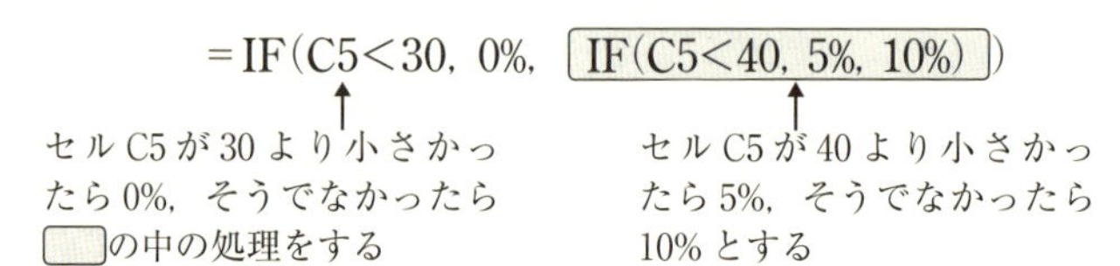

セルC6は「0」と表示されているので，「ホーム」リボンにある「パーセントスタイル」ボタンをクリックして「0%」と表示されるようにする。

❽セルD6に割引額を求める「＝D5＊C6」を入力し，続いて，セルC7に合計金額を求める「＝D5-D6」と入力する。

ROUND関数/ROUNDUP関数/ROUNDDOWN関数

ROUND関数とは，指定した桁数[2]に四捨五入する関数である。
ROUNDUP関数とは，指定した桁数に切り上げる関数である。
ROUNDDOWN関数とは，指定した桁数に切り捨てる関数である。

【2】桁数

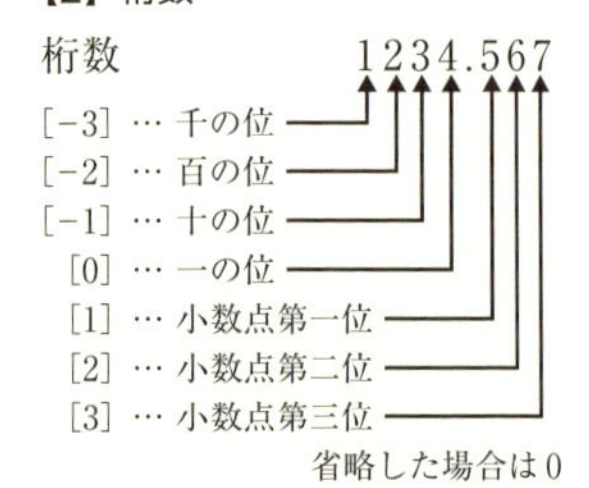

=ROUND(数値，[桁数])

=ROUNDUP(数値，[桁数])

=ROUNDDOWN(数値，[桁数])

❾続いて消費税の処理であるが，セルD8に消費税を求める数式として「=C7＊8%」を入力すればいいかというと，金額の計算は円未満の端数が出ると都合が悪いため，円未満の端数処理を追加する必要がある。消費税の場合は切り捨てるのが一般的であるため，ROUNDDOWN関数を用いて，「=ROUNDDOWN(C7＊8%, 0)」と入力する。

❿最後に，セルC9に合計金額と消費税を合算した総計金額を求める「=C7+C8」と入力した後に，枚数を適当に入れて正しく計算されているか確認をする。

C8　fx　=ROUNDDOWN(C7*8%,0)

	A	B	C	D
1	商品名	単価	枚数	計
2	プロモーションモデル（フリーサイズ）	420	10	4200
3	ハイクオリティモデル（フリーサイズ）	600	20	12000
4	プレミアムモデル（フリーサイズ）	850	30	25500
5		小計	60	41700
6		割引	10%	4170
7		合計金額		37530
8		消費税		3002
9		総計金額		40532

例題 5-6

次の成績表を作成し，合計点を計算し，各人の順位を求めなさい。

表5-6　成績表

	英語	数学	国語	日本史	物理	合計	順位
雨宮　良子	134	127	112	55	79	507	
飯島　典久	139	77	75	22	99	412	
上野　博	77	85	114	40	28	344	
河野　亮	80	135	99	61	85	460	
輿石　雄介	81	81	59	89	40	350	
鈴木　達夫	139	144	121	32	29	465	
高橋　周子	89	69	90	69	47	364	
半田　苗子	137	148	119	85	67	556	
松原　弘子	111	112	136	33	94	486	
宮崎　佳子	96	101	100	48	74	419	

❶セルB2からセルG11までの範囲を選択して，［オートSUM］ボタンを押し，合計点を一括で計算する。

	A	B	C	D	E	F	G	H
1		英語	数学	国語	日本史	物理	合計	順位
2	雨宮 良子	134	127	112	55	79	507	
3	飯島 典久	139	77	75	22	99	412	
4	上野 博	77	85	114	40	28	344	
5	河野 亮	80	135	99	61	85	460	
6	輿石 雄介	81	81	59	89	40	350	
7	鈴木 達夫	139	144	121	32	29	465	
8	高橋 周子	89	69	90	69	47	364	
9	半田 苗子	137	148	119	85	67	556	
10	松原 弘子	111	112	136	33	94	486	
11	宮崎 佳子	96	101	100	48	74	419	
12								

RANK.EQ 関数

RANK.EQ 関数[3] とは，範囲内の数値について，指定順序[4] に従って並べ替えた時に数値が何番目に位置するかを返す関数である。

=RANK.EQ（数値，参照，［順序］）

❷セル H2 をアクティブセルにした状態で，［関数の挿入］ボタンをクリックする。起動した［関数の挿入］ダイアログボックスで，関数の分類から［統計］を選択して，関数名から［RANK.EQ］を選択して，［OK］ボタンをクリックする。

❸表示された［関数の引数］ダイアログボックスで，数値にはセル G2 をクリックして，参照はセル G2 からセル G11 をドラッグして選択した後に F4 キーを押して絶対参照とし，順序には降順を意味する「0」と入力して，［OK］ボタンをクリックする。

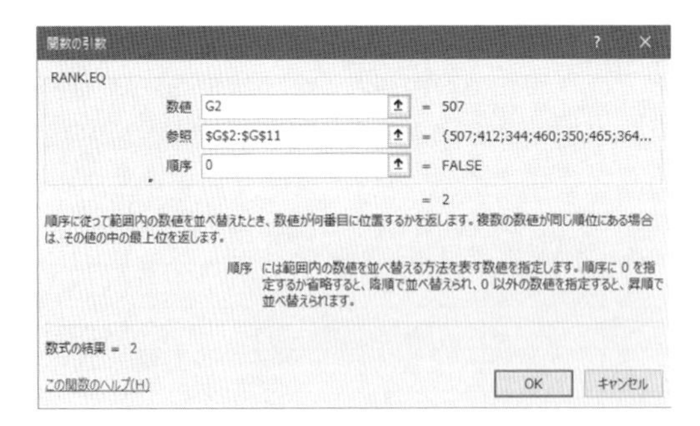

❹セル H2 の数式をセル H11 まで，オートフィル機能を使いコピーして，順位が正しく振られているか確認する。

H2 =RANK.EQ(G2,$G$2:$G$11,0)

	A	B	C	D	E	F	G	H
1		英語	数学	国語	日本史	物理	合計	順位
2	雨宮 良子	134	127	112	55	79	507	2
3	飯島 典久	139	77	75	22	99	412	7
4	上野 博	77	85	114	40	28	344	10
5	河野 亮	80	135	99	61	85	460	5
6	輿石 雄介	81	81	59	89	40	350	9
7	鈴木 達夫	139	144	121	32	29	465	4
8	高橋 周子	89	69	90	69	47	364	8
9	半田 苗子	137	148	119	85	67	556	1
10	松原 弘子	111	112	136	33	94	486	3
11	宮崎 佳子	96	101	100	48	74	419	6
12								

【3】RANK.EQ関数とRANK.AVG関数

RANK.EQ 関数も RANK.AVG 関数も，範囲内の数値について，指定順序に従って並べ替えた時に数値が何番目に位置するかを返す関数である。

違いは，数値が同じであった場合，RANK.EQ 関数は最上位の順位を返すのに対して，RANK.AVG 関数は平均値の順位を返す。

=RANK.AVG（数値，参照，［順序］）

（例）同じ数値が３つありその順位が３位であった場合，RANK.EQ 関数では，いずれの順位も３位として表示され，次の順位は６位となる。RANK.AVG 関数では，いずれの順位も４位（＝(3 ＋ 4 ＋ 5) ÷ 3）として表示され，次の順位は６位となる。

【4】

順序に，0 を指定するか省略すると降順に，0 以外の数値を指定すると昇順の順序が計算される。

5-4-3 複雑な関数の利用②

Excelでは，月日や時間，曜日を処理する関数も用意されている。

例題 5-7

次のアルバイト料計算表を作成して，各日の曜日，就業時間と合計時間，および時間単価をもとに支給金額を計算しなさい。

なお，項目名と曜日の列は中央揃えをすること。

表 5-7 アルバイト料計算表

			時給	1050
月日	曜日	開始時刻	終了時刻	就業時間
10月1日		18:30	23:32	
10月2日				
10月3日				
10月4日		10:00	20:01	
10月5日		18:30	23:05	
10月6日				
10月7日				
10月8日		18:30	23:02	
10月9日				
10月10日				
10月11日		10:00	20:03	
10月12日		18:30	23:00	
10月13日				
10月14日				
10月15日		18:30	23:12	
10月16日				
10月17日				
10月18日		10:00	20:02	
10月19日		18:30	23:05	
10月20日				
10月21日				
10月22日		18:30	23:13	
10月23日				
10月24日				
10月25日		10:00	20:13	
10月26日		18:30	23:02	
10月27日				
10月28日				
10月29日		18:30	23:05	
10月30日				
10月31日				
			合計時間	
			支給金額	

❶例題のとおりデータを入力し，罫線を引く。

日付は「10/1」と入力し，オートフィル機能を利用すると，容易に入力することができる。

項目名と曜日の列は，範囲選択して，［ホーム］リボンの［中央揃え］ボタンをクリックする。

TEXT関数

TEXT関数とは，「数値」を指定した書式の文字列に変換して表示する関数のことである。

=TEXT(数値，表示形式)

【5】

TEXT関数では，表示形式を下記のように指定することによって，曜日の表示形式を変えることができる。

"aaaa"
　曜日を日本語で返す
　(日曜日～土曜日)。

"ddd"
　曜日を省略形の英語で返す
　(Sun ～ Sat)。

"dddd"
　曜日を英語で返す
　(Sunday ～ Saturday)。

❷セルB4に，「=TEXT(A4,"aaa")」と入力すると，10月1日の曜日が表示されるので，オートフィル機能を使ってセルB34までコピーする[5]。

B4　=TEXT(A4,"aaa")

	A	B	C	D	E
1				時給	1050
2					
3	月日	曜日	開始時刻	終了時刻	就業時間
4	10月1日	日	18:30	23:32	
5	10月2日				
6	10月3日				

❸セルE4に，就業時間を計算するための「= D4-C4」という数式を入力し，オートフィル機能を使い，数式をセルE34までコピーする。

E4　=D4-C4

	A	B	C	D	E
1				時給	1050
2					
3	月日	曜日	開始時刻	終了時刻	就業時間
4	10月1日	日	18:30	23:32	5:02
5	10月2日	月			
6	10月3日				

❹セルE35に，［オートSUM］ボタンを使って，セルE4からセルE34の就業時間の合計を求めると，答えが誤っていることを確認する。これは，Excelが通常設定の場合，時刻の計算，つまり「何時の何時間後は何時？」という計算をするように設定されているために発生する。時刻の計算ではなく，時間の計算をするためには，セルE4からセルE35の書式設定を変更する必要がある。

	A	B	C	D	E
28	10月25日	水	10:00	20:13	10:13
29	10月26日	木	18:30	23:02	4:32
30	10月27日	金			0:00
31	10月28日	土			0:00
32	10月29日	日	18:30	23:05	4:35
33	10月30日	月			0:00
34	10月31日	火			0:00
35				合計時間	10:05
36				支給金額	
37					

❺セルE4からセルE35を選択し，その選択した範囲内でマウスの右ボタンをクリックすると表示されるショートカットメニューの中から，［セルの書式設定］を選択する。

❻［セルの書式設定］ダイアログボックスの［表示形式］タブを選択し，分類の中から「ユーザー定義」が自動的に選択されていることを確認する。

種類に「h:mm」と表示されているが，MS-IME がオフの状態で，「[h]:mm」に訂正して，［OK］ボタンをクリックする。

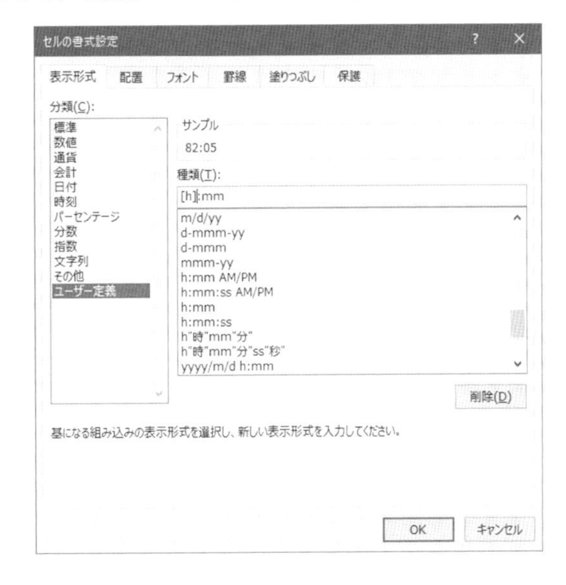

シリアル値

Excel では，計算可能なすべての値を数値で計算している。日数計算や時間計算を可能にするため，日付や時間もその例外ではない。日付であれば 1900 年 1 月 1 日の午前 0 時を 0 とし，時間であれば 1 日を 1 としている。これをシリアル値[6]という。

【6】
シリアル値とは，ある決まった離散的整数値によって個々の識別をするために割り当てられる一連のユニークな数のこと。

❼セル E36 に，支給金額を求めるため，「=E1＊E36」と入力し，［桁区切りスタイル］ボタンをクリックする。

❽時として答えが時間で出てしまう場合があるが，答えが誤っていることを確認し，セル E36 をアクティブセルにして，Delete キーを押す。

28	10月25日	水	10:00	20:13	10:13
29	10月26日	木	18:30	23:02	4:32
30	10月27日	金			0:00
31	10月28日	土			0:00
32	10月29日	日	18:30	23:05	4:35
33	10月30日	月			0:00
34	10月31日	火			0:00
35				合計時間	82:05
36				支給金額	3,591

これは前述のとおり，Excel では，1 日，つまり 24 時間を 1 としているため，セル E1 に E36 を乗ずるというのは，1050 円に「82 時間 5 分 ÷ 24 時間」を掛け合わせるという計算を行ってしまっているためであるが，ではどうしたらいいのだろうか？

❾この場合，時給をもとに計算しているが，じつは，分給計算をしなければ正しい計算ができない。つまり，時給を分給に直す計算をして，就業時間を分に直す計算をした答えを掛け合わせる必要がある。

時給から分給を求めるためには，時給を60(分)で割ればよい。
また，就業時間を総分数で表すためには，シリアル値で1日24時間1440分を1としているため，24(時間)と60(分)をそれぞれ掛け合わせる必要がある。結果として，セルE36には，次の数式を入力する。

=(E1/60)*(E35*24*60)

↑ 時給を分給に直す計算

↑ 就業時間のシリアル値を分に直す計算

			時給	1050
月日	曜日	開始時刻	終了時刻	就業時間
10月1日	日	18:30	23:32	5:02
10月2日	月			0:00
10月3日	火			0:00
10月4日	水	10:00	20:01	10:01
10月5日	木	18:30	23:05	4:35
10月6日	金			0:00
10月7日	土			0:00
10月8日	日	18:30	23:02	4:32
10月9日	月			0:00
10月10日	火			0:00
10月11日	水	10:00	20:03	10:03
10月12日	木	18:30	23:00	4:30
10月13日	金			0:00
10月14日	土			0:00
10月15日	日	18:30	23:12	4:42
10月16日	月			0:00
10月17日	火			0:00
10月18日	水	10:00	20:02	10:02
10月19日	木	18:30	23:05	4:35
10月20日	金			0:00
10月21日	土			0:00
10月22日	日	18:30	23:13	4:43
10月23日	月			0:00
10月24日	火			0:00
10月25日	水	10:00	20:13	10:13
10月26日	木	18:30	23:02	4:32
10月27日	金			0:00
10月28日	土			0:00
10月29日	日	18:30	23:05	4:35
10月30日	月			0:00
10月31日	火			0:00
			合計時間	82:05
			支給金額	86,188

5-4 練習問題

問題1———次の表はある商品の5支店の3か月の販売目標および実績である。表の空欄を埋めなさい。

	A	B	C	D	E	F	G	H	I	J
1		3ヶ月目標	10月	11月	12月	合計	平均	構成比	順位	評価
2	札幌	5,000	1,145	1,273	1,965					
3	東京	10,000	2,996	3,248	3,877					
4	名古屋	3,000	927	865	1,062					
5	大阪	8,000	2,355	2,202	3,133					
6	福岡	7,000	2,005	2,257	2,890					
7	合計								-	-
8	平均						-	-	-	-

構成比：3か月の5支店総販売高に対する，各支店販売合計の割合。パーセントスタイルで小数第1位まで表示すること。

評　価：各支店の3か月合計が3か月目標以上ならば「達成」を表示し，そうでない場合は何も表示しない。

問題2———次の表は，取引IDと数量を基にした販売データである。以下の説明にしたがい，表を完成させなさい。

	A	B	C	D	E	F	G	H
1	販売データ						消費税	8%
2								
3	取引ID	店舗ID	店舗	商品ID	商品	単価	数量	税込金額
4	NC1001						2	
5	TT2002						1	
6	NT2003						4	
7	OC1004						7	
8	OC2005						3	

取引IDは次のように構成されている。

左から1桁：店舗ID（T：東京，N：名古屋，O：大阪）

次の2桁：商品ID（C1：コーヒースモール（単価125円），C2：コーヒーラージ（単価185円），T1：紅茶スモール（単価110円），T2：紅茶ラージ（単価165円）

右から3桁：連番

このルールにしたがい，取引IDから，店舗ID（B列），商品ID（D列）を参照し，さらに店舗IDから店舗（C列）を，商品IDから商品（E列）と単価（F列）を表示する。

さらに単価と数量により税込金額（消費税8%）を，小数点以下切り捨てで計算する。

問題３———次の表は，ある商品を１個作成するのにかかる平均作成時間を計算するものである。各作業者の作業時間，１個あたり平均作成時間および，７人の平均作成数，平均作業時間，１個あたり平均作成時間の平均を算出しなさい。

	A	B	C	D	E	F
1		開始時刻	終了時刻	作成数	作業時間	平均作成時間
2	木村	10:30	11:25	5		
3	吉本	10:30	12:05	9		
4	鈴木	14:00	15:10	6		
5	江田	14:00	15:30	12		
6	福井	17:00	17:55	6		
7	宮澤	17:00	18:05	6		
8	小島	17:00	18:25	7		
9	平均					

5-5 グラフの作成と印刷

5-5-1 グラフの作成

Excelでは，表のデータをもとにボタンひとつで，折れ線グラフ，棒グラフから3Dのグラフまで様々な種類のグラフを簡単に作成することができる。

例題 5-8

次のCD生産実績表を作成して，アルバムとシングルの積み上げ縦棒グラフを作成しなさい。（出所：一般社団法人日本レコード協会）

表5-8　CD生産実績　（単位：千枚）

	2007年	2008年	2009年	2010年	2011年	2012年	2013年	2014年	2015年	2016年
アルバム	198,646	188,724	165,162	155,929	134,164	150,311	128,137	114,925	112,696	104,652
シングル	61,695	53,727	44,897	50,610	62,399	64,858	60,600	55,458	55,144	54,571
合計	260,341	242,451	210,059	206,539	196,563	215,169	188,737	170,383	167,840	159,223

グラフの作成

❶セルA1からセルK3の範囲を選択し，［挿入］リボンの［縦棒 / 横棒グラフの挿入］ボタンの右側にある▼ボタンをクリックし，表示される縦棒と横棒グラフの中から，［2-D縦棒］-［積み上げ縦棒］をクリックする。

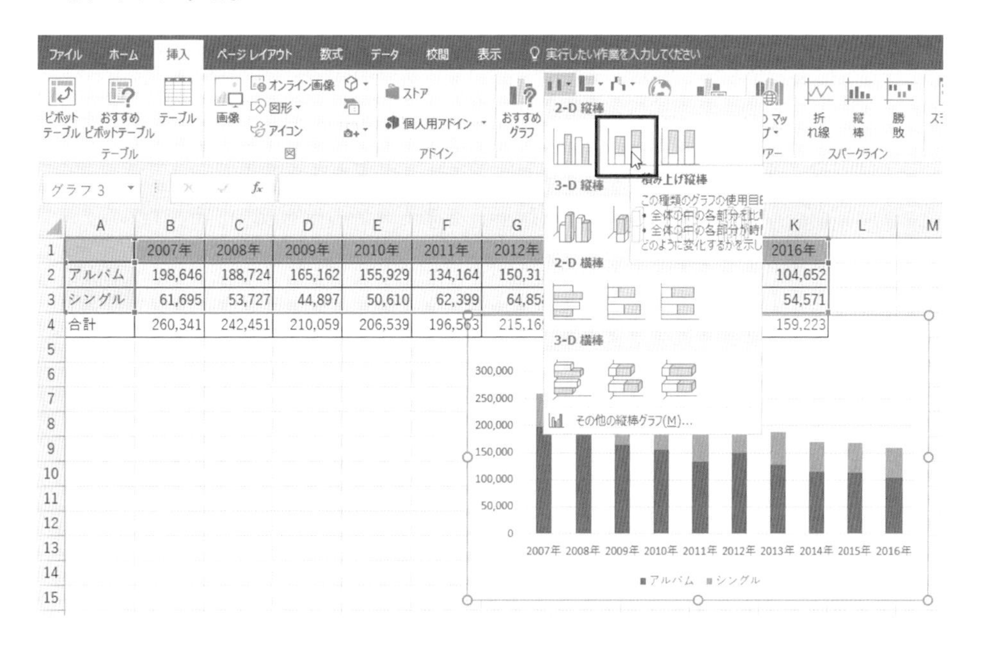

❷積み上げ縦棒グラフが挿入されるので，「グラフタイトル」となっている部分を「CD 生産実績」と修正する。

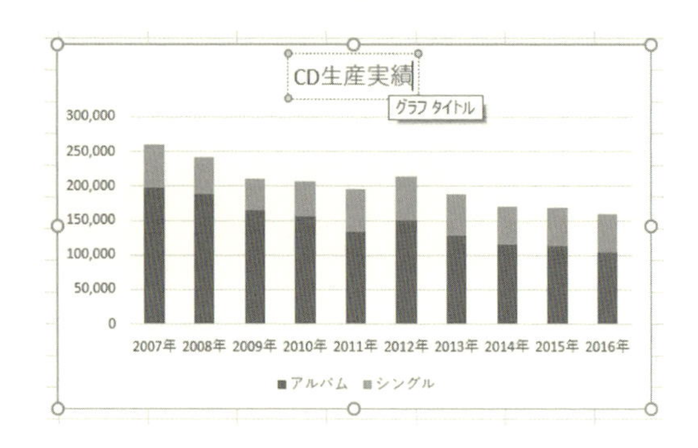

例題 5-9

次のパソコン国内出荷実績表を作成して，出荷台数を棒グラフ，金額を折れ線グラフにした複合グラフを作成しなさい。（出所：一般社団法人電子情報技術産業協会）

表 5-9　PC 国内出荷実績　（台数単位：千台，金額単位：億円）

	2011年	2012年	2013年	2014年	2015年	2016年
台数	5,419	5,462	4,989	4,803	3,408	3,373
金額	4,356	3,883	3,731	3,784	2,962	2,931

複合グラフの作成

❶例題通りデータを入力し，表を作成する。なお，数値のデータは「ホーム」リボンの［桁区切りスタイル］ボタンを使用する。

❷セル A2 とセル A3 を縦書きに設定する。両セルを選択した状態で，［ホーム］リボン，［配置］グループの［ダイアログボックス起動ツール］をクリックする。

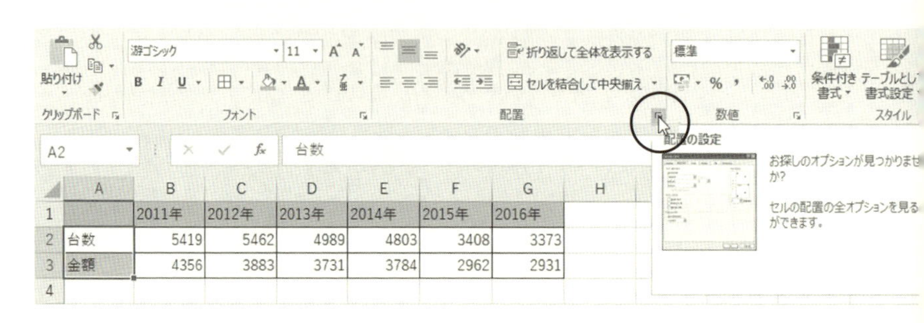

❸［セルの書式設定］ダイアログボックスの［配置］タブが選択されていることを確認して，方向の縦書きをクリックし，続いて，［OK］ボタンをクリックする。

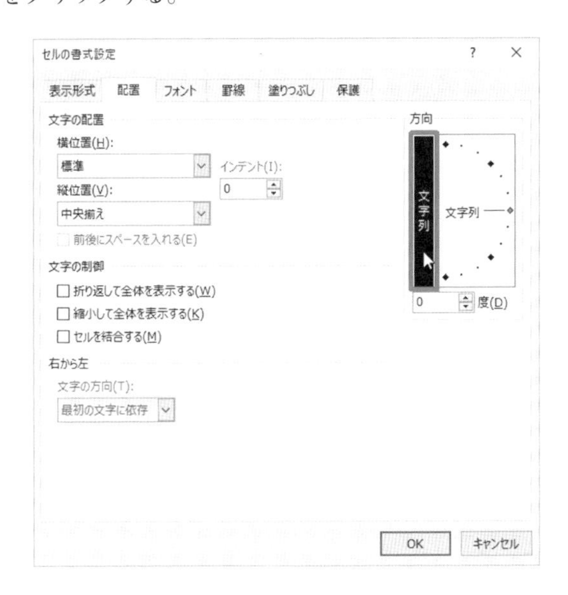

❹あわせて，A 列の幅を調整しておく。

❺セル A1 からセル G2 の範囲を選択し，［挿入］リボンの［複合グラフの挿入］ボタンをクリックし，表示される複合グラフの中から，［集合縦棒］-［第 2 軸の折れ線］をクリックする。

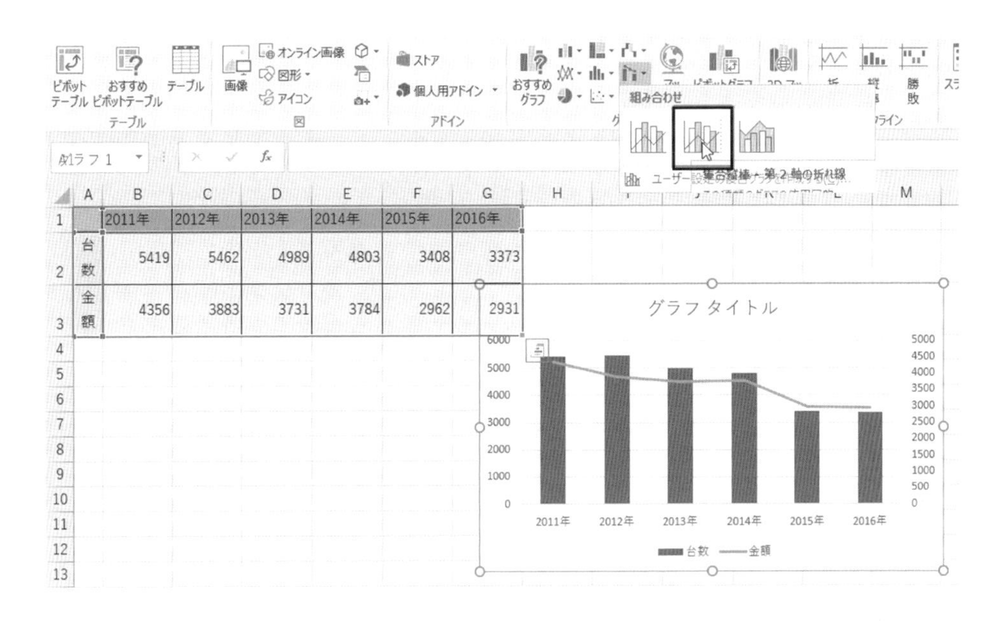

	A	B	C	D	E	F	G
1		2011年	2012年	2013年	2014年	2015年	2016年
2	台数	5419	5462	4989	4803	3408	3373
3	金額	4356	3883	3731	3784	2962	2931

❻複合グラフが挿入されるので，グラフのタイトルをダブルクリックして，「PC 国内出荷実績」と修正する。

グラフの種類の変更

Excelでは，グラフの種類を変更したり，後からデータを追加してグラフを再作成することもマウス操作だけで簡単にできる。

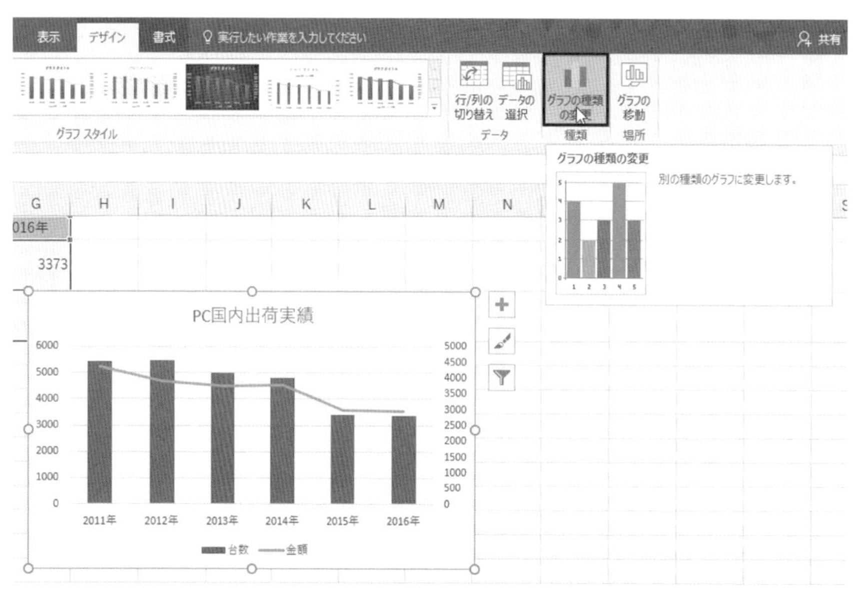

❶グラフの［グラフエリア］をクリックして，グラフが選択された状態で，［デザイン］リボンの［グラフの種類の変更］ボタンをクリックする。

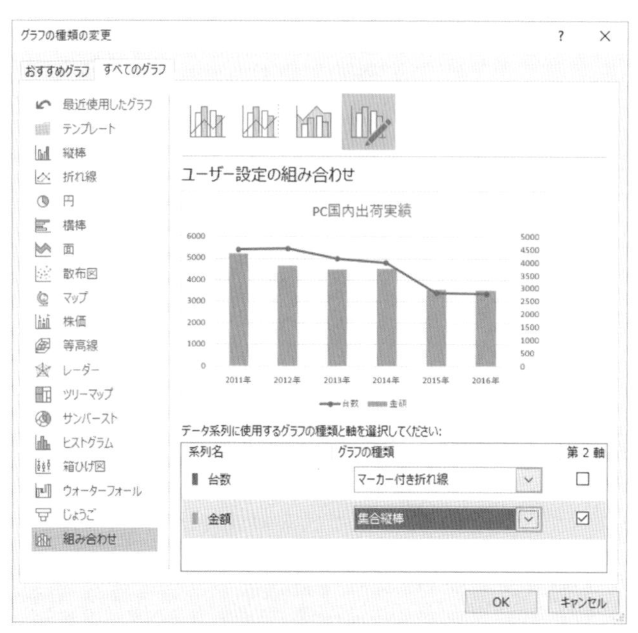

❷表示された［グラフの種類の変更］ダイアログボックスの「すべてのグラフ」タブにある「データ系列に使用するグラフの種類と軸を選択してください」の中で，系列名が「台数」のグラフの種類を「集合縦棒」から「マーカー付き折れ線」に，系列名が「金額」のグラフの種類を「折れ線」から「集合縦棒」に変更し，［OK］ボタンをクリックする。

❸台数のグラフがマーカー付き折れ線グラフに，金額のグラフが縦棒グラフに変更されたことを確認する。

グラフの移動とサイズ変更

Excelで作成されたグラフは，完成後にその配置やサイズをマウス操作で簡単に変更することができる。

グラフを移動する場合は，グラフを選択しない状態で，移動したいグラフの［グラフエリア］をドラッグして，移動先でドロップする。

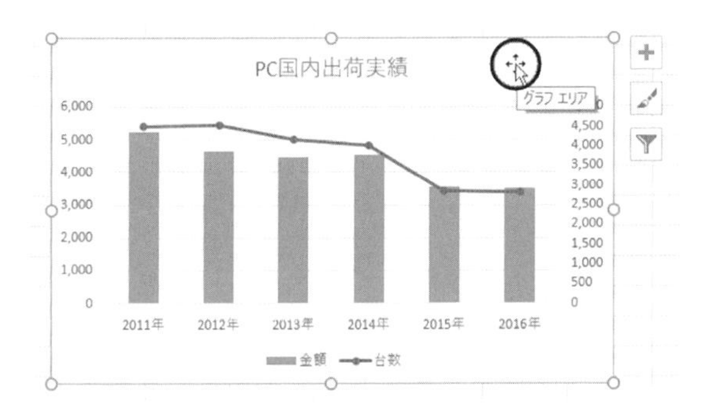

グラフのサイズを変更する場合は，グラフを選択すると表示される，四方の角と各辺の中央に表示されるハンドルをドラッグする。

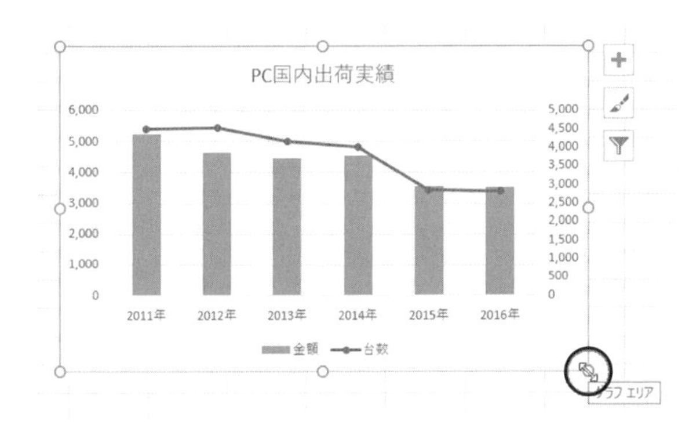

5-5-2 印刷

Excelでは，Wordをはじめとする他のMicrosoft Office製品と共通の操作により，作成した表やグラフを印刷することができる。

印刷プレビュー

Excelでは，印刷プレビューを利用することによって，実際紙に印刷する前に，印刷のイメージを画面上で確認することができる。

❶例題5-8のワークシートの［ファイル］タブをクリックしてメニューを開き，［印刷］をクリックすると［印刷プレビュー］が表示されるので，うまく1ページに収まっていないことを確認する。

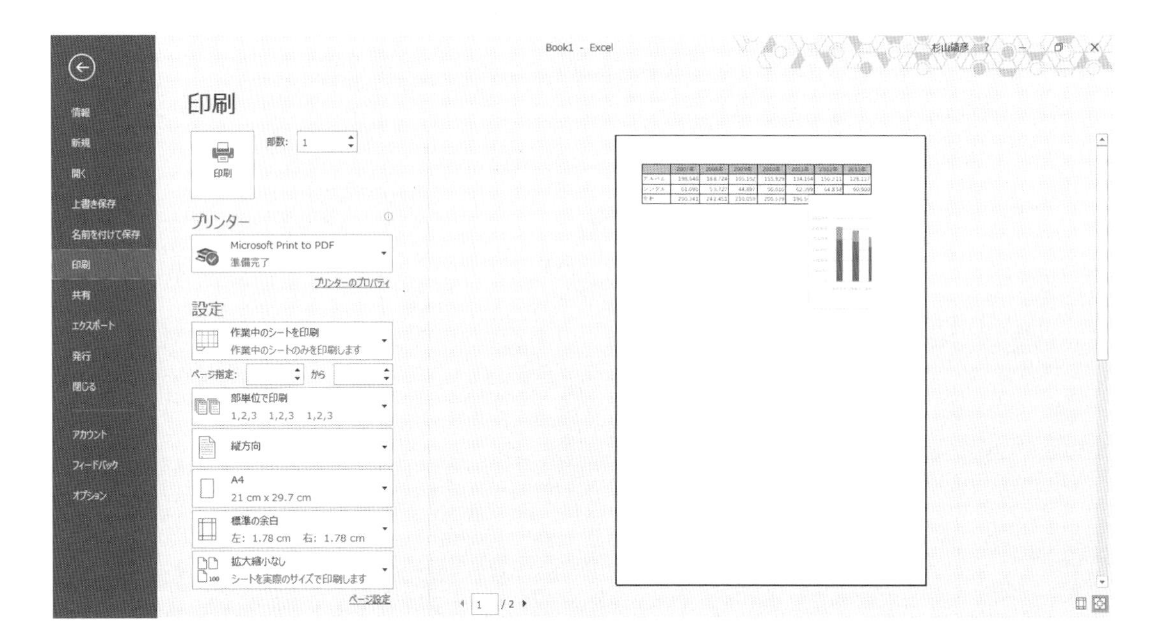

改ページプレビュー

Excelには，通常の編集画面と同様の機能を持ちながら，ワークシートの改ページの位置の細かい設定や確認をすることができる改ページプレビューという機能がある。

❶［表示］リボンの［改ページプレビュー］ボタンをクリックすると，印刷範囲が青い実線で，改ページの位置が青い点線で表示され，どこの部分が何ページになるのか，薄く灰色でページ数が表示される。

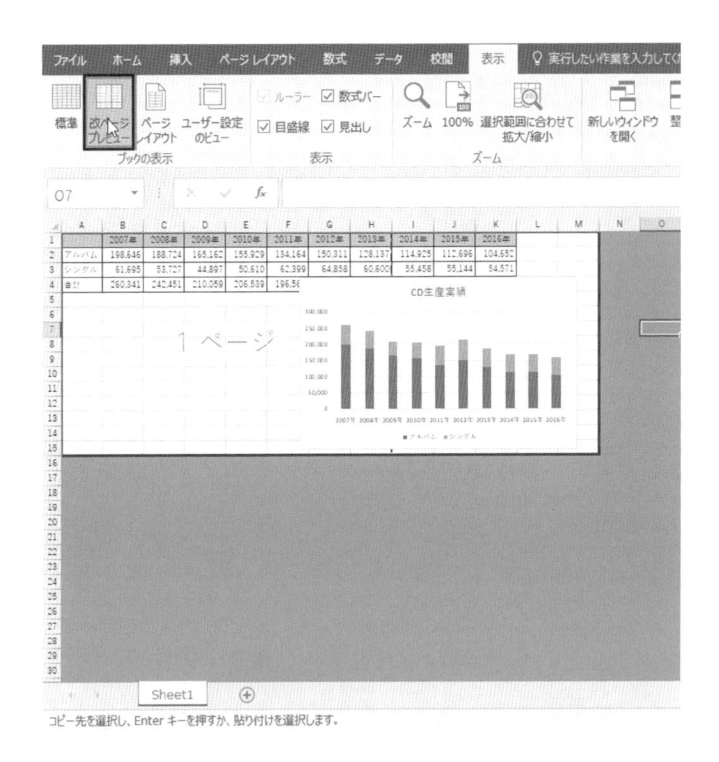

なお，表示倍率を変更したい場合は，［ズームスライダー］で設定する。

❷1枚の紙に表とグラフが重ならずに印刷されるよう，グラフを表の下に移動して，大きさなどを調整し，1ページめと2ページめの間の改ページを表す青い点線を，右の青い実線上までドラッグする。

❸再び，［ファイル］タブの［印刷］をクリックして，1ページに収まっていることを印刷プレビューで確認する。

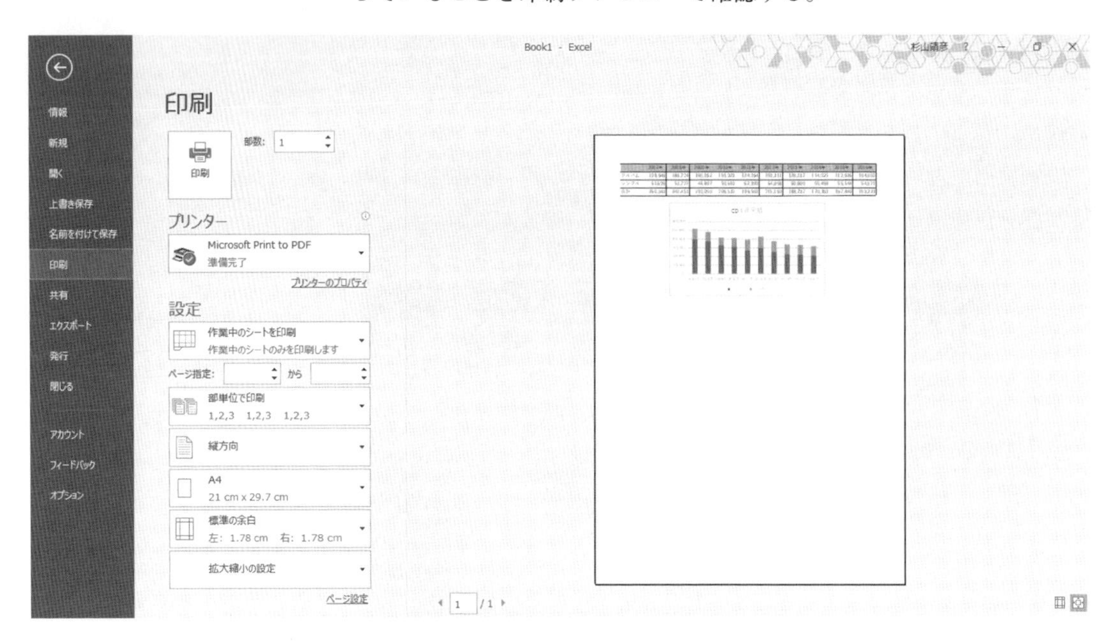

ページ設定

Excelでは，印刷紙の選択，ヘッダーやフッターの設定など印刷に関するほとんどすべての設定をページ設定機能で行う。

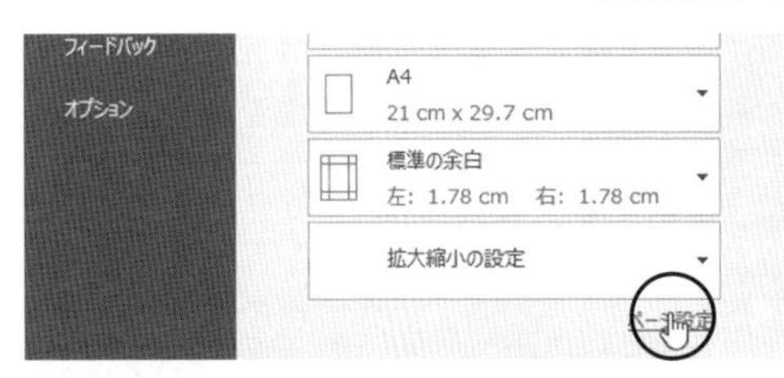

❶［ファイル］タブをクリックしてメニューを開き，［印刷］をクリックすると表示されるメニューの中から［ページ設定］をクリックする。

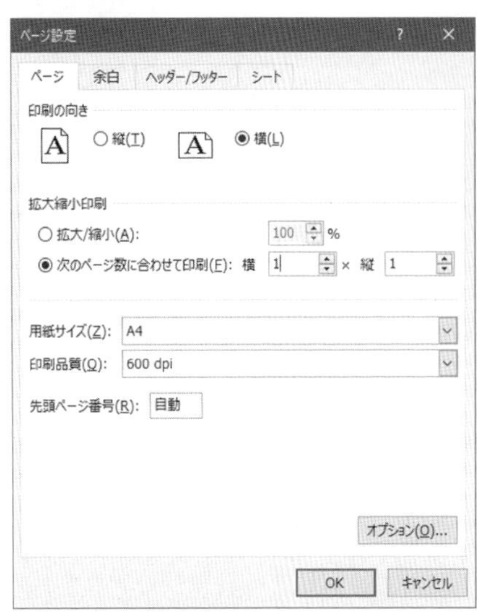

❷［ページ設定］ダイアログボックスの［ページ］タブでは，印刷する紙の向きやサイズ，縮小拡大の倍率を設定することができる。
用紙の向きで「横」のオプションボタンをクリックする。

❸拡大縮小印刷で「次のページ数に合わせて印刷」オプションボタンをクリックし，横「1」×縦「1」になっていることを確認する。

❹最後に用紙サイズが「A4」になっていることを確認したら，［OK］ボタンをクリックして，紙が横向きになって，1枚に全体が表示されていることを確認する。

❺続けて再度，［ページ設定］ボタンをクリックして，今度は，［余白］を選択する。ここでは，用紙の余白と印刷部分の縦横の中央配置について設定することができるので，「水平」と「垂直」の両方をクリックして，チェックマークを入れる。

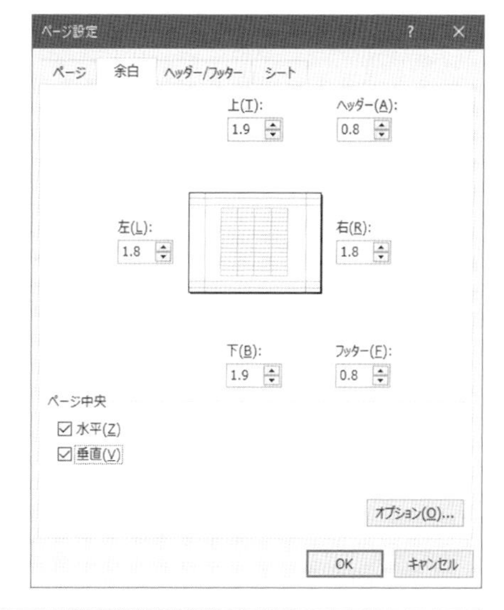

❻［ヘッダー / フッター］タブでは，上下の余白部分に印刷する内容の設定をすることができる。

［ヘッダーの編集］ボタンをクリックする。

❼左側の欄に氏名を入力して，［OK］ボタンをクリックする。

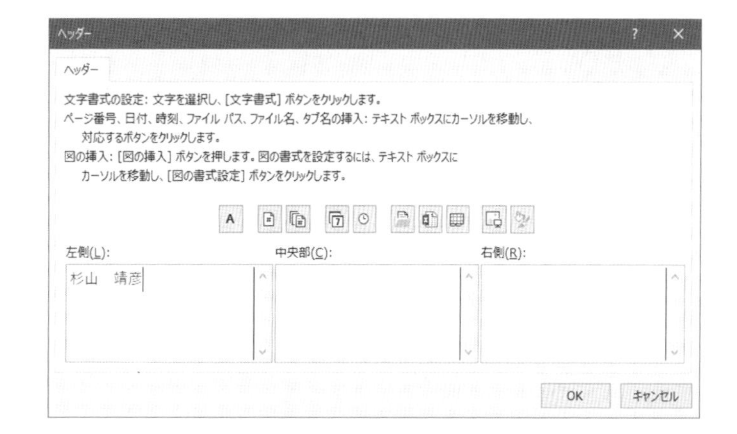

❽フッターは，▼ボタンをクリックして，「1ページ」を選択し，［OK］ボタンをクリックする。

❾ヘッダーとフッターにそれぞれ，氏名とページ番号が入っていることを確認したら，［印刷］ボタンをクリックする。

5-5 練習問題

問題 1 ――――次の支店別・商品別販売台数データで合計を算出し，以下の２つのグラフを作成しなさい。さらに，これらの表とグラフを A4 用紙縦方向１枚で印刷し，ヘッダー右側に作成日を表示するよう，ページ設定を変更しなさい。

	A	B	C	D	E
1		デスクトップPC	ノートPC	ネットブック	合計
2	札幌	2,170	3,785	3,520	
3	東京	5,895	7,900	8,520	
4	名古屋	2,850	3,650	3,900	
5	大阪	3,725	6,050	5,980	
6	福岡	3,550	4,450	5,600	
7	合計				

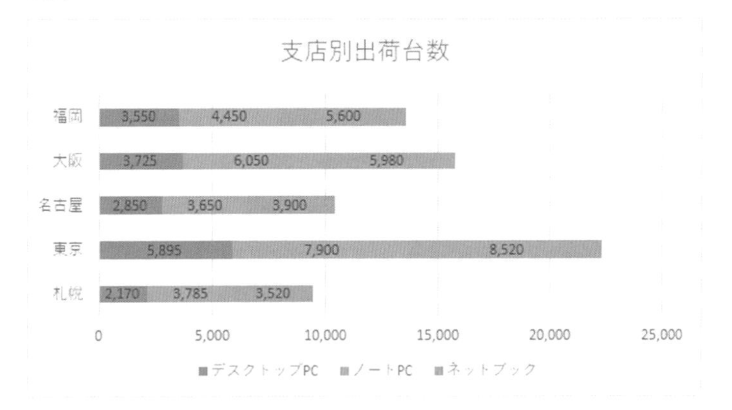

グラフの種類：2-D 積み上げ横棒

凡例：下に表示，データラベル：中央に表示

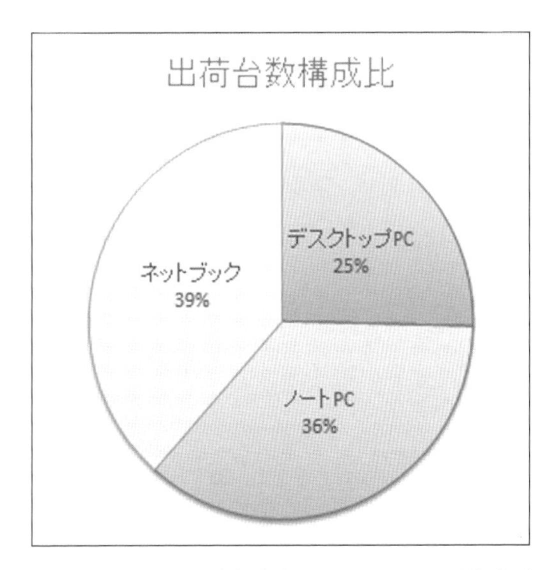

グラフの種類：円，データラベル：分類名とパーセンテージを表示

凡例：なし

問題 2 ――――次の年度別実績表で売上高利益率を算出し，以下のグラフを作成しなさい。さらに，これらの表とグラフを A4 用紙横方向 1 枚で印刷し，ヘッダー右側に作成者と作成日，フッター中央にページ番号を表示するようにページ設定を変更しなさい。

	A	B	C	D	E	F
1		2013年度	2014年度	2015年度	2016年度	2017年度
2	売上高	205,085	198,500	227,800	235,670	248,500
3	利益	6,325	6,100	6,285	5,900	5,710
4	売上高利益率					

売上高利益率：売上高に対する利益の割合。パーセントで小数第 2 位まで表示すること。

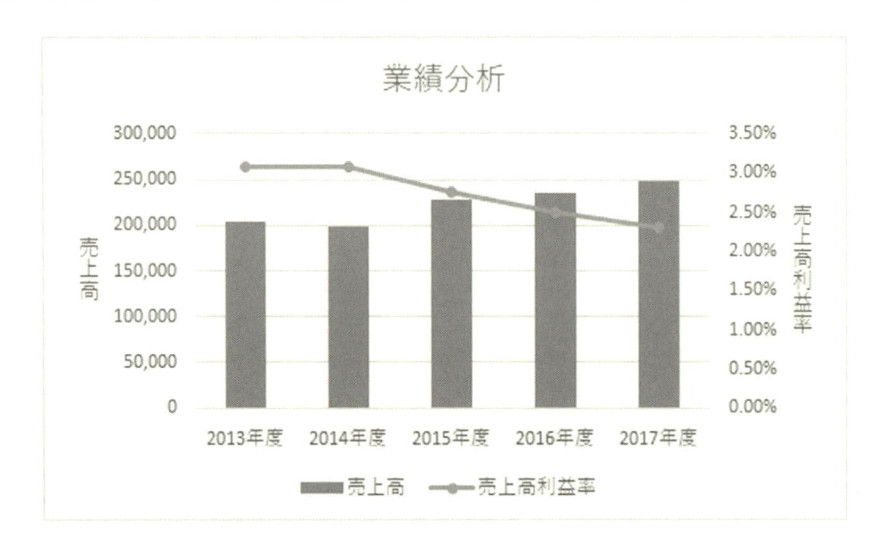

グラフの種類：集合縦棒（売上高）とマーカー付き折れ線（売上高利益率）の複合グラフ

主軸：売上高，第 2 軸：売上高利益率

5-6 データベースの利用とデータ分析

Excelでは，入力されたリストの中から，必要な情報を検索したり，並べ替えたり，データベースのような使い方ができる。また，それらのデータをもとに分析を行うことができる。

5-6-1 データベースの利用

検索や並べ替えなど，Excelで作成したリストをデータベースとして使うことができる。

例題 5-10

インターネットから次の名簿をダウンロードして[1]，「山本」氏の検索，年齢の若い順での並べ替え，女性のみの抽出，30代の抽出を順番に行いなさい。

表 5-10　名簿

会員番号	氏　名	性別	年齢	職　業	住　所
F000001	荏原　貞治	男性	40	会社員	東京都新宿区西五軒町
F000002	伊澤　孝子	女性	33	主婦	東京都新宿区西新宿
F000003	小林　達雄	男性	20	学生	東京都千代田区一番町
F000004	天野　隆	男性	33	会社員	東京都港区南青山
F000005	武藤　信代	女性	18	学生	東京都新宿区新宿

⋮

データの検索

Excelでは，検索したい文字列を指定するだけで，リスト全体からその文字列のみを検索をすることができる。

【1】ファイルのダウンロード
このファイルは，実教出版のWebサイトの本書の紹介ページからダウンロードできる。ダウンロードの仕方はp.7を参照。

❶セルA1をアクティブセルにした状態で，［ホーム］リボンの［検索と選択］ボタンをクリックすると表示されるメニューの中から，［検索］を選択する。

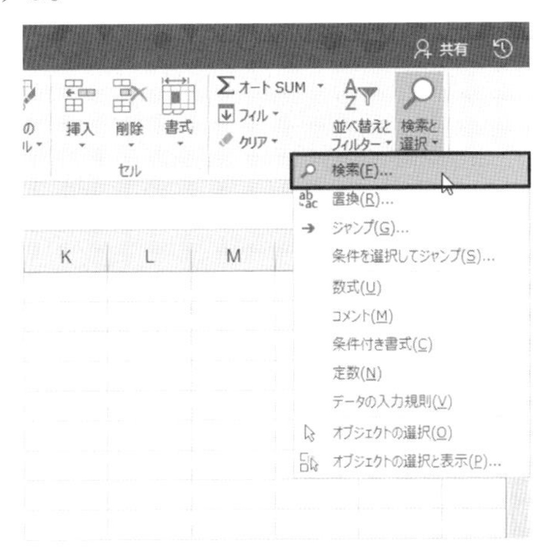

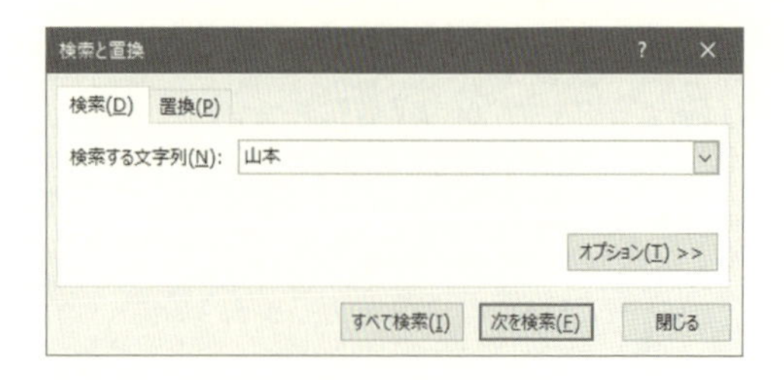

❷［検索と置換］ダイアログボックスに検索する文字列を入力する。
ここでは「山本」と入力して，［次を検索］ボタンをクリックする。

❸「山本」という文字列を検索し，該当するセルがアクティブセルになる。複数該当する文字列がある場合は，［次を検索］ボタンをクリックするたびに次の検索結果に移動する。

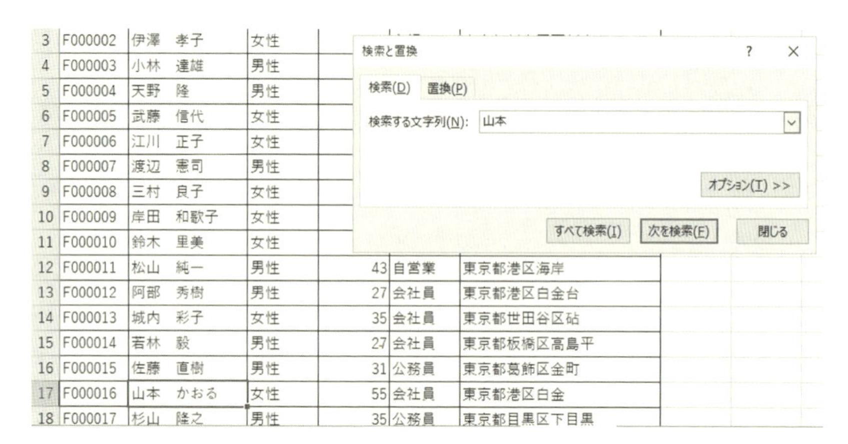

❹検索が終了したら，［閉じる］ボタンをクリックする。

データの並べ替え

Excelでは，指定した項目について昇順，降順の並べ替えを行うことができる。また，この指定する項目については，複数指定することもできる。

❶セルD1をアクティブセルにした状態で，［ホーム］リボンの［並べ替えとフィルター］ボタンをクリックすると表示されるメニューの中から［昇順］を選択すると，年齢の若い順に並べ替えが行われる。

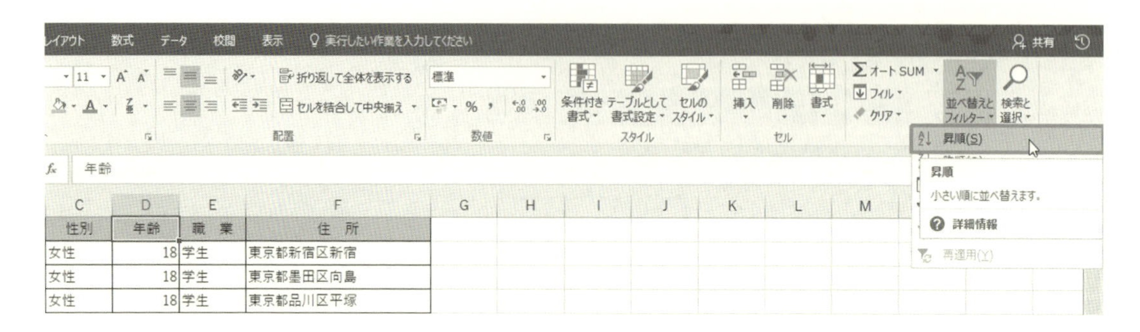

❷会員番号順に戻すためには，セルA1をアクティブセルにした状態で，［ホーム］リボンの［並べ替えとフィルター］ボタンをクリックすると表示されるメニューの中から［昇順］を選択する。

オートフィルターによる抽出

Excelでは，オートフィルター機能を利用することにより，列ごとにデータを一覧で表示し，そこから条件として指定するだけで必要な情報を抽出することができる。

❶表内の任意のセルをアクティブセルにした状態で，［データ］リボンの［フィルター］ボタンをクリックする。

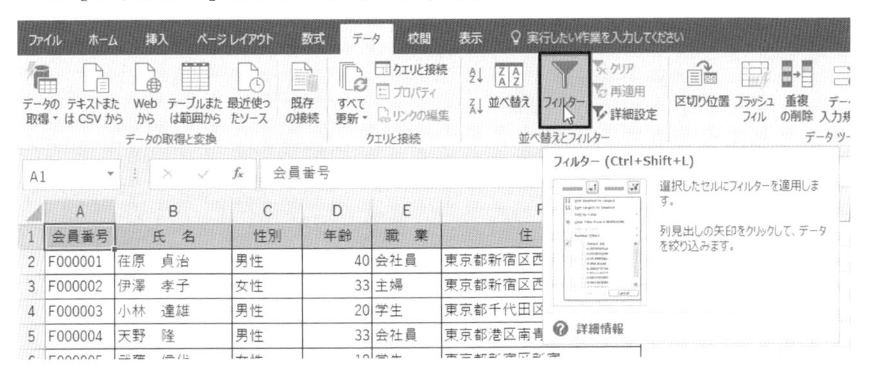

❷各項目名に列見出し▼ボタンが表示されるので，「性別」の列見出しの▼をクリックする。

❸表示されるリストの中から［男性］のチェックマークをクリックして外し，［OK］ボタンをクリックすると，女性のみが抽出されて表示される。

❹全員を表示する状態に戻すためには，再び「性別」の列見出しの▼ボタンをクリックして，表示されるリストの中から［(すべて選択)］のチェックマークをクリックして付け，［OK］ボタンをクリックする。

フィルターオプションによる抽出

オートフィルター機能の中には，たとえば「○○以上」や「××が含まれる」といったより複雑な条件の検索も1項目につき2つまで指定して，必要な情報を抽出することができる。

❶「年齢」の列見出しの▼をクリックして，表示されるリストの中から［数値フィルター(F)］サブメニュー中の［指定の範囲内(W)］を選択する。

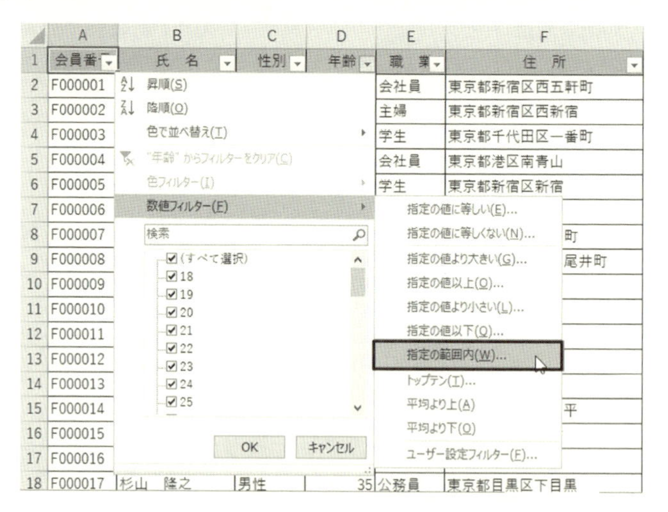

❷ 30歳代の人を抽出するため，抽出条件として，年齢が「30」を入力し，［以上］が選択されていることを確認する。

❸続いて，［AND］が選択されてることを確認し，「39」を入力し，［以下］が選択されていることを確認して（または「40」「未満」を選択して），［OK］ボタンをクリックすると，30歳代の人が抽出表示される。

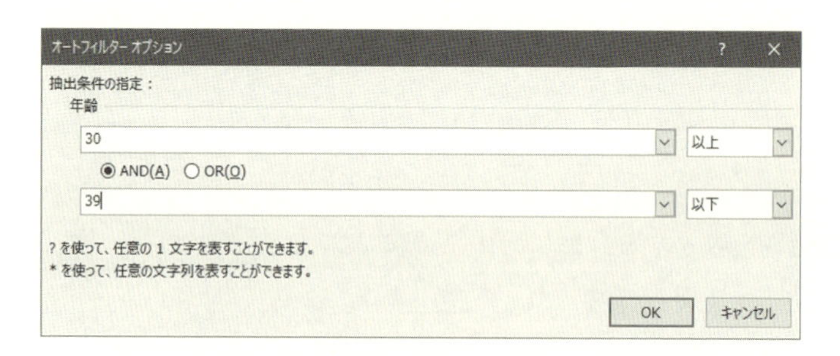

❹全員を表示する状態に戻すためには，再び「年齢」の列見出しの▼ボタンをクリックして，表示されるリストの中から［(すべて選択)］のチェックマークをクリックして付け，［OK］ボタンをクリックする。

❺また，オートフィルター機能を解除するためには，再度［データ］リボンの［フィルター］ボタンをクリックする。

5-6-2 関数によるデータベースの検索

Excelでは，VLOOKUP関数や，INDEX関数，MATCH関数を組み合わせて使うことによって，セルにデータを入力すると指定したセルに指定範囲から適合するデータを表示させることができる。

例題 5-11

例題5-9の名簿を利用して，その右側に下記の氏名を入力すると性別，年齢と住所が表示されるフォームと，氏名を入力すると会員番号と職業が表示されるフォームを作成しなさい。

表5-11　性別，年齢，住所の検索，会員番号，職業の検索フォーム

	氏名	性別	年齢	住所
亍町				
宮				
番町	氏名	会員番号	職業	

VLOOKUP関数

VLOOKUP関数とは，「検索値」を指定した「範囲」の最初の列から検索し，検索結果と同じ行にある指定した「行番号」の値を返す関数のことである。

= VLOOKUP(検査値，範囲，列番号，[検索の型])[1]

【1】
「検索の型」については「FALSE」を指定とすると，「検索値」と完全一致する値だけが検索され，見つからない場合はエラー(#N/A)となるが，「TRUE」を指定すると，完全に一致する値が見つからない場合は，検索値未満の最大値が検索される。なお，省略した場合は，「TRUE」を指定したこととなる。

❶セルH1からセルK2とセルH4からセルJ5に，例題の検索フォームを作成する。

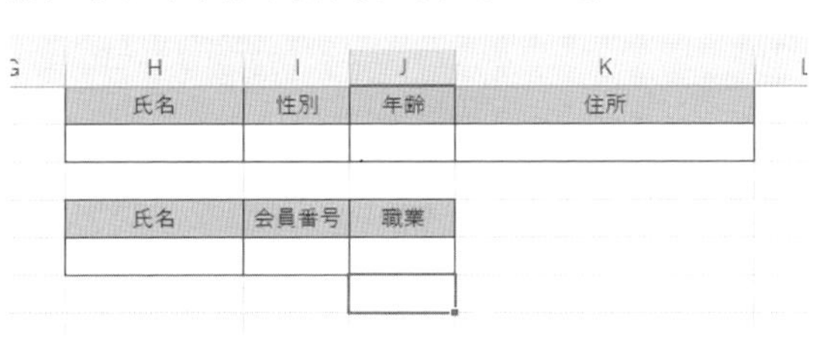

❷セルI2をアクティブセルにした状態で，［関数の挿入］ボタンをクリックし，表示されるダイアログボックスで，関数の分類から［検索/行列］を選択して，関数名から［VLOOKUP］を選択して，［OK］ボタンをクリックする。

❸［関数の引数］ダイアログボックスが表示されたら，検索値に「H2」，範囲に「B2:F201」，列番号に「2」，検索方法に「FALSE」を入力して，［OK］ボタンをクリックする。

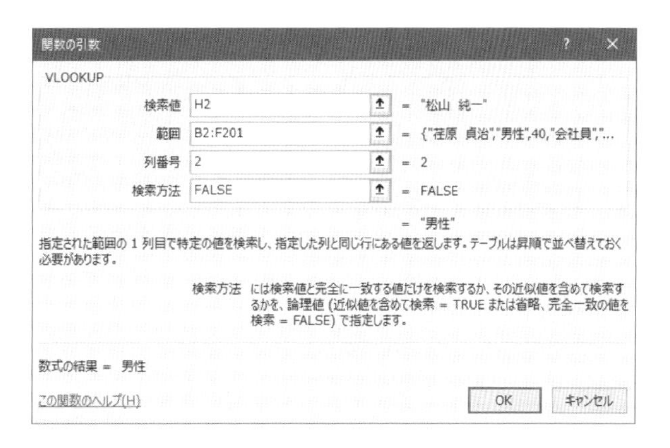

❹セル I2 には，

= VLOOKUP(H2, B2:F201, 2, FALSE)

という数式が入力されるが，この数式は，セル H2 に入力された値をセル B2 からセル F201 の範囲の一番左の列（セル B2 から B201）を検索して，完全一致するデータについて，セル B2 からセル F201 の範囲の 2 番目の列（セル C2 からセル C201）の値を返すという意味である。

なお，セル H2 に何も入力されていないため，セル I2 には「#N/A」と表示される。

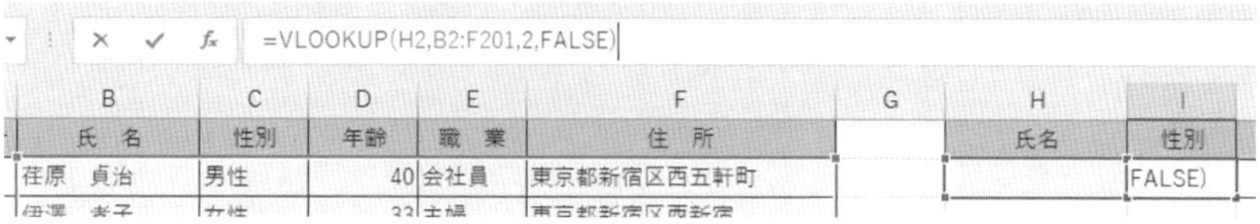

=VLOOKUP(H2,B2:F201,2,FALSE)

B	C	D	E	F	G	H	I
氏　名	性別	年齢	職　業	住　所		氏名	性別
荏原　貞治	男性	40	会社員	東京都新宿区西五軒町			FALSE)

❺同様の手順で，セル J2 には，検索値に「H2」，範囲に「B2:F201」，列番号に「4」，検索方法に「FALSE」を入力。

セル K2 には，検索値に「H2」，範囲に「B2:F201」，列番号に「6」，検索方法に「FALSE」を入力して，［OK］ボタンをクリックする。

❻セル H2 に「松山　純一」と入力して，性別，年齢，住所の検索結果が表示されることを確認する。

H	I	J	K
氏名	性別	年齢	住所
松山　純一	男性	43	東京都港区海岸

INDEX 関数と MATCH 関数

INDEX 関数とは，指定した「範囲」における「行番号」行目の「列番号」列目の値を求める関数のことである。なお，指定「範囲」が複数ある場合は，何番目の領域であるか「領域番号」を指定する必要がある。

= INDEX(範囲, 行番号, 列番号, ［領域番号］)

MATCH 関数とは，「検索値」が「検索範囲」において何番目にあるかを求める関数のこと。

= MATCH(検索値, 検索範囲, ［照合の型］) [2]

これら INDEX 関数と MATCH 関数を組み合わせることによって，VLOOKUP 関数では検索できない検索値の左側を検索したり，一部しかわからない検索値の検索をするなど，柔軟な検索を高速に行うことができる。

❶セル I5 をアクティブセルにした状態で，［関数の挿入］ボタンをクリックし，表示されるダイアログボックスで，関数の分類から［検索 / 行列］を選択して，関数名から［INDEX］を選択して，［OK］ボタンをクリックする。

[2]
「照合の型」に「0」を指定すると，「検索値」と完全一致する値だけが検索され，見つからない場合はエラー（#N/A）となるが，「1」を指定すると，完全に一致する値が見つからない場合は，検索値未満の最大値が検索され，「2」を指定すると，完全に一致する値が見つからない場合は，検索値超の最小値が検索される。なお，省略した場合は，「1」を指定したこととなる。

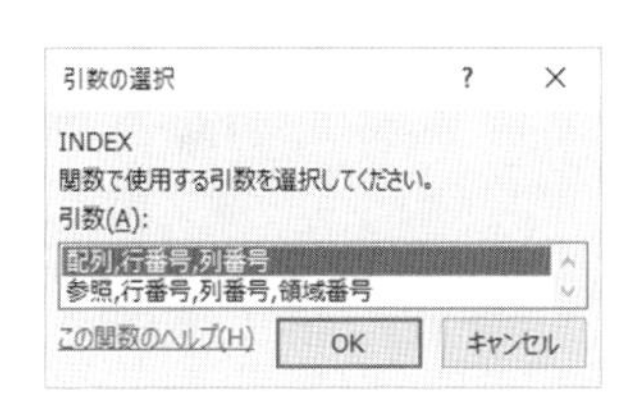

❷表示される［引数の選択］ダイアログボックスで，［配列，行番号，列番号］を選択して，［OK］ボタンをクリックする。

❸［関数の引数］ダイアログボックスが表示されたら，配列に「A2:F201」，行番号に「MATCH(H5, B2:B201, 0)」，列番号に「1」を入力して，［OK］ボタンをクリックする。

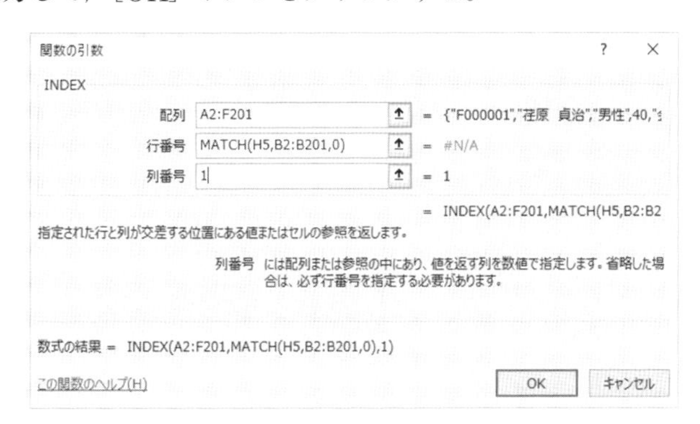

セル I5 には，

= INDEX(A2:F201, ［　　　　　　］, 1)
↑
MATCH(H5, B2:B201, 0)

という数式が入力されるが，この数式は，まず MATCH 関数を用いて，セル H5 に入力された値をセル A2 から F201 の範囲の中から完全一致する行番号を求め，続いて，INDEX 関数を用いて，セル A2 から F201 の範囲の MTACH 関数で求めた行番号の 1 列目の値を返すという意味である。

❹同様に，セル J5 にも，MATCH 関数と INDEX 関数を用いた数式を［関数の挿入］ボタンを用いて入力する。

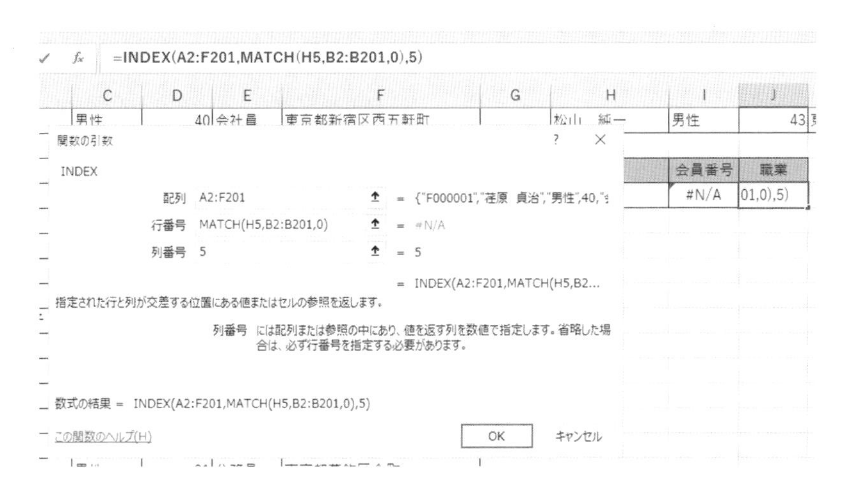

❺セル H5 に「大村　和也」と入力して，性別，年齢，住所の検索結果が表示されることを確認する。

H	I	J
氏名	性別	年齢
松山　純一	男性	43

氏名	会員番号	職業
大村　和也	F000051	会社員

5-6-3 ピボットテーブル

Excel では，ピボットテーブルの機能を利用することにより，蓄積したデータをマウス操作だけで簡単に集計したり，分析することができる。

例題 5-12

インターネットから次の 10 月の売上データをダウンロードして，営業所ごとの販売先別商品別の売上高集計表を作成しなさい。

表 5-12　売上一覧表

日付	営業所	販売先	商品	仕入単価	売上単価	数量	原価	売上
10/1	城南	梅田百貨店	越の七色桜詰め合せ	2,975	3,500	150	446,250	525,000
10/1	城南	梅田百貨店	特選のっぺセット	1,050	1,500	30	31,500	45,000
10/1	城南	梅田百貨店	鮭の親子茶漬け	900	1,200	120	108,000	144,000
10/1	城南	梅田百貨店	特選のっぺセット	1,050	1,500	140	147,000	210,000
10/1	城南	梅田百貨店	鮭の親子茶漬け	900	1,200	190	171,000	228,000

⋮

ピボットテーブル

❶表内にアクティブセルがあることを確認して，［挿入］リボンの［ピボットテーブル］ボタンをクリックする。

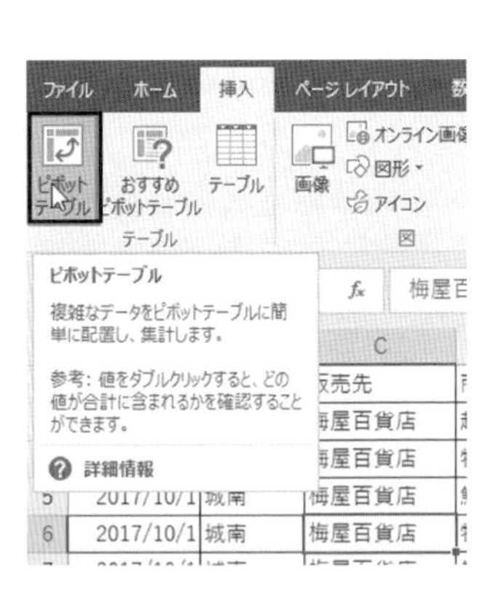

❷［ピボットテーブルの作成］ダイアログボックスのテーブルまたは範囲を選択で，表の全範囲（セル A2 からセル I927）が選択されていることを確認して，［OK］ボタンをクリックする。

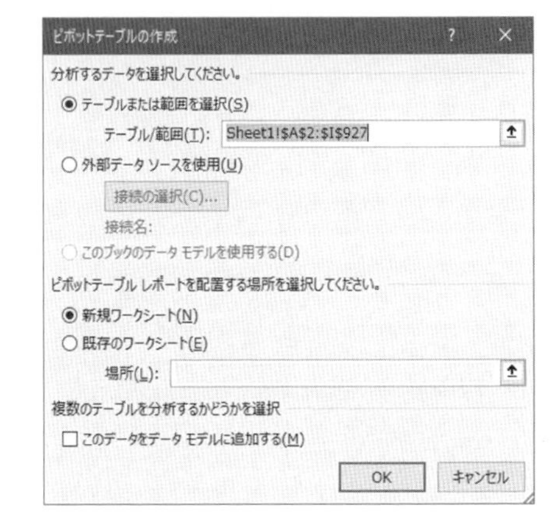

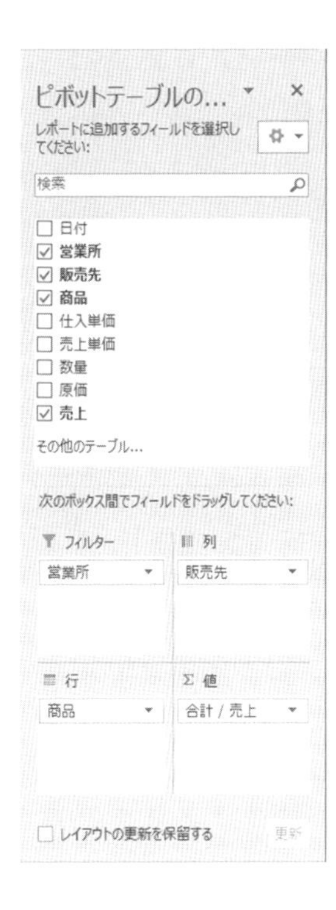

❸「ピボットテーブルのフィールド」で，レポートフィルターに「営業所」，列ラベルに「販売先」，行ラベルに「商品」，そして，値に「売上」をフィールドリストからドラッグ＆ドロップする。

❹すべての営業所の合計表が表示される。

営業所　(すべて)

合計 / 売上	列ラベル					
行ラベル	四越デパート	太丸百貨店	大田急百貨店	梅屋百貨店	北武デパート	総計
越の七色桜詰め合せ	9380000	17640000	11550000	31150000	18165000	87885000
鮭の親子茶漬け	3624000	5964000	3768000	7596000	4860000	25812000
切干漬けの瓶詰め	3340000	4580000	5990000	7410000	3690000	25010000
特選のっぺセット	6750000	5925000	7530000	12765000	7140000	40110000
総計	**23094000**	**34109000**	**28838000**	**58921000**	**33855000**	**178817000**

❺営業所を切り替えると，それぞれの集計金額が切り替わることが確認できる。

ピボットテーブルの変更

Excelでは，ピボットテーブルの書式やデータ項目，集計方法などを必要に応じて自由に変更することができる。

❶ピボットテーブルの表内にアクティブセルがある状態になると表示される「ピボットテーブルのフィールド」で，レポートフィルターにある「営業所」を列ラベルに，列ラベルにある「販売先」を行ラベルの「商品」の下にドラッグ＆ドロップする。

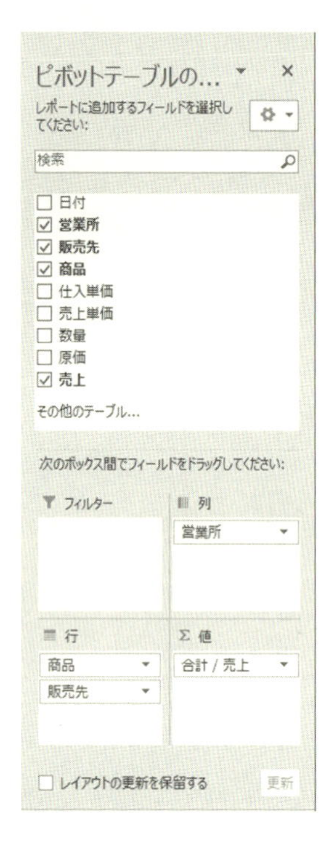

❷ただちに表の形式が変更されて集計金額が表示される。

合計 / 売上	列ラベル			
行ラベル	城南	西北	中央	総計
⊟越の七色桜詰め合せ				
四越デパート			9380000	9380000
太丸百貨店			17640000	17640000
大田急百貨店		11550000		11550000
梅屋百貨店	31150000			31150000
北武デパート		18165000		18165000
越の七色桜詰め合せ 集計	**31150000**	**29715000**	**27020000**	**87885000**
⊟鮭の親子茶漬け				
四越デパート			3624000	3624000
太丸百貨店			5964000	5964000
大田急百貨店		3768000		3768000
梅屋百貨店	7596000			7596000
北武デパート		4860000		4860000
鮭の親子茶漬け 集計	**7596000**	**8628000**	**9588000**	**25812000**
⊟切干漬けの瓶詰め				
四越デパート			3340000	3340000
太丸百貨店			4580000	4580000
大田急百貨店		5990000		5990000
梅屋百貨店	7410000			7410000
北武デパート		3690000		3690000
切干漬けの瓶詰め 集計	**7410000**	**9680000**	**7920000**	**25010000**
⊟特選のっぺセット				
四越デパート			6750000	6750000
太丸百貨店			5925000	5925000
大田急百貨店		7530000		7530000
梅屋百貨店	12765000			12765000
北武デパート		7140000		7140000
特選のっぺセット 集計	**12765000**	**14670000**	**12675000**	**40110000**
総計	**58921000**	**62693000**	**57203000**	**178817000**

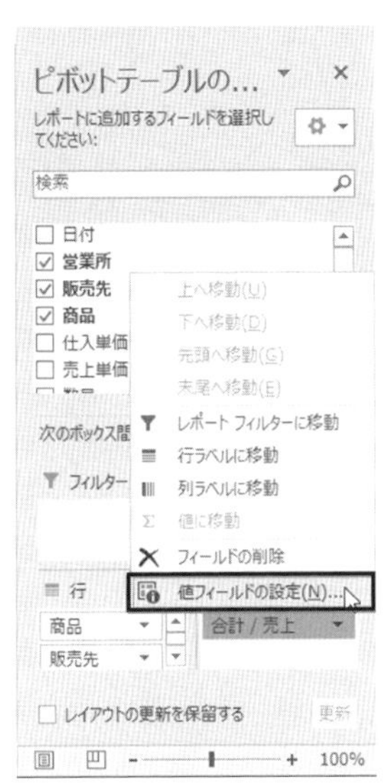

❸続いて，「ピボットテーブルのフィールド」で，値の「合計 / 売上」の右側にある▼ボタンをクリックして，「値フィールドの設定」を選択する。

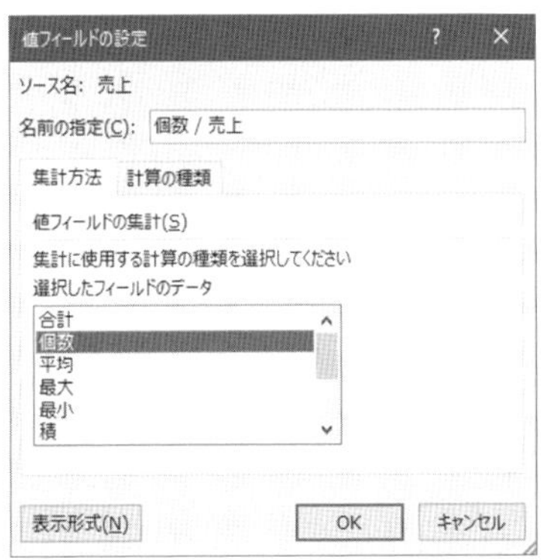

❹［値フィールドの設定］ダイアログボックスの値フィールドの集計を［合計］から［個数］に変更して，［OK］ボタンをクリックする。

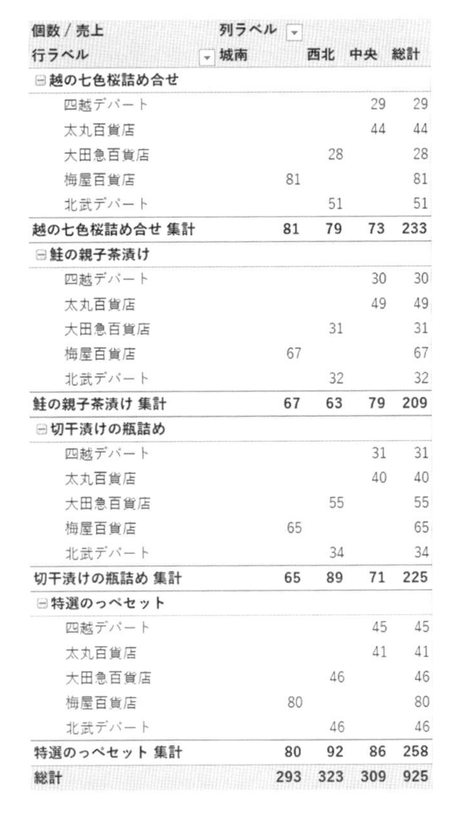

個数 / 売上	列ラベル			
行ラベル	城南	西北	中央	総計
⊟越の七色桜詰め合せ				
四越デパート			29	29
太丸百貨店			44	44
大田急百貨店		28		28
梅屋百貨店	81			81
北武デパート		51		51
越の七色桜詰め合せ 集計	**81**	**79**	**73**	**233**
⊟鮭の親子茶漬け				
四越デパート			30	30
太丸百貨店			49	49
大田急百貨店		31		31
梅屋百貨店	67			67
北武デパート		32		32
鮭の親子茶漬け 集計	**67**	**63**	**79**	**209**
⊟切干漬けの瓶詰め				
四越デパート			31	31
太丸百貨店			40	40
大田急百貨店		55		55
梅屋百貨店	65			65
北武デパート		34		34
切干漬けの瓶詰め 集計	**65**	**89**	**71**	**225**
⊟特選のっぺセット				
四越デパート			45	45
太丸百貨店			41	41
大田急百貨店		46		46
梅屋百貨店	80			80
北武デパート		46		46
特選のっぺセット 集計	**80**	**92**	**86**	**258**
総計	**293**	**323**	**309**	**925**

❺ただちに表が取引金額から取引件数に変更されて表示される。

5-6 練習問題

問題 1———以下の自動車販売リストをもとに，次の処理を行いなさい。なおそれぞれの処理を別のワークシートで行うこと。

	A	B	C	D	E	F
1	No.	日付	車名	タイプ	販売総額	担当者
2	1	10月5日	ラスティマ	ミニバン	2,894,000	木村
3	2	10月5日	プロマシー	ミニバン	2,522,000	藤井
4	3	10月5日	エムグランド	ミニバン	4,867,000	岩城
5	4	10月5日	ブラウン	セダン	6,584,000	藤井
6	5	10月5日	ラスティマ	ミニバン	3,002,000	木村

（自動車販売リストは，実教出版の Web サイトの本書の紹介ページからダウンロードできる。ダウンロードの仕方は p.7 を参照。）

① 販売総額の降順で並べ替える

② タイプ（最優先），車名（2 番目）で並べ替える

③ 岩城さんがセダンタイプを販売したデータを抽出する

④ 販売総額が 6,000,000 円以上のデータを抽出する

⑤ 日付別・タイプ別販売総額合計のクロス集計表を作成する

合計 / 販売総額	タイプ		
日付	セダン	ミニバン	総計
10月5日	10,797,000	13,285,000	24,082,000
10月6日	10,039,000	21,351,000	31,390,000
10月7日	12,429,000	12,638,000	25,067,000
10月8日	3,990,000	13,434,000	17,424,000
10月9日	15,134,000	25,141,000	40,275,000
10月10日	16,790,000	33,618,000	50,408,000
総計	**69,179,000**	**119,467,000**	**188,646,000**

⑥ 車名別・営業担当別販売台数のクロス集計表を作成する

データの個数 / No.	担当者				
車名	岩城	佐々木	藤井	木村	総計
エムグランド	5	2	1		8
スカイパイン	2	2	3	2	9
ブラウン	1	3	1		5
プロマシー	3	2	6	1	12
ラスティマ	3	2	5	6	16
総計	**14**	**11**	**16**	**9**	**50**

⑦ 日付別・営業担当別の販売数量と割合が，タイプごとに把握できるクロス集計表を作成する。

タイプ	ミニバン				
	担当者				
日付	岩城	佐々木	藤井	木村	総計
10月5日					
データの個数 / No.	1		1	2	4
合計 / No.	0.3%	0.0%	0.2%	0.7%	1.2%
10月6日					
データの個数 / No.	3		3		6
合計 / No.	3.2%	0.0%	3.2%	0.0%	6.3%
10月7日					
データの個数 / No.			2	2	4
合計 / No.	0.0%	0.0%	3.6%	3.7%	7.3%
10月8日					
データの個数 / No.	2	1	1		4
合計 / No.	4.8%	2.7%	2.4%	0.0%	9.9%
10月9日					
データの個数 / No.	1	2	4	1	8
合計 / No.	3.8%	6.4%	13.2%	3.7%	27.2%
10月10日					
データの個数 / No.	4	3	1	2	10
合計 / No.	19.3%	13.8%	5.5%	9.5%	48.1%
全体の データの個数 / No.	**11**	**6**	**12**	**7**	**36**
全体の 合計 / No.	**31.4%**	**23.0%**	**28.0%**	**17.6%**	**100.0%**

問題 2 ――――次の実績表からデータを検索し，地域別実績評価を確認する表を作成しなさい。

	A	B	C	D
1	実績表			
2	地域ID	地域名	目標値	実績値
3	101	札幌	1,500	1,750
4	102	仙台	1,000	850
5	103	東京	2,500	2,600
6	104	横浜	1,200	1,400
7	105	名古屋	1,500	1,100
8	106	大阪	2,000	1,800
9	107	福岡	1,800	2,100

地域別実績評価表

地域ID	地域名		
103	東京		
目標値	実績値	達成率	評価
2,500	2,600	104%	達成

地域別実績評価表の「地域ID」にしたがって，実績表から地域名，目標値，実績値を検索する。

達成率（実績値 / 目標値），評価（達成率が100%以上ならば「達成」を表示，それ以外は何も表示しない）の計算をする。

問題 3――――以下の都道府県別学校数の表をダウンロードし，学校種別および2つの都道府県を指定し，その学校数と差を計算して比較する表を作成しなさい。なお，差は必ず0または正の数で表示すること。

	A	B	C	D	E	F	G	H	I	J
1	都道府県別学校数									
2	（出所）文部科学省　文部科学統計要覧（平成28年度）									
3										
4		幼稚園	小学校	中学校	高等学校	短期大学	大学			
5	北海道	490	1,106	633	286	17	37		比較検索	
6	青森	107	302	166	80	5	10		学校種別	大学
7	岩手	113	342	171	81	5	5			
8	宮城	262	404	213	95	4	14		都道府県	学校数
9	秋田	47	213	119	57	5	7		北海道	37
10	山形	88	269	104	62	3	6		東京	137
11	福島	312	467	233	112	5	8		差	100
12	茨城	292	529	235	120	3	9			

（都道府県別学校数の表は，実教出版のWebサイトの本書の紹介ページからダウンロードできる。ダウンロードの仕方はp.7を参照。）

第6章 ソフトウェアの統合的活用

6-1 ソフトウェアの活用で求められる能力

ユーザーがソフトウェアの活用で真に求められることは，ワープロや表計算それぞれのソフトウェアを単に操作できるという能力だけでなく，**「ある状況・場面で，必要となる情報に対して，適するソフトウェアを選択し，必要に応じてそれらを組み合わせて情報を処理する」**能力である。そのためには，**それぞれのソフトウェアの機能を十分に理解したうえで，ソフトウェア間でファイルやデータを共有する**能力が必要となる。またこの能力を醸成するには，**ソフトウェアを活用するような場面において，実践を繰り返し行う**ことが有効である。学生生活でも，たとえばサークル活動において，表計算ソフトを利用して作成した予算・決算表をもとにワープロソフトで報告書を作成し，さらにプレゼンテーションソフトで報告スライドを作成するなど，活用できる場面は意外に多い。また実践で活用することによって，ソフトウェアのいろいろな機能が，利用しやすいか利用しにくいかという詳細も含めて体得できる。

本章では，2つの場面を想定し，それらの場面で必要な処理を実践することで，ソフトウェアの統合的活用方法についての理解を深める。

6-2 状況1　レポートの作成

以下のレポート課題が課された状況を想定する。

テ ー マ：インターネットについて
書　　式：ワープロ文書，A4用紙4枚程度，35字×30行
提出期限：○月○日
　なお提出後，○月△日に，本レポートについての5分程度のプレゼンテーションを実施してもらう。

6-2-1 必要な作業

このようなレポートを作成する場合には，たとえば以下のような作業が必要になる。なお以下の作業は，必ずしも順番通りに進むわけではない。さまざまな資料を調査することによって当初予定していた内容が変

更になったり，レポートを執筆している途中で必要になる資料が認識されたりすることもある。必要な作業全体を認識しつつ，それぞれの作業を繰り返し進める能力も重要となる。

内容の検討

テーマとして設定された「インターネットについて」は，かなり広範囲な内容が含まれる。しかしわずかA4用紙4枚程度なので，インターネット全般について書くスペースはないだろう。そこで，インターネットに関連する内容をいくつか絞り込む必要がある。たとえば以下のようなものが考えられる[1]。

・インターネットの起源や歴史的展開について
・インターネットで利用される技術について
・クラウドコンピューティングやIoTなど，インターネットを利用した情報化のキーワードについて
・インターネットに関連する法律について

【1】
これら以外にも，インターネットに関連する内容はいろいろと考えられる。いくつか列挙してみよう。

レポートの展開の検討

レポートの内容にしたがって，どのように展開すれば説得力が増すかも検討する必要がある。一般的には，「序論・本論・結論」や「起・承・転・結」などの展開方法があるので，それらにどの内容を当てはめるのか，いろいろな資料をもとに検討する。

資料・材料の調査

インターネットの登場以降，われわれは様々な情報を入手することができるようになった。レポート作成にあたっても，従来の書籍や印刷物のほかに，インターネットも駆使する必要がある。

レポートの執筆

あえて手書きのレポートを課す場合もあるが，昨今は多くの場合，ワープロソフトを利用したレポートを指定する場合が多い。まさに本書でこれまで学習した，ワープロソフト，表計算ソフトなどの出番である。

プレゼンテーションの準備

今回はレポート作成に加えて，プレゼンテーションも要求されている。

プレゼンテーション用資料も，昔はOHP（Overhead Projector）用に，透明なシートに作成していたが，パソコンやプレゼンテーション用ソフトウェア，小型プロジェクターの普及により，昨今はパソコンで作成することがほとんどである。プレゼンテーション用ソフトウェアを利用する場合にも，ワープロソフトで作成した文書や，表計算ソフトで作成した表やグラフを共有することができる[2]。

また実際にプレゼンテーションを行う前に，リハーサルも行うべきである。繰り返し話すことによって，内容や順序の改善案に気づくこともあるだろうし，本番でよりスムーズに話すことにもつながる。

【2】
オフィスソフト以外にも，写真編集ソフトや動画編集ソフトで作成したデータを利用することもできる。

作業スケジュールの検討

レポート作成に限らず，ほとんどの業務は，期限が決まっている。その期限を守るために，ある程度作業のスケジュールを計画する必要がある。イレギュラーな事態にも対応できるように，余裕をもったスケジュールを考えておくことが望ましい。それでも計画通りには進まない場合があるので，臨機応変に対応する能力も必要になる。

6-2-2 インターネットを利用した資料の調査

インターネットや情報通信技術について調べるためには，たとえば以下のような Web サイトが有効である。

・高度情報通信ネットワーク社会推進戦略本部（IT 総合戦略本部）

https://www.kantei.go.jp/jp/singi/it2/

e-Japan 戦略，i-Japan2015，世界最先端 IT 国家創造宣言など，高度情報通信ネットワークに関する，国家レベルの政策・施策が提示されている。

・経済産業省

http://www.meti.go.jp/

IT の利活用の促進，クールジャパン等，情報通信に関する多様な政策を展開している。

・総務省

http://www.soumu.go.jp/

ICT 成長戦略や地域情報化など，ICT に関連する多様な政策を展開している。

・独立行政法人　情報処理推進機構（IPA）

https://www.ipa.go.jp/

情報セキュリティ対策の推進や，情報処理技術者試験などを実施している。

・社団法人　電子情報技術産業協会（JEITA）

https://www.jeita.or.jp/

電子部品・材料や IT 分野の業界団体。

・日経 BP 社　IT pro

http://itpro.nikkeibp.co.jp/

IT に関する様々なニュース記事が掲載されている。

・@IT

http://www.atmarkit.co.jp/

特に技術的なニュースやフォーラムが掲載されている。

また，レポートを書く際の先行研究については，以下のサイトが利用できる。

・NII　論文検索ナビゲータ　CiNii

https://ci.nii.ac.jp/

国立情報学研究所が提供する，論文検索サービス。

・J-STAGE

https://www.jstage.go.jp/

国立研究開発法人科学技術振興機構（JST）が運営する，総合電子ジャーナルプラットフォーム。

・Google scholar

https://scholar.google.co.jp/

Google社が提供する，論文検索サービス。

そのほか，書籍を利用する場合でも，国立国会図書館や各大学の図書館は，書籍検索サービスをインターネットで提供している。図書館に行く前に，これらのサービスを利用して，必要な書籍をあらかじめ調べておくとよい。

なお，検索エンジンでいろいろなキーワードをもとに検索する場合，Wikipediaや，ブログなど個人的なWebサイトの情報が結果として表示される場合がある。これらは有益な情報を提供する場合もあれば，誤った情報や，必ずしも公に認められていない個人的な意見なども含まれることから，利用するには注意が必要である。

また，レポートなどでこれらインターネットの情報を利用する場合にも，書籍を利用する場合と同様，出所を明記する必要がある。インターネットの情報は頻繁に更新されることもあるので，出所を示す際にはWebサイト名やURLのほかに，更新日，閲覧日を掲載する[3]。

【3】
練習として，自分のレポート内容に関して，インターネットで検索してみるとよい。なお，必ず出所を記録しておくこと。

6-2-3 Wordを利用したレポート執筆の各種設定

Wordを利用したレポート執筆に有用な各種設定については，すでに2章で扱っている。復習のために確認しておくこと。

書式設定

レポート執筆のはじめに，レポートの書式を設定しておこう。指定にしたがって，A4用紙，35字×30行の書式設定を行う[4]。

【4】
余白，文字数，行数を設定する場合は，まず余白から設定する。文字数と行数を設定してから余白を設定すると，余白の設定に合わせて文字数や行数が変更されてしまうからである。

見出しスタイルの設定

4ページ程度のレポートならば，必ずしも見出しを設定する必要はないかもしれないが，目次を作成する場合やアウトラインを確認する必要がある場合は有効である。

あア亜 あア亜 あア亜 あア亜 あア亜 あア亜
↵標準 ↵行間詰め 見出し 1 見出し 2 表題 副題
スタイル

スタイル

6-2-4 図表の作成

レポートに限らず，文章よりも図表で説明するほうが理解しやすいことはよくある。また，書籍の図表を引用する場合も，文書をプリントアウトした後にコピーして貼り付けるよりも，ワープロソフトを利用して類似の図表を作成することが求められる場合も多い。ここでは，Word を利用した図表作成の復習を行う。

たとえば，以下の図を作成してみる。

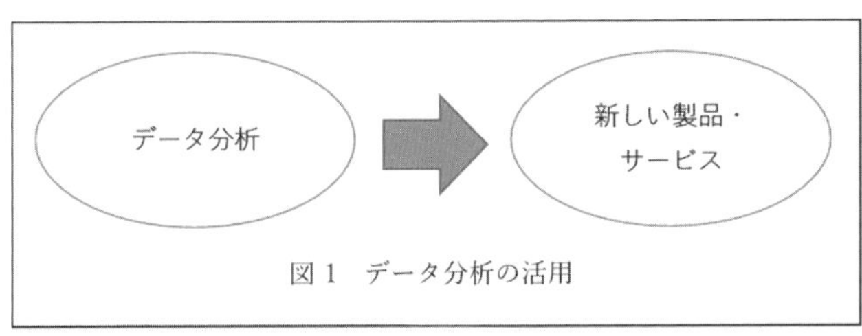

図 6-1　作成する図

図 6 - 1 は，楕円を 2 個，ブロック矢印，テキストボックスをそれぞれ 1 個使っている。楕円は同じ大きさなので，1 つを作成した後，コピーする。図のタイトルを入れるためのテキストボックスは，枠線が必要ないので線を削除する。

楕円の作成

❶［挿入］タブ→［図］グループの［図形］ボタンをクリックし，「基本図形」の「円/楕円」をクリックする。
❷文書上でドラッグすることにより，楕円を作成する。
❸楕円をクリックして選択し，文字列を入力する。

同じ大きさの楕円の作成

❹楕円をクリックして選択し，［ホーム］タブ→［クリップボード］グループの［コピー］ボタンをクリックする。
❺［ホーム］タブ→［クリップボード］グループの［貼り付け］ボタンをクリックすると，同じ大きさの楕円が作成される。
❻位置とテキストを変更する[5]。

【5】位置の変更のコツ
・揃えたい図形を選択して，描画ツールの書式タブ→配置グループの配置ボタンのメニューで設定する（左揃え，上揃えなど）。
・書式タブ→配置グループの配置ボタンのメニューでグリッド（縦横）を表示し，グリッドに合わせて位置を調整する。

ブロック矢印の作成

❼［挿入］タブ→［図］グループの［図形］ボタンをクリックし，「ブロック矢印」の「右矢印」をクリックする。

❽適当な位置でドラッグし，右矢印を作成する。

テキストボックスの作成

❾［挿入］タブ→［図］グループの［図形］ボタンをクリックし，「基本図形」の「テキストボックス」をクリックする。

❿適当な位置でドラッグし，テキストボックスを作成する。

⓫テキストを入力する。

⓬テキストボックスをクリックして選択し，［書式］タブ→［テキストボックススタイル］グループの［図形の枠線］ボタンをクリックし，ダイアログから「線なし(N)」をクリックする。

図のグループ化

⓭［ホーム］タブ→［編集］グループの［選択］ボタンをクリックし，さらに［オブジェクトの選択(O)］をクリックする。

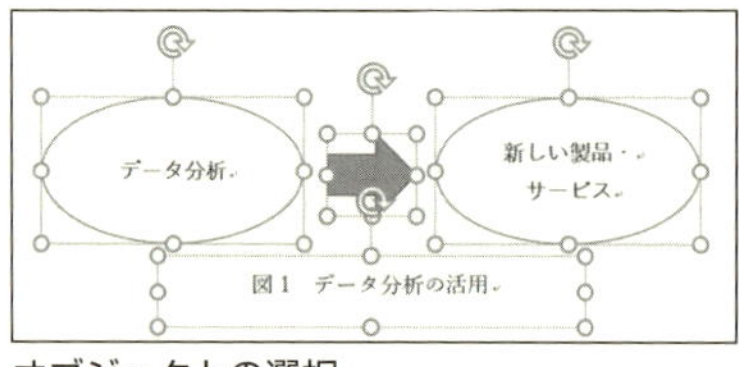

オブジェクトの選択

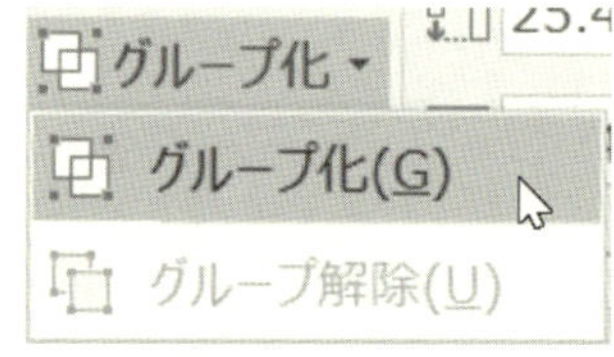

［グループ化］メニュー

⓮作成したすべての図を囲むようにドラッグする。

⓯［書式］タブ→［配置］グループの［グループ化］ボタンをクリックし，さらに［グループ化(G)］ボタンをクリックする。

文字列の折り返しの設定

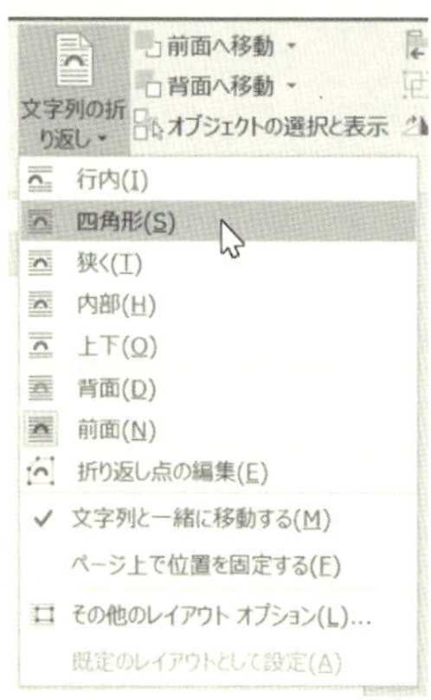

「文字列の折り返し」の設定

⓰図をクリックして選択し，［書式］タブ→［配置］グループの［文字列の折り返し］ボタンをクリックし，「四角形(S)」に設定する。

練習として，節末の問題1の図を作成してみよう。

6-2-5 ソフトウェア間のデータ共有

本書では，これまで，ワープロソフトによる文書作成，表計算ソフトによる表・グラフ作成，プレゼンテーションソフトによるスライド作成を個別に進めてきた。しかし，たとえば本レポートを作成する場合も，単に文章だけのレポートではなく，数値データをもとにした表やグラフを掲載すれば，より説得力が増すだろう。ここでは，ワープロソフト，表計算ソフト，プレゼンテーションソフトそれぞれで作成した文書や図表を，ほかのソフトウェアでも利用する方法について説明する。

ここでは，例としてインターネット普及率について調べた結果を表やグラフで表し，レポートやプレゼンテーションで活用することを考える。

統計データのダウンロード

インターネット上には，様々な統計データが公開されている。たとえば総務省Webサイトには，情報通信に関して多様な視点から調査された統計データが数多く公開されている。この中で，インターネット普及率についての統計データを利用する。

インターネットの検索エンジンを利用し，「総務省」「インターネット普及率」という2つのキーワードで検索し，総務省情報通信統計データベースの「インターネット普及率の推移」という項目が表示される[6]。この項目をクリックすると，Excelファイルをダウンロードする画面が表示されるので，適当な場所にファイルをダウンロードする。

【6】
総務省Webサイト→メインメニューの政策「統計情報」→「情報通信統計データ」→「分野別データ（総合メニュー）」の「通信」「インターネット」とたどっても同様のページが表示される（2018年1月8日現在）。

図6-2 データのダウンロードページ
（出所）総務省情報通信データベース　インターネット
http://www.soumu.go.jp/johotsusintokei/field/tsuushin01.html

ダウンロードファイルの加工

ダウンロードしたExcelファイルには，インターネット普及率の推移に関する表がある。たとえば，過去5年の推移について，表およびグラフを作成する。

表から過去5年のデータを，新規ワークシートにコピーすれば，5年分の表が作成できる。

インターネット普及率の推移(%)					
	平成24年	平成25年	平成26年	平成27年	平成28年
世帯	86.2	84.9	85.6	87.8	85.6
個人	79.5	82.8	82.8	83.0	83.5
企業(従業者100人以上)	99.9	99.9	99.6	100.0	99.6

図6-3　作成した表

また，この表をもとに，折れ線グラフを作成する。

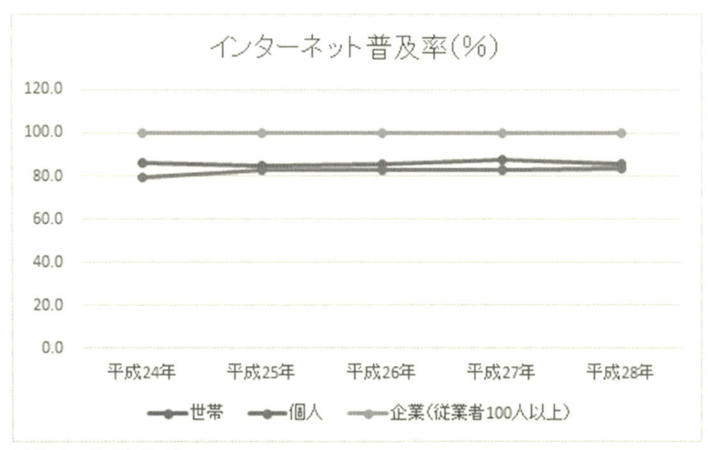

図6-4　作成したグラフ

表の貼り付け

このように，Excelで作成した表やグラフをWord文書で利用するには，Excelで**コピー**をして，Wordに**貼り付ける**という作業をすればよい。ただし，Excelの表やグラフを貼り付ける場合には，**いくつかの形式がある**ので，注意が必要である。

表は，基本的に以下の3種類を使い分ければよい。

■貼り付け■　普通に貼り付けると，Wordの罫線を利用した表として貼り付けられる。基本的にWord文書の行間やフォントに変更される。必要に応じて文字列やデータ，罫線の種類などを変更できる。

インターネット普及率の推移(%)					
	平成24年	平成25年	平成26年	平成27年	平成28年
世帯	86.2	84.9	85.6	87.8	85.6
個人	79.5	82.8	82.8	83.0	83.5
企業(従業者100人以上)	99.9	99.9	99.6	100.0	99.6

図6-5　Wordの罫線を利用した表

❶ Excelの表全体を選択（ドラッグ）し，［ホーム］タブ→［クリップボード］グループの［コピー］ボタンをクリックする[7]。

❷ Word文書を表示し，貼り付けたい箇所にカーソルを移動させ，［ホーム］タブ→［クリップボード］グループの［貼り付け］ボタンをクリックする[8]。

■図として貼り付け■　図として貼り付ければ，表内のデータを変更することはできないが，ほかの図と同様，体裁を崩さずにドラッグで大きさや位置を変更することができる。

インターネット普及率の推移（%）					
	平成24年	平成25年	平成26年	平成27年	平成28年
世帯	86.2	84.9	85.6	87.8	85.6
個人	79.5	82.8	82.8	83.0	83.5
企業（従業者100人以上）	99.9	99.9	99.6	100.0	99.6

図6-6　図として貼り付けられた表

❶ Excelの表全体を選択（ドラッグ）し，［ホーム］タブ→［クリップボード］グループの［コピー］ボタンをクリックする。

❷ Word文書を表示し，貼り付けたい箇所にカーソルを移動させ，［ホーム］タブ→［クリップボード］グループの［貼り付け］ボタンの文字部分をクリックし，［貼り付けのオプション］の右から2番目［図(U)］のボタンをクリックする[9]。

■Excelワークシートオブジェクトとして貼り付け■　図の貼り付けと同様，体裁を崩さずに大きさや位置を変更できる。さらに，表をダブルクリックすると，Excelの編集画面に変わり，文字列や数値，罫線の種類なども変更できる。しかし，その分ファイル容量も大きくなる[10]。

	A	B	C	D	E	F
1	インターネット普及率の推移（%）					
2		平成24年	平成25年	平成26年	平成27年	平成28年
3	世帯	86.2	84.9	85.6	87.8	85.6
4	個人	79.5	82.8	82.8	83.0	83.5
5	企業（従業者100人以上）	99.9	99.9	99.6	100.0	99.6

インターネット普及率の推移

図6-7　Word文書内のExcel編集画面

❶ Excelの表全体を選択（ドラッグ）し，［ホーム］タブ→［クリップボード］グループの［コピー］ボタンをクリックする。

❷ Word文書を表示し，貼り付けたい箇所にカーソルを移動させ，［ホーム］タブ→［クリップボード］グループの［貼り付け］ボタンの文字部分をクリックし，さらに［形式を選択して貼り付け(S)］をクリックする。

❸［形式を選択して貼り付け］ダイアログの［貼り付ける形式(A)］で，「Microsoft Excelワークシートオブジェクト」を選択し［OK］ボタンをクリックする[11]。

[7]
Excelの表全体を選択してから，表上で右クリックし，メニューから［コピー(C)］をクリックしてもよい。

[8]
Word文書を表示してから，貼り付けたい箇所で右クリックし，［貼り付けのオプション］の一番左の「元の書式を保持(K)」というボタンをクリックしてもよい。また，左から2番目の「貼り付け先のスタイルを使用(S)」をクリックすれば，Wordの書式で貼り付けられる。

[9]
右クリックで表示されるメニューから選択してもよい。

[10]
その他にも，元のExcelファイルの数値や計算の変更などを，Word文書に貼り付けた表に反映させる「**リンク貼り付け**」という方法もある。

[11]
ダウンロードしたファイルがExcel 2003形式の場合は，「Microsoft Excel 2003 ワークシートオブジェクト」と表示される。

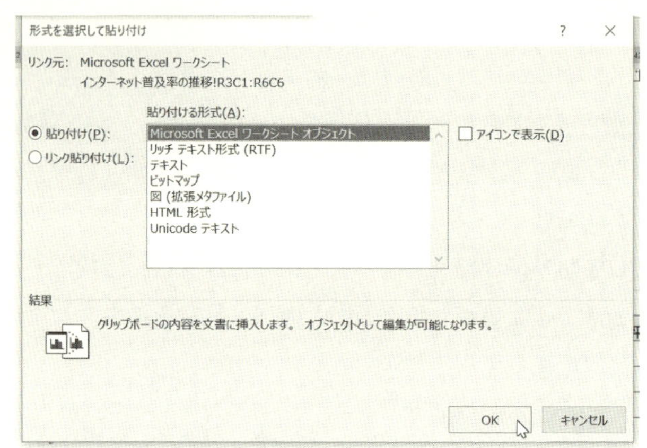

[形式を選択して貼り付け] ダイアログ

グラフの貼り付け

グラフの貼り付けも，基本的な操作は同様である。貼り付ける形式は以下のものがあり，いずれも［ホーム］タブ→［クリップボード］グループの［貼り付け］ボタンの文字部分をクリックして表示される［貼り付けのオプション］で選択することができる。

【12】,【13】
「ブックを埋め込む」「データをリンク」ともに，「元の書式を保持する貼り付け」(Excelの書式を利用する)，「貼り付け先のテーマを利用する」(Wordの書式を利用する）の2通りが選択できる。

■ブックを埋め込む[12]■　Excelファイルの情報を含めて貼り付けられる。グラフのデザインを変更することができる。データを変更する場合は，元のExcelファイルではなく，埋め込まれたExcelファイルの情報を変更することとなる。

■データをリンク[13]■　Microsoft Officeグラフィックオブジェクトとして貼り付けられる。グラフのデザインを変更することができる。また，元のExcelファイルとリンクしているので，データを変更する場合は，元のExcelファイルが開かれる。

■図■　表の貼り付けと同様，グラフのデザインを変更することはできないが，他の図と同様，体裁を崩さずにドラッグで大きさや位置を変更することができる。

練習として，総務省情報通信データベースのWebサイトから「インターネット利用人口の推移」のデータをダウンロードし，節末の練習問題2の表やグラフを作成してみよう。

6-2 練習問題

問題 1 ———以下の図を作成しなさい。

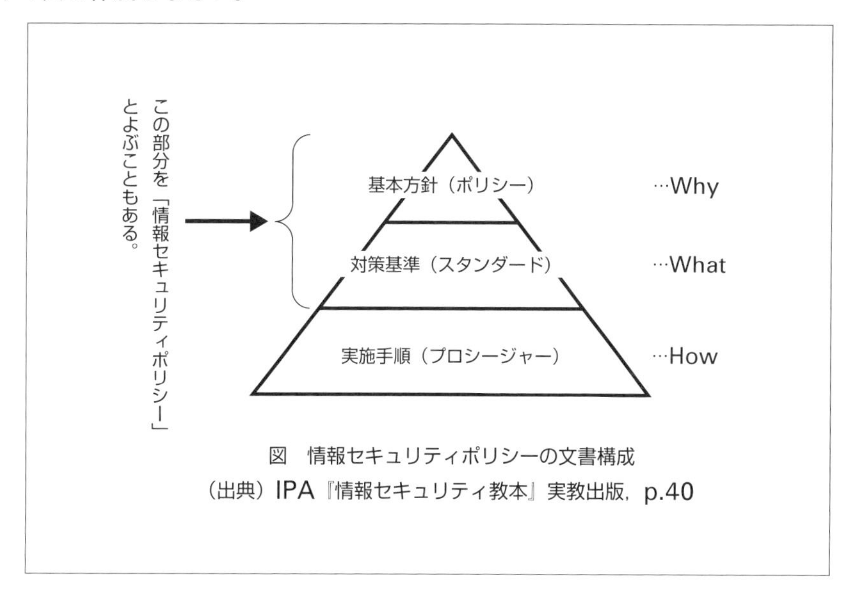

図　情報セキュリティポリシーの文書構成

（出典）IPA『情報セキュリティ教本』実教出版，p.40

問題 2 ———総務省情報通信データベースの Web サイトから「インターネット利用人口の推移」のデータをダウンロードし，以下のような表・グラフを作成しなさい。また表・グラフを Word 文書に貼り付け，貼り付ける形式の違いを確認しなさい。

インターネット利用人口の推移

	平成19年	平成20年	平成21年	平成22年	平成23年	平成24年	平成25年	平成26年	平成27年	平成28年
利用者数(万人)	8,811	9,091	9,408	9,462	9,610	9,652	10,044	10,018	10,046	10,084
人口普及率(%)	73.0	75.3	78.0	78.2	79.1	79.5	82.8	82.8	83.0	83.5

作成する表

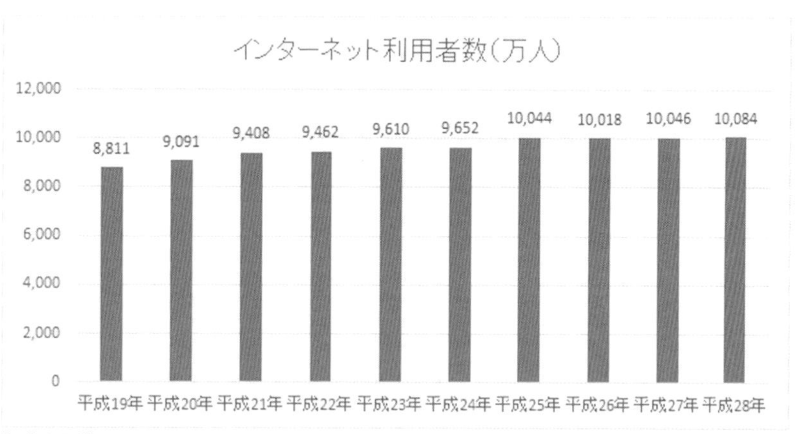

作成するグラフ

（出典）総務省情報通信データベース

http://www.soumu.go.jp/johotsusintokei/field/tsuushin01.html

問題 3 ———インターネット普及率やインターネット利用人口に関する表やグラフを利用して，インターネットの利用状況に関するレポートを Word で作成しなさい。

6-3 状況2　情報機器活用講座の実施

以下のようなグループ活動の状況を想定しよう。

あなたはボランティア活動の一環で，地域市民を対象とした初心者向け情報機器活用講座を開催することになった。複数のメンバーが参加し，講座内容から教材作成，受講者の募集など，すべて自分たちで行わなければならない。なお受講料は無料であり，講座実施に必要な経費は用意される。さあ，必要な準備を整えて，講座を実施しよう！

6-3-1 必要な作業

このようなグループ活動を実施する場合には，たとえば以下の作業が必要になる。なお，作業は，必ずしも順番通りに進むわけではない。

ミーティングの実施　まずは，参加メンバーがどのような人で，どのような意識を持っているのかを認識する必要がある。当たり前だが，グループ活動を実施するためには，意思疎通やコミュニケーションを重ねることで，よりスムーズに，より効果的に活動を進めることができる。

また，ある程度意思疎通を行うことができれば，チャットビデオ通話などの電子コミュニケーションを利用したミーティングも進められる。

講座内容・回数の検討　対象となる受講者はどのようなレベルか，どのような内容を求めているのか，講座内容と受講者のニーズのマッチングについて，十分に検討しなければならない。たとえば，仕事でパソコンを活用するような受講者でなければ，Excelの多様な関数は必要ないかもしれないし，また，SNSで友達をつくりたいというニーズがあっても，文字入力ができない受講者レベルならば，いきなりSNSの操作から始めることは難しい。

教材の準備　内容や回数がある程度決まったら，教材を準備する。市販のテキストを利用することも可能だが，オリジナルのテキストを作成したほうが，講座は進めやすい。Wordを利用すれば，実用に十分耐えうる教材を作成することができる[1]。

【1】
ちなみに本書の原稿もWordで作成された。

受講者募集方法の検討と準備　今回は受講者もメンバーで募集しなければならない。たとえば，Wordでポスターを作成し掲示する，新聞折り込みチラシを作成する，口コミで広めるなどの方法が考えられる。またインターネットが利用できる受講者を対象にするなら，募集Webページの作成，ブログやSNSなどでの宣伝活動も有効となる[2]。

さらに，受付手段は，受講者に来ていただく，郵送，メール，Webフォームなどから必要な方法を選択する。

受講者情報の管理

受講者への連絡やテキスト送付のために，連絡先を確認する必要があるだろう。Excelを利用し，受講者データを記録する表を作成しておけば，閲覧や検索が容易になる。なお，このような受講者データは，まさに個人情報であり，十分に注意して取り扱う必要がある。

役割分担の検討

グループでの活動になるのだから，作業が偏ってもいけないだろうし，能力的に不可能な役割を割り当てることも，作業の遅延につながるので，役割分担の検討も重要な課題となる。十分にミーティングを重ねる必要がある。

作業スケジュールの検討

講座前には，テキストやそのほか準備を終了しておく必要があるので，作業スケジュールも可能な限り決めておかなければならない。

リハーサルの実施

レポートのプレゼンテーションと同様，やはりリハーサルの実施は重要であろう。実際に声を出して説明してみることで，あるいは実際に動いてみることではじめて問題点を認識できることもある。

【2】
Webページ作成ソフトウェアはジャストシステム社のホームページ・ビルダーやAdobe Systems社のDreamweaverなどがある。

6-3-2 受講者募集用文書の作成

掲示板への掲示やチラシとして配布するために，たとえば図6-8の文書を作成する。

この文書は，おおよそ以下のような内容となっている。

・ページ設定として，A4用紙，40字×32行，上余白25mm，そのほかの余白は20mm，日本語用フォントは游ゴシック，英数字用フォントはCalibri，フォントサイズは12ptを設定。
・「情報通信機器活用講座　受講者募集」の文字列は，ワードアート。
・日時～内容については，文字の均等割り付けやインデントを設定。
・グラフは，以下のデータをもとにExcelで作成して挿入。

主な情報通信機器の保有率(世帯)の推移(%)

	平成26年	平成27年	平成28年
固定電話	75.7	75.6	72.2
携帯電話又はPHS	94.6	95.8	94.7
スマートフォン	64.2	72.0	71.8
タブレット型端末	26.3	33.3	34.4
パソコン	78.0	76.8	73.0

(出所) 総務省通信利用動向調査
http://www.soumu.go.jp/johotsusintokei/field/kojin01.html

・講座内容はWordの罫線，あるいはExcelで作成した表を挿入。
・問い合わせ先は，星とリボンの「横巻き」を使用。

情報通信機器活用講座
受講者募集

情報通信技術（ICT）の目覚ましい発展とともに、パソコンや携帯電話等、いろいろな情報通信機器が生まれ、とくにスマートフォンやタブレット端末の利用者も増加しています（グラフ参照）。これらの情報通信機器は私たちの生活を便利に、快適にしてくれる可能性を持ったすばらしい道具です。この講座をきっかけに、ぜひいろいろな情報通信機器を使い始めてみてください！

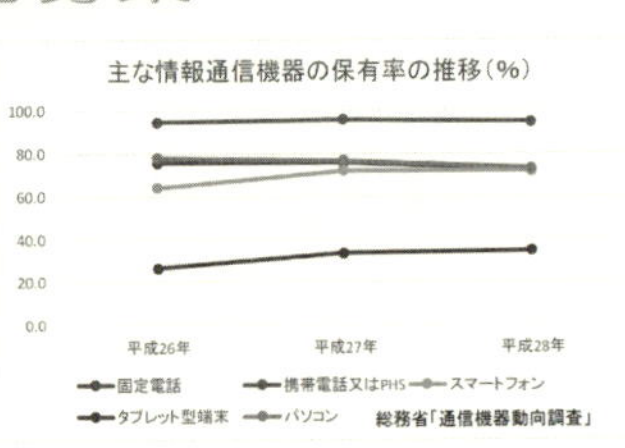

日　　時：3月1日（土）～29日（土）の毎週土曜日　全5回
　　　　全回 13：00～16：00
場　　所：中央公民館　パソコン教室
募集人数：15名
内　　容：

回数	日付	内容
第1回	3月1日（土）	パソコンを使ってみよう！
第2回	3月8日（土）	スマートフォンを使ってみよう！①
第3回	3月15日（土）	スマートフォンを使ってみよう！②
第4回	3月22日（土）	タブレットを使ってみよう！
第5回	3月29日（土）	情報通信機器を連動させよう！

お問い合わせ、お申し込み先
ボランティアチーム「ペガサス」
Tel:03-XXXX-XXXX　e-Mail:pegasus@xxx.or.jp
お気軽にお問い合わせください

図6-8　受講者募集用文書

6-3-3 文書ファイルのPDF化

上記のような文書は，紙での配布のほかに，たとえば電子メールやインターネット経由での配布も可能である。しかし送付先のパソコンに，必ずしもWordがインストールされているとは限らない。その場合には，たとえばPDF形式の文書にして配布することも考えられる。

PDF形式はAdobe Systems社が開発した文書形式で，同社が無償で提供するAdobe Readerを利用すれば閲覧できるので，インターネット経由での文書配布に多く利用されている。Wordには，PDF形式の文書として保存する機能がある。

❶［ファイル］タブ→［名前を付けて保存］をクリックする。

❷［ファイルの種類(T)］で「PDF」を選択する。

❸ファイル名を付けて［保存］ボタンをクリックすると，Word 文書とは別に PDF 形式の文書が作成される。

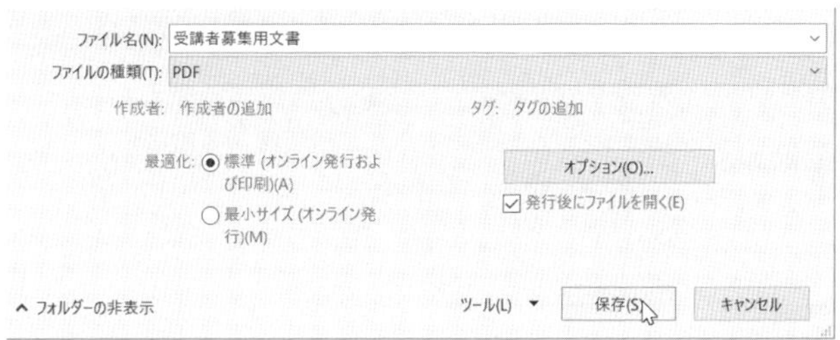

PDF 形式の選択

6-3-4 計画表や議事録の作成

前述の通り，グループ活動では情報共有のために，実施計画やミーティング議事録の作成が必要となる。これらは Word や Excel で一から作成することもできるが，**汎用的な利用を想定してあらかじめ作成されたテンプレート（ひな形）を利用することも可能**である。

インターネットで検索すれば，様々なテンプレートを見つけることができるが，今回は，Microsoft が提供している Excel のテンプレートを利用する。

❶ Excel を起動する。

❷［オンラインテンプレートの検索］で「スケジュール」というキーワードを入力し，検索する。

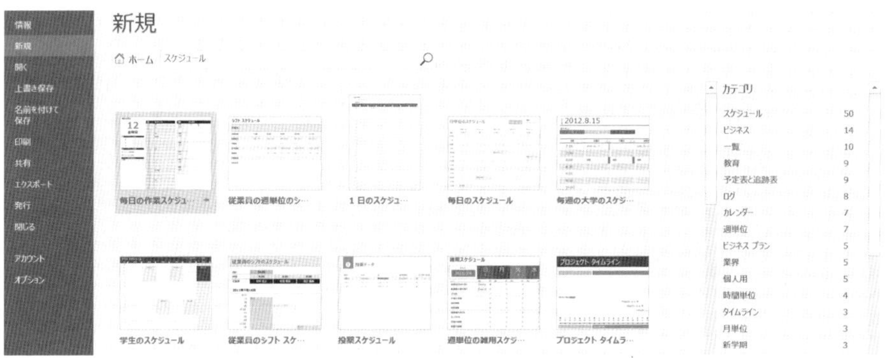

「スケジュール」で検索したテンプレート

❸表示されたテンプレートから，［毎日の作業スケジュール］をクリックする[3]。

❹［作成］ボタンをクリックする。

【3】
Microsoft Office Online のテンプレートを利用するためには，インターネットに接続されていなければならない。

「毎日の作業スケジュール」テンプレート

❺「毎日の作業スケジュール」テンプレートが表示されるので，必要な項目の追加，不必要な項目の削除など，適当に修正して，利用する。

同様に，1日のタイムスケジュールを計画する表や，議事録などのテンプレートをダウンロードし，本講座実施で利用する形に修正していけばよい。

6-3-5 受講者リストの作成

受講者の氏名や連絡先を確認するための，受講者リストを作成する。本格的なデータベース作成には専用のソフトウェアが必要になるが，今回は15人程度のリストのため，Excelでも十分に管理ができる。

Excelを利用して，以下の受講者リストを作成する。このリストは，次の「受講者への案内文の作成」の項で使用するので，シート名を「受講者リスト」とし，さらにファイル名も「受講者リスト」として保存しておくこと。

受講者ID	氏名	フリガナ	〒	住所	電話番号
A101	山田　珠子	ヤマダ　タマコ	112-xxxx	文京区関口xxxx	03-3941-xxxx
A102	辻　秀子	ツジ　ヒデコ	112-xxxx	文京区春日xxxx	03-3812-xxxx
A103	飯村　香織	イイムラ　カオリ	112-xxxx	文京区音羽xxxx	03-5942-xxxx
A104	近藤　利一	コンドウ　トシカズ	102-xxxx	千代田区飯田橋xxxx	03-5212-xxxx
A105	志村　誠	シムラ　マコト	112-xxxx	文京区春日xxxx	03-3812-xxxx
A106	塚本　登美子	ツカモト　トミコ	112-xxxx	文京区音羽xxxx	03-3812-xxxx
A107	石橋　基文	イシバシ　モトフミ	112-xxxx	文京区小日向xxxx	03-5803-xxxx
A108	佐々木　紀子	ササキ　ノリコ	113-xxxx	文京区西方xxxx	03-3811-xxxx
A109	中林　満男	ナカバヤシ　ミツオ	112-xxxx	文京区千駄木xxxx	03-3812-xxxx
A110	常盤　貴子	トキワ　タカコ	113-xxxx	文京区西方xxxx	03-3811-xxxx
A111	飯島　美佳	イイジマ　ミカ	113-xxxx	文京区湯島xxxx	03-5803-xxxx
A112	吉住　拓也	ヨシズミ　タクヤ	102-xxxx	千代田区飯田橋xxxx	03-3264-xxxx
A113	鳥居　由紀	トリイ　ユキ	112-xxxx	文京区音羽xxxx	03-3943-xxxx
A114	鈴木　耕太	スズキ　コウタ	102-xxxx	千代田区岩本町xxxx	03-3866-xxxx
A115	森　美智子	モリ　ミチコ	112-xxxx	文京区湯島xxxx	03-3812-xxxx

図6-9　受講者リスト

6-3-6 受講者への案内文の作成

受講案内を送付するために，図6-10の文面を作成する。

20XX 年○月△日

山田　珠子　様

ボランティアチーム　ペガサス

情報通信機器活用講座受講案内の送付

この度は本講座にお申込みいただき、誠にありがとうございました。講座の受講案内を送付させていただきます。ご査収ください。

なお第 1 回当時は、12 時 40 分までにご来場ください。

それでは、よろしくお願い申し上げます。

（連絡先）

Tel: 03-XXXX-XXXX

e-mail: pegasus@xxx.or.jp

図 6-10　受講案内送付用文書

2 行目には，文書の宛先である受講者の氏名を記載するのが一般的である。しかし 15 人の受講者に送付するには，この文書を 15 通用意するか，氏名のみを変更しながらプリントアウトを繰り返す必要がある。このような場合は，あらかじめ Excel で用意してある受講者リストの氏名を文書に差し込むことで効率よく処理することができる。ここでは，差し込み文書について説明する。

差し込み文書

❶ 2 行目の氏名を削除する。

❷［差し込み文書］タブ→［差し込み印刷の開始］グループの［宛先の選択］ボタンをクリックし，メニューから［既存のリストを使用(E)］をクリックする。

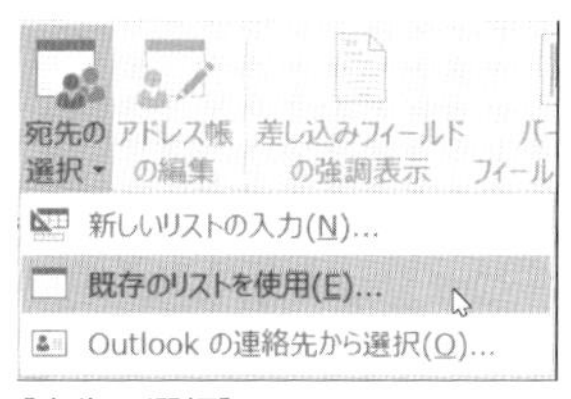

［宛先の選択］メニュー

❸［データファイルの選択］ダイアログボックスで，先ほど作成した「受講者リスト」を選択し，［開く(O)］ボタンをクリックする。

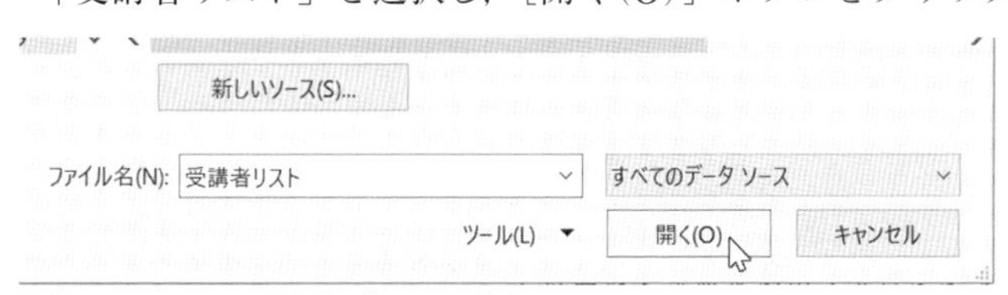

［データファイルの選択］ダイアログボックス

［テーブルの選択］ダイアログボックス

❹［テーブルの選択］ダイアログボックスで，「受講者リスト」ワークシートを選択し［OK］ボタンをクリックする。

❺カーソルを「　様」の前に置き，［文章入力とフィールドの挿入］グループの［差し込みフィールドの挿入］ボタンの文字列をクリックする。

❻表示されるリスト（フィールド名）から，「氏名」をクリックする。→氏名フィールドが挿入される。

❼［結果のプレビュー］グループの［結果のプレビュー］ボタンをクリックすると，氏名が表示される。

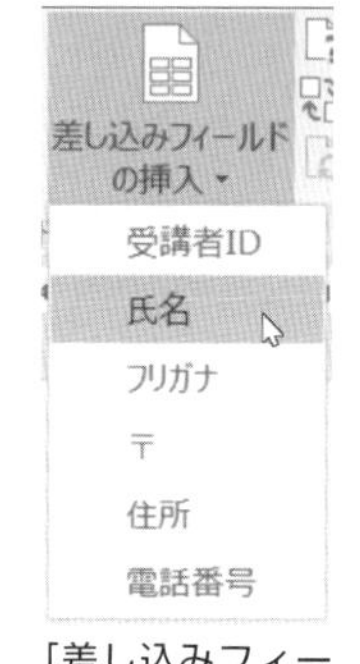

［差し込みフィールドの挿入］メニュー

❽同様に，［結果のプレビュー］グループの［次のレコード］ボタンや［前のレコード］ボタンをクリックすることによって，ほかのレコードを表示することができる。

［結果のプレビュー］ボタン

差し込み文書の印刷

差し込み文書を印刷するには，以下の手順を進める。

❶［完了］グループの［完了と差し込み］ボタンをクリックし，メニューから［文書の印刷(P)］をクリックする。

［完了と差し込み］メニュー

❷［プリンターに差し込み］ダイアログで印刷したいレコードを選択し，［OK］ボタンをクリックする。たとえば［すべて(A)］を選択すれば，15枚の印刷が一度にできる。

［プリンターに差し込み］ダイアログボックス

なお，差し込み文書が設定されているファイルは，開く際に右図のようなSQLコマンドに関するダイアログボックスが表示されるので，［はい(Y)］をクリックすれば，差し込み文書を利用できる。

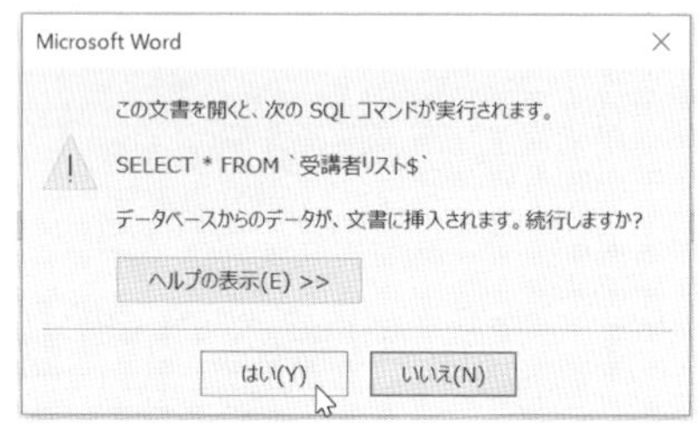

SQL コマンドの実行

6-3-7 受講者送付用の宛名ラベル作成

差し込み文書の機能を利用すれば，住所や氏名を記入した宛名ラベルを作成できる。

❶白紙の新規文書を作成する。

❷［差し込み文書］タブ→［差し込み印刷の開始］グループの［差し込み印刷の開始］ボタンをクリックし，メニューから［差し込み印刷ウィザード(W)］をクリックする。

❸右側に表示された作業ウィンドウの手順1［文書の種類を選択］で，「ラベル」を選択し，［次へ］をクリックする。

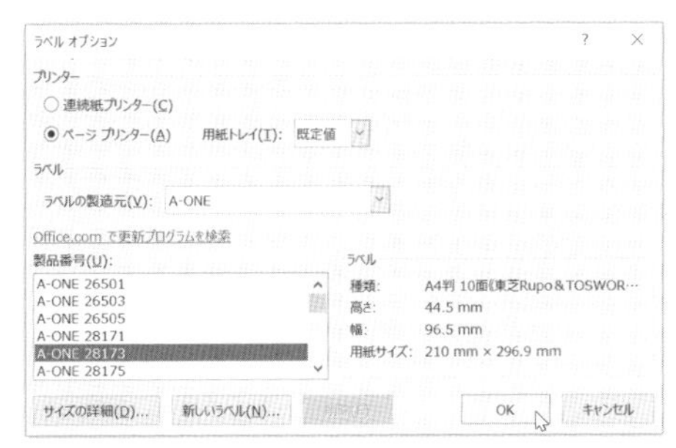

［ラベルオプション］ダイアログボックス

❹手順2［ひな形の選択］で，［文書レイアウトの変更］の「ラベルオプション」をクリックする。

❺［ラベルオプション］ダイアログで，ラベルの種類を選択し（今回はA-ONE 28173），［OK］ボタンをクリックする。

❻［次へ］をクリックする。

❼手順3［宛先の選択］で，「既存のリストを使用」を選択し，［参照］をクリックする。

❽［データファイルの選択］ダイアログで，**6-3-5**項で作成した「受講者リスト」を選択し，［開く(O)］ボタンをクリックする。

❾［テーブルの選択］ダイアログで，「受講者リスト」ワークシートを選択し［OK］ボタンをクリックする。

❿［差し込み印刷の宛先］ダイアログで不必要なデータを削除したり項目を追加したりできるが，今回は何もせず［OK］ボタンをクリックする。

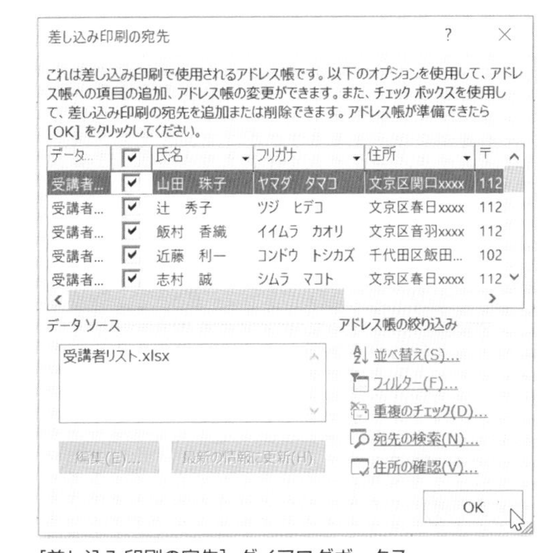

［差し込み印刷の宛先］ダイアログボックス

⓫［次へ］をクリックする。

⓬左上のラベルに，［差し込みフィールドの挿入］ボタンをクリックして，右図のようにフィールドや文字列を追加する。

差し込まれたフィールド

⓭手順4［ラベルの配置］の［すべてのラベルの更新］ボタンをクリックする。

⓮［次へ］をクリックする。

⓯手順5［ラベルのプレビュー表示］でラベルを確認し，［次へ］をクリックする。

⓰手順6［差し込み印刷の完了］で，印刷する場合は，［印刷］をクリックする。必要がなければこれで終了する。

112-xxxx 文京区関口 xxxx 山田　珠子　様	112-xxxx 文京区春日 xxxx 辻　秀子　様
112-xxxx 文京区音羽 xxxx 飯村　香織　様	102-xxxx 千代田区飯田橋 xxxx 近藤　利一　様

差し込まれたデータ

この機能を利用すれば，たとえば名札なども作成できる。

6-3-8 教材の作成

本講座では，オリジナルのテキストを作成する。たとえば図 6-11 のような Excel で合計を計算する手順を示してみよう。

PC のテキストは，文章だけで説明するよりは，図を利用しながら説明する方がわかりやすいだろう。ここでは，操作画面の図を作成する方法について説明する。

Word には，操作画面を切り取るツールとして「スクリーンショット」が用意されている。今回はこのツールを利用する[4]。

【4】
Windows 10 には，同様のツールとして「Snipping Tool」が用意されている。

○合計の計算

右図のような表を作成し、4 支店の売上高合計を計算してみましょう。

① B6 セルをクリックします。
　→B6 セルがアクティブセルになります。

② ［ホーム］タブ→［編集］グループの Σ ボタンをクリックします。

③ B6 セルに「=SUM(B2:B5)」という数式が表示されるので、そのまま Enter キーを押します。
　→B6 セルに計算結果が表示されます。

	A	B
1		売上高（万円）
2	A支店	500
3	B支店	620
4	C支店	460
5	D支店	390
6	合計	

SUM　×　✓　fx　=SUM(B2:B5)

	A	B	C	D
1		売上高（万円）		
2	A支店	500		
3	B支店	620		
4	C支店	460		
5	D支店	390		
6	合計	=SUM(B2:B5)		
7		SUM(数値1, [数値2], ...)		

⇨

B7

	A	B
1		売上高（万円）
2	A支店	500
3	B支店	620
4	C支店	460
5	D支店	390
6	合計	1970
7		

図 6-11 「合計の計算」の手順を示す文書例

❶［挿入］タブ［図］グループの「スクリーンショット」をクリックし，メニューから「画面の領域(C)」をクリックする。

❷画面全体が白くなるので，切り取りたい画面領域をドラッグで選択

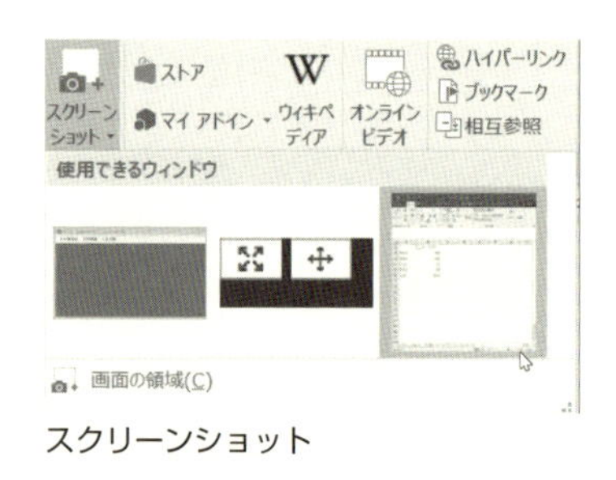

スクリーンショット

する（白がかった画面から元の画面の色に戻る）。

❸ Word 文書に画像が貼り付けられる。

❹図を貼り付けた後は，これまで学習したように，文字列の折り返しの設定や大きさ，位置の変更を行い，図 6-11 のような合計計算の説明文を作成する。

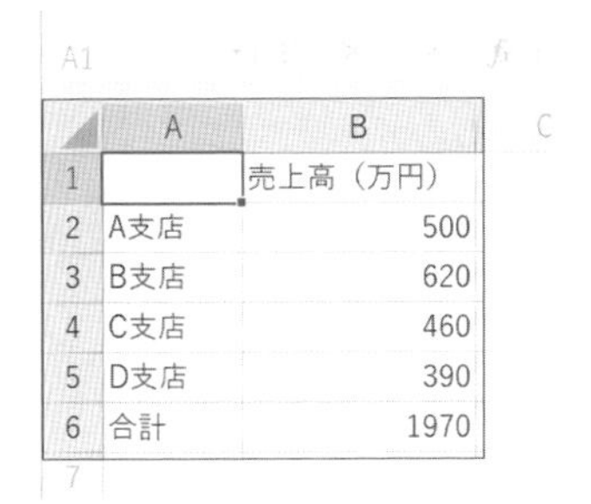

	A	B
1		売上高（万円）
2	A支店	500
3	B支店	620
4	C支店	460
5	D支店	390
6	合計	1970
7		

画面の切り取り

練習として，この表から図 6-12 のような円グラフを作成するための説明文書を作成してみよう。

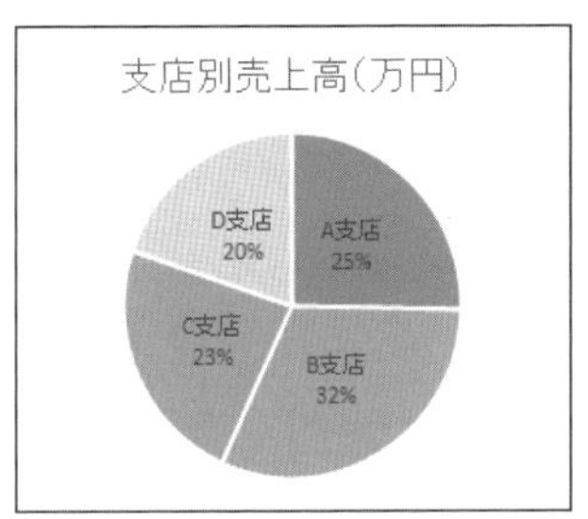

図 6-12　作成する円グラフ

以上 2 つの状況を取り上げたが，このようにオフィスソフトウェアを補完する形で組み合わせて活用する場面は様々にある。繰り返しになるが，いろいろな状況で活用することを想定して，あるいは実際に活用する経験を蓄積することによって，真の情報活用能力が醸成される。

6-3-9 グループ活動支援ツールの利用

これまでに作成したファイルの共有や，ミーティングの実施，活動内容の記録などのグループ活動は，支援ツールを利用すればより効果的に進めることができるだろう。

以前ならば専用のソフトウェアやシステムを構築しなければならなかったが，現在，このようなツールは，**インターネットのサービスという形でも提供**され，ユーザーは**無料で利用**することもできる。たとえば Google グループや Facebook 等を利用すれば，グループに登録されたメンバー間で，ファイルの共有や，掲示板の利用，カレンダーによるスケジュール管理などを無料で行うことができる。ID などの登録が必要になるが，ぜひ利用してもらいたい。

6-3 練習問題

問題 1 ――― 自分の取り上げたテーマについて，パソコンを駆使してレポートを作成しなさい。

問題 2 ――― 自分が関連している様々な活動（研究活動，クラブ活動，アルバイトなど）について，どのような情報が必要で，どのように情報を処理すればよいのか，考えなさい。可能ならば，文書やプレゼンテーションスライドなどを作成しなさい。

おわりに

国際化が進み世界を舞台に活躍する人材が求められている中で，学ぶべき内容と質が問われている。古来，日本では読み書きそろばんが学びの原点と言われてきた。読み書きそろばんに代表される伝統の考え方は，ICTが進化することで形や方法は大きく変わっても，その本質は脈々と息づいている。いわゆる情報リテラシーへその名を変えてその習得を求めている。しかも，その内容は単なるスキル向上でなく，そのスキルを熟知した上での高い創造性と，ネットワーク上で結ばれた多くの人への情報発信能力である。

本書で取り扱っているソフトウェアは，アプリケーションソフトウェアに属するビジネスソフト群である。最近の傾向として，ビジネスの現場で使用されるアプリケーションソフト（ワードプロセッサ，表計算，プレゼンテーション，データベースなど）をひとまとめにして，スイート（Suite: ひとそろえの意）または，オフィスソフトと称して，メーカー（ベンダー）から販売されている。代表的なソフトウェアがMicrosoft社製のMicrosoft Officeであるが，日本のジャストシステム社のJust Suiteやフリーソフトウェアの OpenOffice.orgなども流通している。これらのビジネスソフト群は，まさに現代版読み書きそろばんを具現化するツールであり，その活用スキルは必須と言うべきものである。

オフィスソフトは，操作性の統一に大きな特徴を見いだすことができる。パソコンの操作は，マニュアルにくわしく記述されているが，多くのユーザーはその細部まで読み込んでいるとは限らない。また，新しいソフトやバージョンアップなどで操作が変更になると慣れるまで時間を要し，作業現場ではあまり歓迎されない。多くのユーザーに使用されているソフトウェアは，寡占化し，さらにその傾向を強めているのも，ファイルの互換性とともに操作性が保証されていることが歓迎されているからである。

Windowsを提供するベンダーであるMicrosoft社のMSオフィスが機能の連携性，操作性ともに優位に立っていることは否定できない。同時に，OSの機能としているプラットフォームの共通性を活用した競合するソフトウェアベンダーも，基本的に同様な操作性を提供しているので，基礎的な操作をしっかりと会得すれば，本書で取り扱っていないソフトウェアであっても，あまり違和感のない使い方ができる。その意味でも，プログラムの動作原理とコンピューターの基本的な知識は知っておく必要がある。あわせてマニュアル通りの操作のみでなく，原理にもとづく機能の理解と創造性に富んだ活用が今後の学習に求められる。

本書の校正中にも，アップル社より新型のiPhone 8・8 PlusやiPhone Xが発売された。クラウドコンピューティングの活用が拡大しつつある中での発売は，新しいコンピューターの使い方に大きなインパクトを与えることを予感させるものである。それゆえに，単に新しいハードウェアやソフトウェアの操作に惑わされるのではなく，原理にもとづく創造的理解が重要であることを常に念頭に置いていただきたい。

索引　INDEX

本書の関連データがWebサイトからダウンロードできます。
http://www.jikkyo.co.jp/download/で「Windows 10・Office 2016による情報処理入門」を検索してください。
提供データ：問題の解答

●監修
拓殖大学名誉教授
髙橋敏夫（たかはしとしお）

●執筆
拓殖大学准教授
安積　淳（あづみ じゅん）

元マイクロソフトOfficeプロダクトマネージャー
税理士・行政書士
杉山靖彦（すぎやまやすひこ）

拓殖大学講師
八野真弓（やの まゆみ）

表紙カバーデザイン
本文デザイン
難波邦夫

Windows10・Office 2016による情報処理入門

2018年 4月10日　初版第1刷発行

執筆者　髙橋敏夫（ほか3名）
発行者　戸塚雄弐
印刷 製本　新村印刷株式会社
発行所　実教出版株式会社
〒102-8377　東京都千代田区五番町5番地
電話〈営　業〉(03)3238-7765
〈企画開発〉(03)3238-7751
〈総　務〉(03)3238-7700
http://www.jikkyo.co.jp/

ISBN　978-4-407-34447-9　C3004　Printed in Japan